서철원 박사 성경 주석 시리즈

에베소서

Προς Εφεσιους

AD EPHESIOS

| **서철원** 지음 |

쿰란출판사

머 리 말

에베소서는 바울의 옥중서신이다. 그의 삶의 마지막 기간에 쓰인 서신이어서 원숙한 사상을 표현하고 있다. 그리스도의 구원을 깊이 묵상하여 그 신비를 천착하였다고 할 수 있다. 그래서인지 바울이 사용하는 단어들은 깊고 포괄적인 의미를 담고 있다.

에베소서의 중심은 교회이다. 교회를 신비로 말하고 있다. 그리스도께서 피 흘리심으로 사람들을 구원하여 교회로 삼으신 것이 이해하기 힘든 신비라고 여기고 있다. 또 바울은 교회를 그리스도의 충만 (엡 1:23)이라고 강조한다. 교회에서 그리스도의 통치가 잘 시행되기 때문이다.

또 에베소서에서 바울은 사람들이 주 예수를 믿어서 믿음고백하면 바로 성령을 받는다 (엡 1:13-14; 4:30)는 진리를 반복적으로 가르치고 있다. 그리고 주 예수를 믿는 법이 주 예수를 믿는다고 믿음고백하는 것임을 강조한다. 그리스도인들이 늘 믿음고백을 하여 주 예수를 마음에 모시고 살아야 할 것을 주장하고 강조하고 있다. 그래서 "믿음으로 말미암아 그리스도가 여러분의 마음에 거하시게 하옵고" (엡 3:17)라고 권하고 있다. 교회가 신학자로 지목한 나지안주스의 그레고리오스가 이 본문을 강조하지 못한 것을 매우 아쉽게 여긴다.

이 에베소서 주석을 통해 믿음으로 사는 법을 배울 수 있고, 또 주 예수를 믿는다는 믿음을 고백하여 늘 모시고 살 수 있다. 이 주석으로써 구원의 기쁨과 확신으로 살 수 있기를 바라는 바이다.

에베소서 주석을 교정해서 읽을 수 있게 해 준 아내 김정순과 이 책을 출판해 주신 쿰란출판사 이형규 사장님과 편집 작업을 해주신 오완 부장님과 직원들에게 깊은 감사를 표한다.

2021년 2월 17일

주석자 서 철 원

차 례

에베소서 개요

에베소서는 옥중서신

에베소서는 옥중서신이다. 바울이 로마의 감옥에 갇혀 있으면서 쓴 서신이 빌립보서, 골로새서, 빌레몬서 등과 함께 에베소서이다. 지칠 줄 모르는 정력적인 선교사 바울이 로마 옥중에 갇혀 있으면서 깊은 반성과 침잠을 하였다. 그가 전한 복음의 내용을 깊이 반성하고 묵상하여 나온 서신이 에베소서이다. 같은 시기에 쓰인 골로새서처럼 문제가 있는 교회에 보내는 서신이 아니다. 골로새서는 그 사역자 에바브라가 골로새 교회에 문제가 된 천사숭배 문제를 가지고 와서 해결을 구했을 때 기록하였다. 에베소서는 골로새서와 동시에 기록되었어도 특정한 교회에 보낸 서신이 아니다. 골로새 교회는 바울이 직접 전도하여 세운 교회가 아니다. 따라서 골로새서는 복음의 이해가 확실하지 않은 교회들에게 보내기 위해 쓴 편지이다. 골로새서는 두기고가 전달하도록 위촉을 받았다 (골 4:7). 에베소서도 두기고가 전달하도록 부탁을 받았다 (엡 6:21).

골로새서는 에바브라가 수고하여 세운 한 교회에 보낸 편지이다. 이 편지를 쓰고 나서 바울은 자기가 직접 복음을 전파하여 세우지 않은 교회들이 당하는 복음의 이해 부족을 잘 깨닫게 되었다. 이 복음의 내용의 이해 부족을 메우기 위해 바울은 자기가 세우지 않은 교회들에 편지를 써서 보내기로 하였다. 풍성한 복음의 내용을 해설하여 그들로 확고한 믿음에 서도록 하는 뜻을 가졌다. 이렇게 하여 작성된 것이 바로 에베소서이다. 골로새서를 쓰고 나서 하루나 이틀 간격을 두고 에베소서를 썼다고 볼 수 있다. 그래야 골로새로 가는 두기고 편에 전달할 수 있기 때문이다.

바울은 골로새서를 쓰고 빌레몬에게 보내는 편지도 썼다. 빌레몬의 종이었던 오네시모는 바울에게로 와서 복음을 받고 변화된 사람이 되었다. 그를 다시 빌레몬에게로 돌려보내기 위해서 빌레몬서를 써서 오네시모 편에 보냈다. 이때 오네시모를 편지 전달자인 두기고와 동행하도록 하여 어려움을 면하도록 조치하였다.

에베소서: 바울 저술의 왕관

바울은 로마 감옥에서 자기가 전한 복음의 내용을 깊이 반성하였다. 하나님은 바울을 이방의 사도로 세워 이방세계에 복음을 전하도록 작정하셨다. 복음 전파에 전력하던 바울이 지금은 로마 옥중에서 쉬고 있으며 복음을 반성하며 깊이 침잠하였다. 이 복음에 대한 깊은 반성의 내용이 에베소서에 표기되어 있다.

에베소서는 자기가 직접 세운 교회에 보낸 편지가 아니다. 에바브라가 수고하여 세운 교회들에게 보낸 편지이다. 그러므로 복음의 내용을 풀어 밝힐 필요가 컸다. 바울의 반성과 복음의 해설이 에베소서로 나타났다. 디모데후서를 바울 서신의 마지막 편지라고 하더라도 에베소서도 바울의 생애의 마지막 단계에 기록되었다. 바울이 죽은 연대를 63AD라고 하면, 62AD를 에베소서와 골로새서의 작성 연대로 볼 수 있다.

복음에 대한 깊은 반성과 묵상, 그리고 깊은 침잠이 에베소서에 표현되어 있다. 따라서 에베소서는 바울의 저술의 정수라고 할 수 있다. 가장 깊은 의미를 갖는 단어들과 문장들로 이제껏 바울이 자기의 편지에서 제시한 복음의 내용을 요약하였다. 에베소서는 바울의 생애의 마지막 단계의 편지이고, 옥중서신이기 때문에 깊이 침잠하는 언어로 그의 복음의 도를 제시하였으니 그의 저술들의 왕관이라고 함이 타당하다.

에베소서의 두 주제: 믿음으로 구원 얻음과 하나님의 거소인 교회

이 편지에서는 바울이 은혜로 곧 믿음으로 구원에 이름을 말하여, 구원은 율법 준수로 받는 것이 아니라 믿음과 은혜만으로 받음을 바로 밝혔다. 그리고 에베소서는 그리스도의 충만으로서 교회를 강조한다. 하나의 보편교회를 말하지만 하나님의 거소가 되기 위해 자라가고 있다고 말함으로 하나님의 창조경륜이 그리스도께서 이룩하신 구속으로 형성된 교회에서 이루어짐을 말한다.

그러나 하나의 보편교회를 강조한다고 하여 가톨릭화의 시작이라고 어떤 사람들은 시비한다. 그래서 에베소서는 바울의 저술이 아니고, 후기 바울의 제자나 그 후에 나온 책으로 보아야 한다는 것이다. 그러나 바울은 그의 생애 마지막 단계에 이르러 교회가 그리스도의 몸일 뿐 아니라, 그리스도의 통치가 우주에 미치는 통로라고 이해하고 표현하고 있다.

다른 주제들

성령의 인침과 보증, 그리스도 하나님의 비밀, 이방인과 유대인의 장벽이 허물어짐, 새사람, 가정의 질서 등을 다루고 있다.

하나님의 구원 작정

바울은 하나님 아버지께서 우리를 작정하시고 택하셔서 때가 되매 불러서 그리스도의 구속으로 구원되게 하셨다고 찬송한다. 예정하사 구원하시고 하나님의 기업이 되게 하셨다.

그리스도의 구속사역으로 구원됨

이렇게 하나님의 작정을 따라 부름 받은 자들이 그리스도의 구속사역으로 구원되었다. 구원된 자들이 교회를 이룸으로 그리스도의 통치가 완전해진다. 그러므로 교회를 그리스도의 충만으로 표현하였다. 구원된 백성들은 하나님의 자녀가 되었으니 하늘에 속하게 되었다.

구원은 믿음으로

사람이 구원 얻은 것은 전적으로 하나님의 은혜이다. 구원이 하나님의 은혜이므로 믿음으로 받는다. 율법 준수가 아니라 믿음으로 하나님의 구원을 거저 받는 것을 강조한다. 율법 준수 곧 행위로 구원이 이루어진 것이 아니다. 전적으로 은혜로 된다. 따라서 에베소서의 주제도 '믿음으로 구원 얻음'이란 면에 있어서 로마서와 갈라디아서와 일치한다.

구원 얻은 자들을 성령으로 인침

하나님은 그리스도의 구속으로 구원에 이른 자들을 성령으로 인치고 보증하사 영원한 구원에 이르게 하고, 하나님의 상속에 동참하게 하셨다는 것을 강조한다. 성령으로 인쳤으니 확실한 구원이다.

이방인과 유대인의 구분이 철폐됨

하나님의 은혜로 구원에 이르되 그리스도의 십자가에서 흘린 피로 죄가 용서되어 하나님의 백성이 되었다. 그러므로 그렇게 담이 높던 이방인과 유대인 간의 간격이 철폐되었다. 이방인들은 유대교로 개종했어도 성전의 이방인의 뜰에서만 예배할 수 있지 유대인들의 영역으로 들어갈 수가 없었다. 또 유대인들은 할례 받아 하나님의 백성이 되었기 때문에 하나님의 선민이란 의식이 너무도 강하여서 이방인들과 같아질 수가 없었다. 둘 사이에는 넘어설 수 없는 높은 담이 있었다. 그런데 그리스도의 십자가가 이 담을 헐어 한 백성, 한 교회가 되어 함께 하나님께 나아갈 수 있게 되었다. 유대인과 이방인이 함께 하나님의 거소 혹은 성전이 되었기 때문이다. 아무도 해소할 수 없었던 유대인과 이방인 간의 장벽이 그리스도의 십자가로 철폐되어 한 교회를 이루셨음을 바울은 감탄하고 찬송한다.

그리스도가 하나님의 비밀

하나님 아버지께서 이 구원을 이루시고 이방인과 유대인 간의 장벽을 허셨다. 오직 예수 그리스도의 십자가로 그렇게 하셨다. 그런데 이런 구원 진행의 구체적인 것은 이전 세대에는 전혀 계시되지 않았다. 그러므로 유대인들이 그리스도의 십자가를 이해할 수가 없었다. 그런데 이제 하나님이 바울 당대에 이 비밀을 다 알리셨다. 실제로 그리스도로 구원을 이루심으로 그렇게 하셨다. 이 구원경륜은 천사도 알지 못하던 일이었다. 그러므로 천사도 이 구원의 비밀을 알아보기를 원하였다 (벧전 1:12). 천사들도 알지 못했던 그리스도의 구원의 비밀을 바울 당대에 계시하사 이렇게 구원에 이르게 하셨다고 바울은 찬탄한다.

교회의 책임과 사명

그리스도의 십자가로 구원에 이른 교회는 하나님의 비밀한 경륜을 모든 세대에게 전해야 할 책임을 지게 되었다. 그리하여 다른 이방인들도 하나님의 권속이 되고, 영원한 기업을 상속받도록 할 책임과 사명을 지녔음을 바울은 강조한다.

그리스도인의 삶의 방식

이렇게 구원 얻은 백성들은 온유와 겸손으로 행하여 서로 사랑함으로 그리스도인으로 살아야 한다. 그러면 이방인들로만 구성된 교회뿐 아니라, 이방인과 유대인으로 이루어진 교회의 통일이 유지되고 깨어지지 않는다. 이 교회의 성장과 통일을 위해 하나님께서 사도와 선지자와 목사와 교사를 주시고 각종 은사를 교회에 허락하셨다. 그리하여 그리스도인으로서뿐 아니라 교회로서 자라 그리스도의 장성한 분량에 이름으로 완전한 사람이 되고, 새사람이 되는 것을 강조하였다.

옛사람을 버리고 새사람이 되어

그리스도인은 그리스도의 피로 죄가 씻어져서 새사람이 되었다. 그러므로 새사람으로 살고, 옛사람으로 살면 안 된다. 이방인들은 육의 욕망을 법으로 삼아서 살지만 그리스도인은 옛사람을 벗어버림으로 새사람이 되었으니 새사람으로 살아야 한다. 옛사람의 모든 생활의 법과 풍습을 다 버려야 한다. 그리스도의 새 법으로 살아야 한다.

새사람으로의 삶은 성령의 인도로 사는 삶

음란과 술 취함과 방탕을 버리고 성령의 충만으로 살아야 한다. 성령의 충만으로 사는 것은 성령의 인도와 지도를 따라 사는 것을 말한다. 그뿐만 아니라 더 적극적으로 시와 찬미와 신령한 노래로 하나님을 찬양하며 사는 것이 성령의 인도로 사는 것이다.

그리스도의 하강과 승천

우리에게 구원을 주신 그리스도는 하늘에서 오셨다. 하늘에서 오셨으니 구원을 다 이루신 후에는 다시 하늘로 가셨다. 이렇게 하늘에서 내려오시고 승천하신 이가 구주이시다. 또 그가 교회의 머리로서 교회를 바로 세우기 위해서 여러 직분들을 세우셨음을 강조한다.

가정의 법질서

가정에서 남편이 아내에게 어떻게 해야 할 것인지를 바울은 잘 밝히고 있다. 아내는 남편에게 순종할 뿐만 아니라, 남편은 아내를 참으로 사랑해야 한다. 사랑하되 그리스도께서 자기 몸을 버려 교회를 사신 것처럼 남편들도 자기의 모든 것을 다 아내에게 주면서 사랑해야 한다. 사람이 자기 몸을 사랑하듯이 아내를 사랑하면 더 바랄 것이 없는 가정의 질서가 세워지는 것이다.

자녀들의 부모 순종과 교육방침

에베소서는 가정에서 자녀들이 부모에게 잘 순종할 것을 가르친다. 또 아버지가 자녀 교육을 바로 할 것을 가르친다. 더욱이 폭력으로, 강제로 교육하는 것이 아니라 주의 가르침과 훈계로 하도록 명령한다.

종과 주인의 관계

그리스도인들도 종들을 가졌다. 그 종들 중에는 그리스도인 된 자들도 많았다. 그리하여 종들이 주인을 가볍게 여길 수 있다. 주 안에서 한 형제라고 그렇게 생각할 것이다. 그러나 종들은 그리스도인 주인들을 성실과 정직으로 잘 섬겨야 할 것을 강조하였다. 또 주인들도 위협과 폭력으로 종들을 대하면 안 된다는 것을 가르친다. 자기들도 마침내 하나님의 심판을 받을 것이니, 학대하고 부당하게 대하면 안 될 것을 강조하고 있다.

신앙인의 무장

유혹과 시험이 많은 세상에 살면서 신앙을 저버리지 않으려면 강하게 무장해야 한다. 그것은 바로 하나님의 말씀과 성령의 능력으로 무장하는 것을 말한다. 즉 복음으로 무장하고 복음으로 살면 다시금 실패와 죄로 돌아가는 일이 없을 것을 바울은 강조한다.

수신처가 에베소냐?

에베소서가 에베소로 보낸 바울의 편지이냐 아니냐에 대한 시비가 많다. 특히 에베소서 본문에 나타난 것을 보면, 바울이 에베소로 보낸 편지라고 할 수 없다고 보인다. "에베소에 있는 성도들에게"라고 할 때 '에베소에 있는' (ἐν Ἐφέσῳ)이 괄호 안에 들어 있다. 그리고 에베소서 본문에 바울이 에베소에 있는 교회를 알지 못하는 것으로 보이는 진술들이 들어 있다. 먼저 엡 1:15-16에 "주 예수 안에서 너희 믿음과 모든 성도를 향한 사랑을 나도 듣고 너희를 인하여 감사하기를 마지아니하고 내가 기도할 때에 너희를 말하노라"라고 되어 있다. 이 문장에 나타난 내용을 보면, 바울이 3년 수고하여 세운 교회에 보낸 글이라고 보기가 어렵다. 또 엡 3:2-4에 나타난 내용도 바울이 수고하여 세운 교회에 보낸 편지라고 보기가 어렵다. "너희를 위하여 내게 주신 하나님의 그 은혜의 경륜을 너희가 들었을 터이라 곧 계시로 내게 비밀을 알게 하신 것은 내가 이미 대강 기록함과 같으니 이것을 읽으면 그리스도의 비밀을 내가 깨달은 것을 너희가 알 수 있으리라." 바울은 에베소에서 3년을 수고하여 교회를 세우면서 복음의 핵심 내용을 다 말하였다. 그런데 편지로 이런 말을 에베소교회에 할 리가 없다. 또 엡 4:21도 에베소로 직접 가는 편지로 보기 어렵게 한다. "진리가 예수 안에 있는 것같이 너희가 과연 그에게서 듣고 또한 그 안에서 가르침을 받았을진대." 이 말씀은 바울이 직접 가르친 교회에 한 말이라고 보기 어렵게 한다.

'에베소에 있는'이란 구절의 타당성

그러면 에베소서는 어떻게 '에베소에 있는'이란 구절이 붙어서 에베소서가 되었는가? 에베소서는 골로새서와 거의 동시에 쓰여졌다. 바울은 골로새서를 써서 두기고에게 전달을 부탁하고 자기가 당하는 상황을 잘 전달하도록 하였다. 그리고 하루나 이틀의 간격으로 에베소서를 써서 아시아의 여러 교회들에 전달하도록 부탁하였다. 바울이 전도하여 교회를 세우지 못한 곳에 에바브라가 복음으로 수고하여 교회들을 세웠다. 이런 교회들과 아시아의 교회들에 두기고가 에베소서를 전달하도록 하였다. 그러므로 에베소서는 처음부터 에베소에 보내기 위해서 쓰인 편지가 아니고, 바울이 직접 세우지 못한 교회들에 보내어 복음의 내용을 확실하게 해설하기 위해서 쓴 것으로 보인다. 골로새와 라오디게아, 히에라폴리스 등지에 보내도록 쓴 편지이다. 그러나 이 편지의 전달자인 두기고는 에베소에 필연코 들러 편지를 전달하였다. 에베소는 소아시아의 수도이고 어머니교회이므로 당연히 바울의 편지를 받았고, 그 편지를 자기들에게로 보낸 편지로 간주하였다. 이렇게 하여 회람용 편지가 에베소에 보낸 편지가 되어 에베소서라고 불리게 되었다.

'에베소에 있는'이란 구절이 빠진 사본들

그리하여 '에베소에 있는'이란 구절이 어떤 고대 사본들에 빠져 있다. 파피루스 46 (Papyrus 46)과 4세기 사본들인 시내산 사본 (א, Sinaiticus)과 바티칸 사본 (B, Vaticanus)에 이 구절이 빠져 있다. 또 말키온과 텔툴리아누스와 오리게네스와 대 바실레오스에게도 '에베소에 있는'이란 구절이 빠져 있다 (Adv. Eunom. II, 9).

'에베소에 있는'이란 구절이 있는 사본들과 역본

그러나 2세기에 이루어진 시리아본 (Syriac version)과 라틴어본 (Latin version)에 이 구절이 들어가 있고, 2세기 말 이후에는 다 '에베소에 있는'이란 구절을 담고 있다. 또 딤후 4:12에 두기고를 에베소로 보냈다고 바울이 말하고 있다. 두기고가 골로새서와 에베소서의 전달자로 지목되어 있으니 (엡 6:21-22) 에베소를 수신처로 하여 바울이 편지를 썼다고 추론할 수 있다.

'에베소에 있는'이란 구절이 붙어야 할 이유들

그러나 말쿠스 발트 (Markus Barth)의 전개대로 바울이 에베소를 떠난 후에 믿은 신자들에게 보낸 편지라고 하면 처음부터 '에베소에 있는 성도들에게'라고 하여 '에베소에 있는'이라는 구절이 있었다고 볼 것이다. 그래서인지 1516년에 에라스무스 (Desiderius Erasmus)가 편집한 1516년 판 전승본 (Textus Receptus)은 '에베소에 있는'이라는 구절에 괄호를 붙이지 않았다. 그리고 희랍어 사본들 대부분이 '에베소에 있는'이라는 구절을 그대로 가지고 있다. 지금 희랍정교회가 편집한 성경에도 'εν Εφεσω'에 괄호를 붙이지 않았다. 2세기에 유래한 시리아본과 라틴어본도 엡 1:1의 '에베소에 있는'이란 구절을 담고 있다.

140년경 바울의 서신들을 모을 때 말키온은 에베소서를 라오디게아서로 편집하였다. 아마도 말키온은 골 4:16에 '라오디게아에서 오는 편지도 읽으라'고 되어 있기 때문에 이 에베소서를 라오디게아서로 오해하였다.

에베소서: 회람서신

에베소는 소아시아의 수도이고 아시아 교회의 중심지이므로 당연히 에베소에 바울의 편지가 전달되었다. 그러므로 에베소서는 아시아의 여러 교회들, 특히 바울이 세우지 않은 교회들에 보내는 회람서신 (encyclical)이라고 해야 합당하다.

바울이 복음을 전하지 못하였으나, 에바브라가 수고하여 리코스 (Lycos) 강의 계곡에 교회들이 세워졌다. 그런데 바울이 직접 세우지 못한 골로새에 천사숭배의 이단이 들어왔다.

바울은 에바브라로부터 천사숭배의 이단문제에 대한 해결책을 문의 받았다. 골로새서를 쓰고 나서 그 지역 다른 교회들에게도 복음을 확실하게 설명함으로 새로 설립된 교회에 문제가 없도록 할 필요를 느꼈다. 그리하여 이 에베소서를 써서 골로새 주변의 교회들이 읽을 수 있도록 회람용 편지로 작성하여 두기고로 하여금 골로새서와 함께 전달하도록 하였다. 따라서 두기고는 골로새서를 골로새에 전달한 다음 다른 교회들을 찾았다. 에베소서를 전달하기 위해서였다.

두기고는 바울의 부탁을 받고 에베소에도 편지를 전달하였다 (딤후 4:12). 이렇게 하여 에베소서는 회람서신이 되었다. 바울의 회람서신이 전달되었을 때 에베소가 그 편지를 수납하는 처소로서 빠질 수 없었다. 그러므로 에베소서라고 이름하게 되었다. 에베소가 첫 수납처가 아니지만 에베소에 편지를 전달하도록 바울이 당부하였으니 에베소가 편지 수납 교회라고 해야 정당하다. 그러므로 처음부터 바울의 편지가 에베소서로 인정되고 분류되었음이 정당하다.

바울이 에베소서의 저자

바울은 자신이 저자임을 그의 편지에서 밝힌다. 엡 1:1에서 '그리스도 예수의 사도인 바울'이라고 처음 인사에서 밝힌다. 엡 3:6-9에 저자가 이방인의 사도임을 강조한다. 신약성경 전체에서 자신을 이방인의 사도로 자처하고 주장한 사람은 사도 바울뿐이다. 엡 6:19-20에 자신을 '쇠사슬에 매인 사신'이라고 하여 자기가 옥중에서 편지를 보내고 있음을 강조하여, 옥에 갇힌 사도인 바울임을 사실대로 증거한다. 또 골로새서와 에베소서를 전달할 자로 두기고를 지목함으로 그가 로마 옥중에서 바울과 함께 수고한 사람임을 명백하게 한다.

이외에도 언어와 문체와 편지들의 주제들이 다 바울의 것임을 증거한다.

바울이 에베소서의 저자임을 확증하는 외적 증거가 너무도 많다. 이단들도 에베소서를 바울의 서신으로 인용한다. 말키온 (c. 140AD)과 바실리데스, 발렌티노스와 오피테스파도 에베소서를 바울의 저술로 인정한다. 알렉산드리아의 클레멘트도 바울 저작임을 확증한다 (Paidagogos I, 18). 또 오리게네스도 에베소서가 바울의 저술임을 확증한다 (contra Celsum III, 28). 에레나이오스도 바울의 저술임을 확증하고 (Adv. haer. I, 8:4; V, 2:26), 텔툴리아누스도 바울의 저술이라고 인용하고 (De praescriptione haereticorum 36; de monogamia 5), 무라토리 경 (canon Muratori, c. 180AD)과 이후의 저자들도 동일하게 확증한다. 또 로마의 클레멘트 (Clement)와 이그나치오스 (Ignatios), 폴리카르포스 (Polykarpos)와 헤르마스 (Hermas)의 저술들과 디다헤 (Didache)도 바울의 에베소서를 회상하는 문구들이 들어 있다.

디모데가 바울 서신들 수집

바울이 죽은 후 디모데가 바울의 편지들을 모아서 편집하는 일 (Paulinum corpus)에 결정적인 역할을 하였다. 바울 서신들을 수집할 때 에베소를 에베소서의 수신처로 편집하는 일은 당연하였다.

혹 바울의 편지들을 수집한 시기를 2세기 초엽으로 잡아도 에베소서를 에베소서로 수집 편집하는 일에는 아무런 변동이 있을 수 없었다.

에베소서: 골로새서의 확대냐, 새 편지냐?

에베소서와 골로새서는 그리스도의 우주적 사역을 가르치고 있다. 두 편지는 그리스도가 창조주이고 창조 중보자이며 구속 중보자임을 강조한다. 에베소서는 골로새서와 유사성이 크므로 골로새서에 기초한 확대로 보거나, 바울의 제자나 무명인사가 바울의 골로새서를 기초로 하여 위작으로 저술하였다고 주장한다. 하지만 2세기 초엽부터 성경 외적 증거가 바울의 저술로 일치한다. 만일 다른 사람이 바울을 모방하여 에베소서를 위작으로 저술하였으면 그 흔적이 어디서든 나타났을 것이고, 위작을 바울의 저술로 받는 일이 쉽게 일어나지 못하였을 것이다.

에베소서는 바울이 골로새서를 저작한 후에 바로 저술하였다. 그러므로 새 편지이고, 골로새서를 확대한 편지가 아니다. 편지를 받을 대상을 달리하여 새로운 편지를 써서 두기고의 손에 부탁하여 전달하였다. 그리고 한 교회만이 아니라 많은 교회들이 돌려가며 읽도록 하였다. 바로 이 의도로 에베소서가 쓰여졌다.

바울의 깊은 사고

바울은 독창적인 사고를 할 뿐만 아니라 깊은 사고를 하기 때문에 골로새서를 쓴 후에 바로 에베소서를 쓰면서도 새롭게 사고하여 에베소서를 작성하였다고 보아야 한다. 에베소서는 바울의 독창적이고 깊은 사고에 의한 복음의 제시이다. 그러므로 가장 바울적인 특징을 드러내는 서신이다. 바울이 옥중에서 이 편지를 썼으므로 여유 있게 자기가 전하고 가르친 복음을 하나님의 비밀로 깊이 사고하였다.

제 1 장

에베소서

Προς Εφεσιους

인사: 1:1-2

바울이 에베소교회에 은혜와 평강을 기원한다.

은혜는 죄인에게 베푸시는 하나님의 호의이고, 평강은 죄용서 받음으로 오는 마음의 고요함과 안식이다.

바울이 사도적 특권으로 은혜와 평강을 하나님 아버지와 주 예수 그리스도로부터 에베소교회에 기원한다.

엡 1:1 하나님의 뜻으로 말미암아 그리스도 예수의 사도 된 바울은 에베소에 있는 성도들과 그리스도 예수 안의 신실한 자들에게 편지하노니 (한글개역)

1:1 Παῦλος ἀπόστολος Χριστοῦ Ἰησοῦ διὰ θελήματος θεοῦ τοῖς ἁγίοις τοῖς οὖσιν [ἐν Ἐφέσῳ] καὶ πιστοῖς ἐν Χριστῷ Ἰησοῦ· (GNT)

엡 1:1 하나님의 뜻으로 말미암아 그리스도 예수의 사도 된 바울은 에베소에 있는 성도들과 그리스도 예수 안에 있는 믿는 자들에게 편지합니다. (주석자의 역)

1. 바울이 그리스도 예수의 사도가 된 것은 하나님의 특별한 작정 곧 이방에 복음을 전하게 하려는 섭리 때문이라는 것을 강조한다.

바울은 임의로 사도가 된 것이 아니고 하나님의 작정으로 이루어졌다. 이방인들에게 복음을 전하도록 하려고 바울을 예수 그리스도의 사도가 되도록 작정하셨다. 에베소와 골로새 등지에 복음을 전하여 모든 사람들로 구원에 이르도록 하는 하나님의 작정 때문에 바울이 그리스도의 사도가 되었다.

2. 하나님의 뜻으로 사도가 되었으니 사도는 아무나 되는 것이 아니고, 하나님의 작정과 부르심으로 되는 것임을 강조하고 있다.

바울이 사도가 된 것은 전적으로 하나님의 뜻이었다. 하나님이 바울을 사도로 정하셨기 때문에 사도로 부름 받아 사도로 일할 수 있었다. 바울은 자기가 그리스도의 사도 된 것이 전적으로 하나님의 작정과 원함이었음을 의식하고 있었다.

사도는 그리스도의 복음을 전하도록 보냄 받은 자이다. 보냄 받기 전에 부름을 받아야 한다. 그 부름이 하나님으로부터 와야 한다. 그때에만 사도로서 일할 수 있고 사도로 세워진다. 사도로 부르신 이가 그 사도를 보내신다. 그 보냄은 반드시 예수 그리스도의 복음 선포를 위해서 된다. 그러므로 예수 그리스도에게만 사도가 있고, 사도들이 세워진다.

이렇게 이방에 복음을 전하도록 하기 위해서 하나님이 미리 바울 자신을 사도로 정하셨음을 바울은 의식하였다. 그렇지 않다면 결코 자기가 사도가 될 수 없는 사람임을 잘 알고 있었기 때문이다. 그의 삶의 마지막까지 바울은 율법의 선생으로 남고 율법의 수호자로 남을 사람이지, 나사렛 예수 그리스도의 사도가 될 수 없는 자였기 때문이다. 하나님께서 바울을 사도로 부르시기로 작정하셨기 때문에 자기는 사도가 되었음을 바로 알고 하나님의 뜻의 경륜에 감탄하고 있다.

3. 성도들과 그리스도 예수 안에 있는 자들은 그리스도를 믿는 신자들이다.

바울의 눈에 신자들이 매우 높은 존재여서 성도들로 표현하였다. 그러므로 성도들은 바로 그리스도인들이다. 성도들은 단지 주 예수를 믿기만 할 뿐 아니라 거룩으로 진보한 사람들이다. 그리스도인들이 성도로 불릴 수 있는 것은 예수 믿을 때 그리스도의 거룩을 받았기 때문이다. 거룩으로 나아가는 것은 그리스도에게서 받은 거룩이 성령의 역사로 자라는 것을 말한다.

4. 바울은 그리스도 예수의 사도가 되었기 때문에 이렇게 인사할 수 있다.

바울은 그리스도의 사도로서 성도들에게 인사하고 은혜와 평강을 빌 수 있다. 사도로서의 특권이 바로 은혜와 평강을 비는 것이다.

엡 1:2 하나님 우리 아버지와 주 예수 그리스도로 좇아 은혜와 평강이 너희에게 있을지어다

1:2 ὑμῖν χάρις καὶ εἰρήνη ἀπὸ θεοῦ πατρὸς ἡμῶν καὶ κυρίου Ἰησοῦ Χριστοῦ.

엡 1:2 은혜와 평화가 하나님 우리 아버지와 주 예수 그리스도로부터 여러분에 있을지어다.

1. 은혜는 세상을 구원하시려는 하나님의 호의이다. 평화는 구속 입은 자들에게 베푸시는 마음의 안정이다.

세상은 스스로 구원에 이를 수 없다. 어떤 사람도 자기의 힘으로 자기를 구원할 수 없다. 하나님이 호의를 베푸셔야 한다. 하나님이 호의를 베푸시어 구원에 이르도록 작정하시고 부르셔야 구원에 이를 수 있다. 그러므로 사람의 구원은 전적으로 하나님의 은혜이다.

참 평화는 구원을 베푸시는 하나님과 구주 예수 그리스도로부터만 온다. 평화는 죄를 용서받아 하나님과 화해한 사람들에게만 가능하다. 이 평화는 마음의 안정이기 때문에 세상적인 상황과 무관하다. 하나님과 나 사이에 죄의 문제만 없다면 평화가 늘 마음을 지배한다.

그러므로 은혜를 입어 구원 얻은 자들이 마음에 평화를 누린다. 이 평화는 마음의 안정이므로 하나님과 구주에게서만 온다. 따라서 바울은 하나님 우리 아버지와 주 예수 그리스도로부터 은혜와 평

화를 구하였다. 은혜는 하나님만이 베푸실 수 있기 때문이다. 은혜를 입으면 평화가 임한다.

그러나 구원 얻은 백성들도 은혜와 평화는 늘 공급받아야 한다. 그러므로 바울은 하나님 아버지와 주 예수 그리스도로부터 은혜와 평화가 성도들에게 임하기를 구한다.

에베소서

Προς Εφεσιους

구원의 복을 인해 하나님을 찬양: 1:3–14

1. 그리스도로 말미암아 하늘의 신령한 복을 주심을 찬양
2. 창세전에 우리를 그리스도 안에서 택하셨음을 찬양
3. 그리스도로 말미암아 우리를 아들들이 되게 하심을 찬양
4. 은혜의 영광을 찬양하게 하려 하심
5. 그리스도의 피로 죄용서 받음을 찬양
6. 지혜와 총명을 주사 구원을 알게 하심을 찬양
7. 만유를 통일하시려고 그리스도 안에서 우리를 예정하심
8. 우리가 예정된 것은 하나님의 소유가 되기 위함임
9. 구원의 말씀을 들을 때 성령으로 인침으로 하나님의 소유가 되었음
10. 성령은 우리 구원의 보증이심

엡 1:3 찬송하리로다 하나님 곧 우리 주 예수 그리스도의 아버지께서 그리스도 안에서 하늘에 속한 모든 신령한 복으로 우리에게 복 주시되

1:3 Εὐλογητὸς ὁ θεὸς καὶ πατὴρ τοῦ κυρίου ἡμῶν Ἰησοῦ Χριστοῦ, ὁ εὐλογήσας ἡμᾶς ἐν πάσῃ εὐλογίᾳ πνευματικῇ ἐν τοῖς ἐπουρανίοις ἐν Χριστῷ,

엡 1:3 하나님 곧 우리 주 예수 그리스도의 아버지를 찬송하리로다. 그는 그리스도 안에서 하늘에 속한 모든 신령한 복으로 우리에게 복을 주셨도다.

1. 은혜 베푸신 하나님을 찬양한다.

하나님은 창조주이시기 때문에 의당 찬양을 받으셔야 한다. 그러나 여기서 바울은 은혜 베푸신 하나님 곧 구주 하나님을 찬양하고 있다. 하나님이 그리스도를 보내시어 세상을 구원하셨으니 그 은혜가 크다. 그러므로 마땅히 찬양을 받으셔야 한다.

2. 우리 주 예수 그리스도의 아버지를 찬양한다는 것은, 바로 그 하나님이 우리 주 예수 그리스도로 구원을 이루셨기 때문이다.

주 예수가 우리를 구원하신 구주이시다. 하나님이 그의 아들 주 예수로 세상을 구원하기로 작정하시고 일을 이루셨다. 그러므로 그 하나님 아버지가 찬양을 받으셔야 한다. 창조주가 자기를 굽혀 타락한 인류를 구원하셨으니 찬양을 받으셔야 한다. 하나님은 창조주이시므로 찬양과 경배를 받으셔야 마땅하다. 그러나 타락한 인류는 하나님 찬양을 거부하고 망각하였다.

이제 구원을 얻은 백성들은 그리스도의 구원 때문에 하나님을 찬양하게 되었다. 구원 얻음으로 본래 하나님의 백성의 자리로 옮겨 갔다. 본래의 직임과 본분으로 돌아온 것이다. 그러므로 구원 얻은 백성들은 언제나 하나님 찬양을 중단하면 안 된다.

3. 하나님을 찬양해야 할 다른 명분과 당위는 구원만 아니라 하늘에 있는 모든 신령한 복들을 우리에게 주셨기 때문이다.

우리를 구원하신 구주 되신 하나님은 우리를 죄와 사망에서 구출하셨을 뿐 아니라 하늘에 속한 모든 신령한 복들을 우리에게 주셨다. 그러므로 하나님을 더욱 찬양해야 한다. 죄와 사망에서 구출하여 하나님의 백성이 되게 하신 것만도 말할 수 없는 축복인데, 그것을 넘어서서 그리스도의 모든 상속분에 우리도 동참하게 하셨다. 영생과 영원한 영광을 허락하시고 그리스도의 세계 통치에 동참하게 하셨다. 그러므로 이렇게 하나님의 은혜를 찬양하고 감사하는 것은 마땅한 일이다. 감격에 차서 하나님 찬양을 계속해야 하고 중단하면 안 된다.

4. 미래에 그런 복들을 주시는 것이 아니라 이미 그렇게 복을 내리셨다. 그러므로 바울은 복 주시는 자라고 할 때 단순과거 분사를 사용하였다.

하늘에만 속한 신령한 복들, 지상의 복이 아니라 하늘에 속한 신령한 영원한 복을 이미 내리셨으니 감사하고 찬양해야 함은 당연하다. 앞으로 임할 복을 바라고 찬양하는 것이 아니라 이미 복을 내리셨으니 찬양함이 마땅하고, 넘치게 찬양해야 한다. 이미 큰 복들을 내리셨으니 감사하고 감격하여 찬양해야 한다.

엡 1:4 곧 창세 전에 그리스도 안에서 우리를 택하사 우리로 사랑 안에서 그 앞에 거룩하고 흠이 없게 하시려고

1:4 καθὼς ἐξελέξατο ἡμᾶς ἐν αὐτῷ πρὸ καταβολῆς κόσμου, εἶναι ἡμᾶς ἁγίους καὶ ἀμώμους κατενώπιον αὐτοῦ ἐν ἀγάπῃ,

엡 1:4 세계 창조 전에 그리스도 안에서 우리를 택하사 우리로 그 앞에 거룩하고 흠이 없게 하시려고

1. 하나님이 세계의 기초를 놓으시기 전에 우리를 구원에 이르도록 선택하셨다.

엡 1:4는 선택교리의 표준본문이다. 이 본문에 의해 하나님이 구원에 이를 자들을 미리 선택하시고 작정하셨다는 것을 확정지은 본문이다. 선택교리가 사변적인 교훈이 아니고 성경에 기초되어 있음을 확실하게 해주는 본문이다.

하나님이 세상을 지으시기 전에 구원에 이를 자들을 정하셨음을 말해준다. 세상으로 다 구원에 이르게 하신 것이 아니고 하나님이 구원에 이를 자들을 작정하셨다. 그러나 이 선택은 세계 창조 전이기 때문에 타락 전 선택설의 방식으로 이해할 것이 아니다.

타락 전 선택설은 구원에 이를 자들을 선택하시고, 그 선택을 이루기 위해 창조를 하시고, 창조하신 후에 타락을 허용하사 선택된 자들을 구원하신다. 이 타락 전 선택설은 바른 가르침이 아니다.

통상 선택을 말할 때는 그리스도 안에서 이루어지기 때문에 우리의 공로나 행함과 상관없이 거저 구원하심 곧 은혜로 구원하심을 말한다.

2. 선택은 그리스도 안에서 이루어졌다.

하나님이 그리스도의 구속에 근거하여 구원받을 자들을 선택하셨다. 그리스도의 피 흘림이 없이는 선택이 불가능하고, 선택이 이루어지지 않는다. 그리스도 안에서 선택은 그리스도로 선택하고 그리스도로 선택된 자들을 구원하심을 말한다.

선택은 그리스도께서 피 흘리시기로 하셨기 때문에 이루어졌다.

3. 선택의 목적은 우리로 거룩하고 흠 없는 자들 되게 하기 위해서이다.

구원은혜에 합당하도록 거룩하고 의롭게 하시려고 우리를 선택하셨다. 하나님은 본래 백성들 가운데 거하시기로 작정하셨기 때문에 백성이 거룩해야 한다. 이 거룩한 백성을 갖기 위해 하나님이 반역한 백성을 그리스도의 피로 씻으셨다.

하나님은 창조 때 거룩한 백성을 가지실 것을 목표하셨다. 거룩한 백성이어야 하나님이 그 백성 가운데 거하실 수 있기 때문이다.

하나님은 거룩하시기 때문에 거룩한 백성 가운데만 거주하실 수 있다. 하나님의 창조경륜은 그의 백성을 가지시고 그 백성 가운데 거주하사 찬양과 경배를 받으시는 것이었다. 이 목적을 위해 그리스도께서 피 흘리시사 거룩한 백성이 되도록 하셨다. 이 피 흘리심으로만 거룩한 백성이 조성되어 그들 가운데 거주하시기 때문이다. 그리스도의 피로 죄를 다 씻으시므로 믿는 사람들을 깨끗하게 하셨다.

4. 우리가 사용하는 본문 (GNT)에는 '사랑 안에서 ἐν ἀγάπῃ'를 4절에 붙였지만 희랍교회가 발행한 성경 Η Καινη Διαθηκη에는 5절에 붙어 있다.

그리하여 화란성서공회에서 번역한 성경 Bijbel에는 사랑 안에서 예정하셨다고 번역하여 5절에 넣었다. Good News Bible은 절은 안 바꾸어도 5절에 합쳐서 번역하였다. NIV도 절을 바꾸지 않았어도 5절에 합쳐서 '사랑 안에서 우리를 예정하셨다'고 번역하였다. RSV도 사랑 안에서를 5절 본문에 넣어서 번역하였다. New American Standard Bible도 사랑 안에서를 5절에는 넣지 못해도 5절에 연결하도록 4절 끝에 콤마 (,)를 찍었다. 루터가 번역한 성경 die Bibel도 '사랑 안에서 in Liebe' 앞에 세미콜론 (;)을 넣어 5절에 연결하여 읽도록 하였다.

본문을 살펴보면, '사랑 안에서 아들들로 예정하셨다'고 번역하는 것이 바르다고 본다.

엡 1:5 그 기쁘신 뜻대로 우리를 예정하사 예수 그리스도로 말미암아 자기의 아들들이 되게 하셨으니

1:5 προορίσας ἡμᾶς εἰς υἱοθεσίαν διὰ Ἰησοῦ Χριστοῦ εἰς αὐτόν, κατὰ τὴν εὐδοκίαν τοῦ θελήματος αὐτοῦ,

엡 1:5 사랑 안에서 그의 뜻의 기뻐하심을 따라 예수 그리스도로 말미암아 우리를 그의 아들들로 삼기로 예정하신 것은

1. 하나님은 반역한 백성을 사랑하사 아들들로 삼기로 작정하셨다.

하나님은 자기를 반역하여 하나님의 백성 되기를 거부한 사람들을 사랑하셨다. 반역한 자들은 사랑할 수도 없다. 반역자는 세상 법으로는 그 족속과 함께 멸절되어야 한다. 도저히 용납할 수 없는 것이 반역죄이다. 그런데 하나님은 반역자들을 사랑하셨다. 창조주를 하나님으로 섬기기를 거부한 반역자들을 사랑하기로 하셨다. 하나님은 사랑할 수 없는 자들을 사랑하셨다. 그들을 사랑하사 다시 하나님의 백성으로 돌이키기로 하셨다. 그것은 반역자들을 사랑하사 아들로 피 흘리게 하심으로 다시 백성들로 삼기로 작정하신 것이다. 그리하여 그들을 하나님의 아들로 삼기로 작정하셨다. 그냥 백성으로 회복하기로 하신 것이 아니고 반역자들을 아들들로 삼기로 하셨다.

2. 아들들로 삼기로 한 예정을 예수 그리스도에 의해서 하기로

하셨다는 것은 그리스도의 구속사역 때문에 아들들로 삼기로 작정하심을 말한다.

예수 그리스도가 구주로서 피 흘리기로 하셨기 때문에 그로 말미암아 아들들로 삼기로 예정하셨다. 그것은 바로 그리스도의 구속사역 때문에 반역자들을 아들들로 삼기로 하신 것이다. 그리스도께서 피 흘려 우리들의 반역을 무효화하기로 하셨기 때문에, 그리스도로 말미암아 우리들을 아들들로 삼기로 예정하셨다. 그리스도의 피 흘림이 없이는 우리는 결코 하나님의 아들들이 될 수가 없다. 그리스도의 피 흘림이 우리를 하나님의 아들로까지 끌어올렸다.

3. '그의 뜻의 기뻐하심'이라고 하였으니 창조 때 하나님이 작정하시기를 하나님이 백성을 가지기로 하셨음을 말한다.

하나님은 그의 경륜을 따라 모든 일을 이루신다. 하나님은 처음부터 그의 백성을 가지기로 작정하셨다. 그런데 타락이 이 일을 방해하였지만 하나님은 그의 경륜을 이루기로 하셨다. 그리하여 그의 아들로 십자가에 피 흘리게 하여 백성들의 죄를 무효화하기로 작정하셨다. 그것이 큰 호의이므로 '그의 뜻의 기뻐하심을 따라'라고 한 것이다.

4. 바울은 이 하나님의 비밀한 경륜을 복음의 계시로 알게 되었다.

바울이 이 비밀을 알게 된 것은 하나님이 아들의 복음에 관한 지식을 주신 때이다. 복음과 함께 창조경륜의 비밀을 알게 되었다.

엡 1:6 이는 그의 사랑하시는 자 안에서 우리에게 거저 주시는 바 그의 은혜의 영광을 찬미하게 하려는 것이라

1:6 εἰς ἔπαινον δόξης τῆς χάριτος αὐτοῦ ἧς ἐχαρίτωσεν ἡμᾶς ἐν τῷ ἠγαπημένῳ,

엡 1:6 그의 사랑하시는 자 안에서 우리에게 거저 주신 그의 은혜의 영광의 찬송이 되게 함이었도다.

1. 하나님은 우리를 구원하시는 은혜를 거저 주셨다.

우리의 공로나 자격이나 지식이나 신앙의 열정 등 때문에 은혜를 베푸신 것이 아니다. 그의 호의로 구원을 거저 주셨다. 그러므로 우리가 그리스도 안에서 구원에 이르게 된 것은 전적으로 하나님의 호의이다.

2. 이렇게 우리에게 은혜 베푸심은 전적으로 그의 사랑하시는 자 예수 그리스도 안에서 이루신 것이다.

하나님은 예수 그리스도의 구속사역 때문에 우리에게 은혜를 베

푸시어 구원에 이르게 하셨다. 우리가 은혜 받을 어떠한 근거도 없다. 오직 예수 그리스도만이 우리로 구원에 이르도록 하나님이 은혜를 베푸시게 하는 근거이다.

3. 예수 그리스도는 삼위일체의 제2 위격이시다. 그로써 아버지와 아들은 사랑을 깊이 하시지만 성육신하여 구원을 이루었으니, 아들은 아버지로부터 더욱 사랑을 받았다.

인간인 면에서 예수 그리스도는 넘치는 사랑을 받았다. 그가 피 흘려 인류 구원을 이루어 하나님의 백성으로 회복시켰기 때문이다.

4. 구원받은 자가 할 수 있는 일은 구원하신 하나님의 은혜를 찬송하는 것뿐이다.

구원에 이를 수 없는 자들이 아무 공로 없이, 아무 자격을 갖춤도 없이 거저 구원에 이르렀다. 그러므로 구원의 은혜를 알면 그 은혜를 찬송하는 것밖에 다른 것이 없다.

5. '그의 은혜의 영광'이라고 한 것은 은혜로 하나님이 영광에 이르시게 되었음을 말한다.

은혜가 백성들을 구원하여 하나님께 영광이 되었기 때문이다. 구원받은 백성이 하나님의 이름과 은혜를 넘치게 찬양함으로 하나님이 영광을 받으시는 것이다. 하나님도 반역자를 그냥 사랑하고 회복하실 수가 없다. 그런데 은혜가 그렇게 사랑하게 회복하였으니 그의 은혜가 하나님께 영광이 된다. 하나님의 은혜가 백성들을 회복하여 하나님을 찬양하게 하였으니 그 영광이 크다. 은혜로 하나님이 영광에 이르시게 되었다. 하나님의 영광은 백성을 가지심으로 백성 가운데서 이루어진다. 하나님 자신의 영광을 말하는 것이 아니라 하나님께서 백성들 가운데 받으시는 영광을 말한다.

엡 1:7 우리가 그리스도 안에서 그의 은혜의 풍성함을 따라 그의 피로 말미암아 구속 곧 죄 사함을 받았으니

1:7 ἐν ᾧ ἔχομεν τὴν ἀπολύτρωσιν διὰ τοῦ αἵματος αὐτοῦ, τὴν ἄφεσιν τῶν παραπτωμάτων, κατὰ τὸ πλοῦτος τῆς χάριτος αὐτοῦ

엡 1:7 그 안에서 우리가 그의 피로 말미암아 구속 곧 죄 사함을 받았으니 그의 은혜의 풍성함을 따라서입니다.

1. 우리가 구속받은 것은 전적으로 그리스도의 피 흘림으로이다. 이 피로 죄가 용서되었기 때문이다.

우리가 구속받아 하나님의 아들들이 된 것은 전적으로 아들 예수 그리스도의 피 흘림으로 되었다. 그의 피 때문에 죄용서 받아 하나님의 아들이 되었다. 죄용서 받아 하나님의 백성이 되는 수준이 아니라 하나님의 아들들이 되었다.

반역한 백성이 하나님의 백성으로 회복되어도 말할 수 없는 영광이고 감사인데, 하나님의 친자녀들이 되었으니 얼마나 큰 은혜이고 축복인가?

2. 죄들의 사함 (τὴν ἄφεσιν τῶν παραπτωμάτων)이 용서라고 하였으니 하나님을 반역한 죄뿐만 아니라 다른 모든 죄가 다 용서되었다. 예수 그리스도의 피만이 모든 죄를 용서할 수 있다.

그리스도의 피 흘리심으로만 반역죄가 용서되었다. 한 죄만이 아니라 처음 하나님을 반역한 큰 죄와 그 후에 지은 모든 죄들이 다 그리스도 예수의 피로 용서되었다. 용서되어 하나님의 백성이 된 것만이 아니라 하나님의 아들들이 되었다. 그러므로 하나님의 호의가 너무도 크다.

3. 그리스도의 피로 그리스도에 의해서 구속을 받아 아들들이 되었으니 이 얼마나 풍성한 은혜인가?

그리스도의 은혜가 너무 크기 때문에 우리가 하나님의 자녀가 되었다. 반역자가 하나님의 친구가 되고, 하나님의 아들이 되었다. 하나님의 아들이 되기 위해서 먼저 반역이 무효화되어야 한다. 그리스도께서 그의 피 흘리심으로 이 일을 이루셨다. 이 얼마나 풍성한 은혜인가? 말로 할 수 없는 풍성한 그리스도의 은혜로 구원받아 하나님의 아들들이 되었다. 아들의 피로 구속받았기 때문에 하나님의 백성으로 회복되는 수준보다 비교불능으로 높이 하나님의 자녀가 된 것이다.

엡 1:8 이는 그가 모든 지혜와 총명으로 우리에게 넘치게 하사

1:8 ἧς ἐπερίσσευσεν εἰς ἡμᾶς ἐν πάσῃ σοφίᾳ καὶ φρονήσει

엡 1:8 그가 은혜를 우리에게 넘치게 하시되, 모든 지혜와 분별력과 함께 넘치게 하셨도다.

1. 하나님은 우리에게 은혜만 넘치게 하신 것이 아니고, 지혜와 분별력도 넘치게 하사 우리로 그 은혜를 알게 하셨다.

하나님은 우리를 구원하시는 은혜를 넘치게 베푸셨다. 이 구원은혜의 풍성함을 알 수 있도록 지혜와 분별력도 주셨다. 그러므로 하나님의 구원은혜가 얼마나 크고 놀라운지도 알 수 있고 분별할 수 있게 되었다.

엡 1:9 그 뜻의 비밀을 우리에게 알리셨으니 곧 그 기쁘심을 따라 그리스도 안에서 때가 찬 경륜을 위하여 예정하신 것이니

1:9 γνωρίσας ἡμῖν τὸ μυστήριον τοῦ θελήματος αὐτοῦ, κατὰ τὴν εὐδοκίαν αὐτοῦ ἣν προέθετο ἐν αὐτῷ

엡 1:9 그의 뜻의 비밀을 그리스도 안에서 그의 기뻐하심을 따라 그의 작정을 우리에게 알리신 것은

1. 그의 뜻의 비밀은 바로 그리스도로 이루신 구원경륜을 말한다.

하나님은 그리스도 예수로 세상을 구원하시기로 한 그의 작정을 이전 세대에는 알리지 않으셨다. 그러므로 그 뜻은 바로 비밀이다. 그가 우리 세대에 구원을 이루기로 작정하심으로 이 구원의 도리를 계시하셨다.

그리스도께서 십자가에 죽고 피 흘리심으로 세상을 구원하기로 하신 작정이 어떻게 그냥 알 수 있는 진리인가? 이 방식으로 세상을 구원하기로 하시고 실제로 구원사역을 이루셨으니 이 일은 도저히 상상도 할 수 없는 일이다. 예루살렘 성전에 정상적인 속죄제사가 진행되고 있는데, 그리스도의 속죄제사의 죽음으로 세상을 구원한다는 것은 도저히 감춰져서 이해할 수 없는 사항이다. 그러므로 하나님의 비밀이다.

2. 우리 세대에 이 구원을 이루기로 하심으로 하나님은 우리 세대를 기뻐하셨다.

하나님이 직접 이루신 구원을 보면서 믿을 수 있게 되었으니 이것이야말로 하나님의 기뻐하심이다. 이 구원의 비밀을 우리 세대에 알리기로 하셨으니 그의 기뻐하심 외에 무엇인가? 따라서 그의 기뻐하

심을 따라 혹은 그의 경륜을 따라 우리 세대에 우리에게 구원의 사역을 알리신 것이다. 즉 바울 세대에 이 비밀을 알리셨다.

3. 하나님은 이 경륜을 그리스도와 함께 작정하셨으니 그리스도 안에서 작정하신 것이다.

'하나님의 기뻐하심'은 그의 경륜으로 번역할 수 있다. 이 하나님의 경륜은 그리스도 안에서 작정하셨고, 그리스도와 함께 작정하셨다. 하나님 아버지 단독으로 이 일을 작정하신 것이 아니고, 구주가 되기로 하신 그리스도와 함께 의논하여 작정하셨다. 이것이 바로 그리스도 안에서 작정하셨다는 것을 말한다.

하나님의 경륜은 반역한 백성을 하나님의 백성으로 돌이키는 것이다. 그리하여 처음 창조경륜대로 하나님을 찬양하고 경배하게 하셨다.

엡 1:10 하늘에 있는 것이나 땅에 있는 것이 다 그리스도 안에서 통일되게 하려 하심이라

1:10 εἰς οἰκονομίαν τοῦ πληρώματος τῶν καιρῶν, ἀνακεφαλαιώσασθαι τὰ πάντα ἐν τῷ Χριστῷ, τὰ ἐπὶ τοῖς οὐρανοῖς καὶ τὰ ἐπὶ τῆς γῆς· ἐν αὐτῷ,

엡 1:10 때가 차매 경륜을 따라 하늘에 있는 것과 땅 위에 있는 것들 곧 만물을 그리스도 안에서 통일하려고 하심이었습니다.

1. 우리 세대에 하나님이 구원을 이루기로 작정하셨으므로 때가 찼다고 말한다.

하나님은 우리 세대에 구원을 이루기를 기뻐하셨다. 그리고 우리 세대에 구원을 이루셨다. 그러므로 우리 세대가 하나님이 구원을 이루시기로 한 때가 찬 세대이다. 따라서 우리 세대에 실제로 하나님이 구원을 이루셨다.

2. 우리 세대에 구원을 이루신 것은 만물을 그리스도 안에서 통일하려고 하심이었다.

그리스도로 세상을 구원하심은 타락한 인류만 구원하신 것이 아니라 만물을 한 머리 아래 통일하려고 하심이었다. 그리하여 하나님이 만유 안에 만유가 되시려고 하심이다. 사탄이 공중권세를 잡고 인류를 자기의 백성으로 두었으니 세상이 갈린 것이다. 이것을 막고 모든 백성들을 하나님의 백성으로 돌이켜 한 백성이 되게 하려고 하셨다. 이것이 만물을 통일하심이다.

3. 하늘에 있는 것들 곧 천군 천사들과 땅 위에 있는 것들 곧 모든 인류를 한 머리 아래 통일하시어 한 창조 혹은 한 하나님의 백성으로 삼기로 하신 것이 만물을 통일하는 것이다.

하나님은 하늘에 있는 타락하지 않은 천사들과 타락한 땅 위의 백성들을 하나로 묶어 한 백성으로 하나님을 섬기는 것을 바라셨다. 그리하여 그의 백성들 가운데 거하사 그의 창조와 구원을 인하여 찬송 받기를 바라셨다. 천사와 인류를 한 백성으로 만드실 것이다.

4. 원문에 '그리스도 안에서'와 '그 안에서'를 두 번이나 반복한 것은 바로 그리스도로만 구원이 이루어지고 만물이 통일되기 때문이다.

그리스도만이 구원주이시고, 그만이 그 구원으로 만물을 통일하신다. 그러므로 그가 만물의 머리이시다. 만물은 그리스도의 상속분이므로 그의 구원으로 상속을 권리주장하고 자기의 것으로 삼으셨다. 따라서 그 안에서만 만물의 통일이 있다. 즉 하나님의 한 백성이 되었다.

5. 그리스도 안에서 만물을 통일한다고 하는 것은 그리스도로 말미암아서만 하나님이 만유 안에 충만히 거하실 수 있다는 것을 말한다.

하나님은 창조주이셔도 인류가 타락한 이후에는 만물 안에 거주하시는 것은 그리스도로만 가능하고 또 그로만 이루어진다. 그러므로 만물 안에 거하사 만유 안에 만유가 되시는 것을 그리스도로 통일한다고 말하고 있다. 즉 그 백성 가운데 충만히 거주하심이 그리스도로만 이루어졌다. 그때 하나님이 만유 안에 만유가 되신다.

엡 1:11 모든 일을 그 마음의 원대로 역사하시는 자의 뜻을 따라 우리가 예정을 입어 그 안에서 기업이 되었으니

1:11 ἐν ᾧ καὶ ἐκληρώθημεν προορισθέντες κατὰ πρόθεσιν τοῦ τὰ πάντα ἐνεργοῦντος κατὰ τὴν βουλὴν τοῦ θελήματος αὐτοῦ,

엡 1:11 그의 뜻의 경륜을 따라 모든 일을 이루시는 이의 목적을 따라 우리가 예정되어 그 안에서 그의 몫으로 택함을 받은 것은

1. 우리는 상속을 받도록 예정되었다.

하나님께서 우리를 택정하신 것은 하늘의 상속에 이르도록 하기 위해서이다. 하나님이 영생과 영광을 우리에게 주시려고 예정하셨다. 영광과 상속을 주시려고 우리를 예정하셨으니 얼마나 놀라운 하나님의 은혜인가? 에베소서 시작부터 은혜에 대한 바울의 경탄이 가득하다.

2. 우리는 그리스도 안에서 하나님의 몫으로 택해졌다.

하나님이 우리를 그리스도 우리 구주로 말미암아 구원하셨다. 그러므로 하나님은 그리스도 안에서 우리를 자기의 분깃으로 택하셨다. 즉 그의 백성이 되도록 택정하신 것이다. 하나님은 우리를 자기의 백성으로 갖기를 바라셨기 때문이다.

그리스도가 우리를 위하여 상속을 획득하셨으므로, 그 안에서만

우리가 선택되었다. 그리스도의 구원사역이 없었으면, 우리가 받을 상속도 없고 하나님의 영광에 이르는 것도 전적으로 불가능하다. 그러므로 우리는 그리스도 우리 주 안에서만 상속을 받도록 하나님의 것으로 정해졌다.

3. 모든 일을 그의 뜻의 경륜을 따라 이루신다고 하는 것은 바로 우리의 구원을 위해 모든 일을 역사하셨음을 말한다.

하나님은 모든 일을 역사하사 우리를 구원하여 그리스도와 함께 하늘의 상속을 받도록 하셨다. 우리가 하나님의 소유를 상속받고 영광에 이르도록 하기 위해서 구원을 작정하시고 예수 그리스도, 우리 주로 하여금 구원사역을 수행하게 하셨다.

이 상속과 영광에 이르도록 하기 위해서 하나님은 예수 그리스도 우리 주로 하여금 피 흘리게 하셨다. 주 예수께서 사람이 되고 십자가에 죽고 부활하도록 하심으로 우리는 하나님이 작정하신 구원에 이르게 되었다. 그러므로 역사에서 진행되는 모든 일이 다 우리의 구원을 위해서 이루어졌다고 말해야 한다.

4. 하나님은 그의 뜻의 경륜을 따라 모든 일을 하신다.

하나님은 먼저 모든 일을 작정하고 진행하신다. 그러므로 하나님의 뜻의 경륜을 벗어나서 발생하는 것은 아무것도 없다. 더구나 우리의 구원과 영광의 상속을 위해 하나님이 미리 작정하셨다.

5. 따라서 하나님의 뜻의 경륜이 다 이루어지기까지 역사가 진행된다.

하나님이 작정하신 모든 일은 다 이루셔야 하므로 그의 작정이 다 이루어지기까지 역사는 계속될 것이다. 즉 하나님이 구원하기로 예정하신 모든 사람들이 다 구원되기까지 역사가 진행될 것이다. 이 일이 이루어지면 역사의 진행이 끝난다.

엡 1:12 이는 그리스도 안에서 전부터 바라던 우리로 그의 영광의 찬송이 되게 하려 하심이라

1:12 εἰς τὸ εἶναι εἰς ἔπαινον δόξης αὐτοῦ ἡμᾶς τοὺς προηλπικότας ἐν τῷ Χριστῷ·

엡 1:12 그리스도를 전부터 바라던 우리로 그의 영광의 찬송이 되게 하려 하심이었습니다.

1. 우리를 예정하사 상속에 이르게 하신 것은 그의 은혜와 영광을 찬송하게 하려 하심이었다.

구원 얻은 백성들이 해야 할 일은 하나님의 은혜와 영광을 찬송하는 것이다. 우리를 구원하신 그 사랑과 은혜를 찬송하도록 하시려고 하나님이 우리를 선택하셨기 때문이다. 큰 은혜를 입어 구원되

었으니 구원과 상속을 받은 백성들이 할 일이란 하나님을 찬양하고 감사하는 것밖에 없다. 우리는 하나님의 은혜를 갚을 길이 없다. 우리가 할 일이란 그 은혜를 감사하고 찬양하는 것뿐이다.

2. 전부터 그리스도를 소망한 자들은 바로 그리스도를 먼저 믿은 사람들을 말한다.

전부터 그리스도를 소망한다고 하였는데, 그 소망은 바로 그를 믿는 것을 말한다. 그러므로 먼저 믿은 사람들을 지칭한다. 사람들은 그리스도를 믿기 전에는 그를 소망할 수 없다. 따라서 여기서 먼저 그리스도를 바란다는 것은 바로 다른 사람들에 앞서서 그리스도를 믿은 것을 말한다.

그리스도를 소망한다고 하였으니 구약에서 그리스도를 바라고 사모하는 자들을 마음에 두었다고 해야 한다. 그들은 그리스도를 바라보며 그를 믿었다.

3. 먼저 믿는 사람들은 그리스도의 구원으로 말미암아 하나님을 찬양함으로 다른 사람들로 믿게 하는 직임을 갖는다.

하나님은 우리로 하나님을 찬양하도록 구원하셨으므로 우리가 구원은혜에 감사하여 찬양하면 불신자들로 믿음에 이르게 한다. 우리의 감사와 찬양이 아직 믿지 않는 자들을 믿음에 이르도록 하니 우리는 감사와 찬양을 그치지 말아야 한다.

엡 1:13 그 안에서 너희도 진리의 말씀 곧 너희의 구원의 복음을 듣고 그 안에서 또한 믿어 약속의 성령으로 인치심을 받았으니

1:13 ἐν ᾧ καὶ ὑμεῖς ἀκούσαντες τὸν λόγον τῆς ἀληθείας, τὸ εὐαγγέλιον τῆς σωτηρίας ὑμῶν, ἐν ᾧ καὶ πιστεύσαντες ἐσφραγίσθητε τῷ πνεύματι τῆς ἐπαγγελίας τῷ ἁγίῳ,

엡 1:13 그 안에서 여러분도 진리의 말씀 곧 여러분의 구원의 복음을 듣고 믿어 약속의 성령으로 인쳐졌습니다.

1. 처음 복음을 받았을 때부터 성령을 받았음을 사도 바울이 강조한다.

성령은 복음을 듣고 예수 믿을 때 받는다. 성령은 사람이 복음을 받을 때 그 사람을 중생시키고 내주하신다. 예수 믿어 성장한 다음 단계로 성령을 받는 것이 아니다. 예수 믿는 믿음을 고백할 때 바로 성령을 받는다. 성령은 예수 믿음으로 받고 믿을 때 받지 그 후에 받는 것이 아니다. 우리가 성령 받기 위해서 할 일이 있다면 단지 주 예수를 믿는 믿음을 고백하는 것뿐이다.

2. 듣고 믿는 것과 성령으로 인침이 에오리스트 (aorist), 곧 단순과거로 표기하여 듣고, 믿고, 성령으로 인쳐짐이 동시적임을 강조한다.

바울은 복음을 듣고 믿을 때 성령 받는 것임을 강조하기 위해 세 동사에 단순과거 시제를 썼다. 단순과거 시제는 과거의 한 시점에서 일어난 사건을 지시하기 위해 사용된다. 그러므로 복음을 듣고 믿고 성령 받는 일이 다 복음을 들을 때 동시적으로 일어났음을 지시한다.

듣고 믿은 다음에 성령 받는 것이 아니고, 복음을 듣고 믿음 고백할 때에 성령을 동시적으로 받는다. 그러므로 오순절파의 중생 후에 성령세례 방식으로 성령 받는다는 공식은 신약에 아무 근거가 없다. 이런 것들은 다 사람이 만들어낸 바르지 못한 신학일 뿐이다.

성령을 받음은 복음을 들어 믿음 고백할 때에 일어난다. 하나님이 우리에게 상속과 영광을 주시려고 예정하셨으니 처음 믿을 때부터 성령으로 인치신다. 성령을 받는 것은 하나님의 소유라고 인치는 것이므로 예수 믿을 때 이 인침이 일어난다.

3. 진리의 말씀이 철학적 진리가 아니고 복음임을 강조하기 위해서 진리의 말씀과 구원의 복음을 일치시킨다.

에베소교회가 받은 진리의 말씀은 바로 바울을 통해서 온 복음이었다. 에베소서와 골로새서를 받은 소아시아의 교회들 중에는 직접 바울의 전도를 받지 않았어도 그들이 받은 복음은 바울이 전하던 대로의 예수 그리스도의 복음이다. 예수 그리스도의 사신이 복음인 것은 바로 그 복음이 구원의 복음이기 때문이다.

사람들은 오직 예수 그리스도로만 구원에 이른다. 그가 피 흘려 죽었기 때문에 예수 믿음으로 죄용서와 영생을 받는다. 그러므로 이것이 복음이다.

철학적 사변에 진리는 없다. 더구나 구원이 불가능하다. 왜냐하면 하나님의 계시가 아니고 인간의 사변이기 때문이다. 희랍철학의 가르침을 따라 이데아 지식을 추구하였으면, 죽은 후에 신들의 세계로 간다는 것은 아무런 확신을 줄 수 없는 가설이다. 얼마만큼 지식을 추구해야 신들의 세계로 갈 것인가? 또 어떤 것이 진리의 지식인가?

더구나 희랍철학에 의하면 육체는 천한 것이어서 구원에 이를 수 없고 죽음으로 끝난다. 영혼만이 진리의 지식을 추구하였으므로 신들의 세계로 옮겨가서 신들이 마시는 신주 (nectar)를 마시며 산다고 가르친다. 플라톤이 그렇게 가르쳤다. 그러나 그런 것은 성립하지 않는다. 철학적 진리를 추구하는 자들은 죽은 후에 신들의 세계로 가는 것이 아니라 심판을 받아 영벌에 이르게 된다.

4. 성령으로 인친 것은 바로 하나님의 소유라고 확정하는 것을 말한다.

예수를 믿으면 하나님의 것이 된다. 그러므로 하나님이 자기 소유라고 인을 치신다. 그것이 다름 아닌 성령의 내주인 것이다. 하나님은 사람들이 예수 믿으면 그들을 자기의 소유라고 인치신다. 이 인침이 바로 성령을 사람들 마음에 내주하게 하시는 것이다. 육체뿐이던 사람들에게 하나님이 성령을 주사 내주하게 하시는 것이 바로 성령으로 인침이다. 성령이 마음에 계심으로 사람들이 확실하게 하나님의 소유가 된다.

5. 약속의 성령이라고 한 것은 주 예수께서 승천하시기 전에 약속하셨기 때문에 약속의 성령이라고 하였다.

하나님은 주 예수를 믿는 자들을 확실하게 구원하여 영생과 영광에 이르도록 작정하셨으므로 성령으로 이 구원을 보장하시기를 기뻐하셨다. 바로 이 때문에 성령은 아버지의 약속이 된다.

더구나 주 예수께서 승천 전에 성령을 보내실 것을 약속하셨다 (눅 24:49). 요 14:16, 26; 15:26; 16:7에 길게 하나님이 보내실 성령과 자신이 보내실 성령 보혜사라고 강조하고 약속하셨다. 그러므로 성령은 처음부터 제자들과 믿는 백성들에게 주시기로 약속되었다.

그리므로 주 예수를 믿는 모든 사들은 성령을 받도록 약속받았다. 따라서 예수 믿을 때 성령을 받는다.

6. 복음이 진리의 말씀인 것은 하나님이 이룩하신 구원이기 때문이다.

사람의 것은 진리가 아니다. 하나님만이 진리의 원천이시므로 하나님이 사람을 구원하실 일을 확실하게 이루셨다. 하나님이 구원을 이루셨으니 확실하게 구원하신다.

엡 1:14 이는 우리의 기업에 보증이 되사 그 얻으신 것을 구속하시고 그의 영광을 찬미하게 하려 하심이라

1:14 ὅ ἐστιν ἀρραβὼν τῆς κληρονομίας ἡμῶν, εἰς ἀπολύτρωσιν τῆς περιποιήσεως, εἰς ἔπαινον τῆς δόξης αὐτοῦ.

엡 1:14 그는 우리 상속의 보증이신지라 하나님이 얻으신 백성을 구속하사 그의 영광의 찬송이 되게 하심이었습니다.

1. 성령이 우리의 상속의 보증이 되신 것은 하나님의 백성을 확실하게 구원하시려고 하심이었다.

성령으로 우리 마음에 인친 것은 우리의 상속을 보증하시는 조치였다. 그리하여 우리로 확실하게 구원에 이르도록 하셨다. 몸의 구속을 보증하기 위해 우리에게 성령을 상속의 보증으로 삼으셨다. 성령이 우리의 구원의 보증으로 계시니 우리가 부활에 이르러 몸까지 구속받는 것은 가장 확실한 일이다. 몸이 부활하여 영생에 이르는 것이 몸의 구속이다.

우리가 육체 가운데 사는데 죽으면 어떻게 부활에 이르고 영생에 이를지를 확신할 수 있겠는가? 그것은 오직 성령이 우리 안에 내주하셔서 우리의 구원 곧 부활과 영생을 보증하시기 때문이다.

2. 여기 '보증'의 뜻으로 쓰인 아라본 (ἀρραβὼν)은 보증과 보장의 뜻을 함께 갖고 있다.

아라본은 보증일 뿐만 아니라 보장이다. 인간 세상에서는 보증수표도 부도가 난다. 보증수표도 확실하지 않은 인간 세상에서 성령이 구원을 확실하게 보장함을 밝히기 위해 아라본을 썼다.

그러므로 성령이 보증수표일 뿐 아니라 보장이 되사 우리의 구원을 확실하게 하셨다. 우리 안에 내주하시는 성령은 우리 구원의 보증이요 보장이다.

3. 구원받은 우리가 할 일은 성령으로 인쳐 구원하신 하나님을 찬양하는 것이다.

구원받은 우리가 할 일은 우리를 구원하실 뿐만 아니라 그 구원을 성령으로 보증하시는 하나님을 찬양하는 것뿐이다. 이렇게 큰 구원을 받은 우리가 할 일이란 하나님의 구원에 대해 무엇을 해서 갚는 것이 결코 아니라 단지 하나님을 찬양할 뿐이다. 우리가 할 수 있는 것이란 우리를 구원하시고 우리의 구원을 보장하시는 하나님을 찬양하는 것 외에 무엇이 또 있겠는가?

에베소서

Προς Εφεσιους

믿는 자의 미래 영광을 찬송함: 1:15–19

1. 에베소교회도 믿음을 가져 구원에 이르게 되었다.

2. 하나님이 지혜와 계시를 주셔서 하나님을 알고, 부르심과 구원의 영광이 무엇인지를 알게 하셨다.

3. 하나님의 능력이 크므로 완전히 구원에 이르게 하실 것이다.

엡 1:15 이를 인하여 주 예수 안에서 너희 믿음과 모든 성도를 향한 사랑을 나도 듣고

1:15 Διὰ τοῦτο κἀγώ, ἀκούσας τὴν καθ' ὑμᾶς πίστιν ἐν τῷ κυρίῳ Ἰησοῦ καὶ τὴν ἀγάπην τὴν εἰς πάντας τοὺς ἁγίους,

엡 1:15 이러므로 주 예수를 믿는 여러분의 믿음과 모든 성도를 향한 사랑을 나도 듣고

1. 에베소교회가 주 예수를 믿어 구원에 이르게 되었음을 바울이 확신하였다.

바울이 편지를 쓰는 에베소와 소아시아의 여러 교회들은 다 성령으로 인쳐졌으니 구원에 이를 것은 가장 확실한 일이다. 바울이 소아시아 지역 교회들에 대해서 들었을 때에 그들이 구원에 이를 것을 확신하였다.

2. 성도들에 대한 사랑이란, 그리스도의 피로 구원에 이른 자들이 다 그 피로 형제들이 되어 서로를 사랑하게 되었음을 말한다.

모든 성도들을 향한 사랑은 그리스도의 피로 연결된 형제들에 대한 사랑이다. 그러므로 성도들이 서로를 사랑하도록 되어 있다.

그러나 교회에 분란이 나고 미워하기 시작하는 것은 죄악이 들어와서 생긴 일이다. 죄가 들어오면 언제나 믿음이 식고 분란이 난다.

3. 성도들에 대한 사랑은 그들이 믿음에 바로 서서 구원에 이르도록 돕는 모든 수고를 말한다.

성도들은 그리스도의 피로 맺어졌으므로 형제들이다. 그러므로 서로를 도와 바른 믿음에 이르고 믿음대로 살도록 봉사해야 한다. 에베소교회와 소아시아의 교회들은 서로 봉사하고 있다.

성도를 사랑하는 것이 구원에 이르렀다는 표이다.

엡 1:16 너희를 인하여 감사하기를 마지아니하고 내가 기도할 때에 너희를 말하노라

1:16 οὐ παύομαι εὐχαριστῶν ὑπὲρ ὑμῶν μνείαν ποιούμενος ἐπὶ
τῶν προσευχῶν μου,

엡 1:16 여러분을 위하여 감사하기를 쉬지 않고 내 모든 기도에서 여러
분들을 아뢰어,

1. 바울은 성도들을 구원하사 서로 사랑하고 살게 하셨음을 감사하고 그들을 위해 늘 기도하였다.

바울이 소아시아 교회의 믿음과 사랑을 들었을 때 하나님의 은혜로 말미암아 감사하고 그들을 위해 기도하지 않을 수 없었다. 그들이 주 예수를 믿는 믿음으로 살고, 그리스도인으로서 살아 서로 사랑하니 감사하지 않을 수 없었다.

엡 1:17 우리 주 예수 그리스도의 하나님, 영광의 아버지께서 지혜와 계
시의 정신을 너희에게 주사 하나님을 알게 하시고

1:17 ἵνα ὁ θεὸς τοῦ κυρίου ἡμῶν Ἰησοῦ Χριστοῦ, ὁ πατὴρ τῆς δόξης,
δώῃ ὑμῖν πνεῦμα σοφίας καὶ ἀποκαλύψεως ἐν ἐπιγνώσει αὐτοῦ,

엡 1:17 우리 주 예수 그리스도의 하나님, 영광의 아버지께서 여러분에
게 지혜와 계시의 영을 주사 하나님을 바로 알게 하시기를 구하옵고,

1. 이미 믿고 알지만 하나님을 바로 알 수 있도록 지혜를 주사 계시를 깨닫게 되기를 바울이 기도한다.

이미 하나님을 알고 믿지만 더욱 풍성한 지식을 가질 수 있도록 지혜와 계시를 더하시기를 구한다.

2. 성도들은 마땅히 구원을 주신 하나님을 더 잘 알도록 힘써야 한다.

하나님이 얼마나 큰 사랑으로 우리를 사랑하사 우리를 구원하셨는지 바로 알아야 한다. 그러면 하나님을 더욱 사랑하고 더욱 감사하게 된다.

엡 1:18 너희 마음눈을 밝히사 그의 부르심의 소망이 무엇이며 성도 안에서 그 기업의 영광의 풍성이 무엇이며

1:18 πεφωτισμένους τοὺς ὀφθαλμοὺς τῆς καρδίας ὑμῶν εἰς τὸ εἰδέναι ὑμᾶς τίς ἐστιν ἡ ἐλπὶς τῆς κλήσεως αὐτοῦ, τίς ὁ πλοῦτος τῆς δόξης τῆς κληρονομίας αὐτοῦ ἐν τοῖς ἁγίοις,

엡 1:18 여러분의 마음의 눈을 밝히시어 그의 부르심의 소망이 무엇이며, 성도들 안에 있는 상속의 영광의 풍성이 무엇인지를 알게 되고,

1. 큰 영광과 상속으로 부르신 것을 성도들은 알아야 한다.

하나님이 우리를 불러 구원하신 것은 구원에 이르는 것만이 아니라 참으로 큰 영광과 상속으로 부르신 것임을 알아야 한다.

2. 보통 정신으로는 이 큰 구원의 결과를 알 수가 없다. 그러므로 그들의 마음이 깨우침을 받아야 한다.

우리가 구원에 이른 것은 단지 죄용서로 영생에 이르는 수준이 아니라 하나님의 영광과 큰 상속을 받아 가지게 된 것이다. 이 큰 영광과 상속을 알려면 마음이 깨우침 받아야 한다. 세상 것에만 바쁘고 분주해서는 이 큰 구원의 도를 바로 알 길이 없다.

3. 마음이 깨우침 받는 것은 성령의 조명으로 가능하다.

성령께서 우리가 앞으로 받을 구원이 얼마나 큰 것인지 알 수 있도록 조명하셔야 한다. 성령의 조명만이 우리로 깨달아 알게 한다. 하나님과 구원진리를 바로 아는 것은 성령의 조명으로만 가능하다.

사물 지식을 얻는 수준이 아니므로 성령으로 마음이 깨우침 받기 전에는 상속이 얼마나 큰 것인지 바로 알 수가 없다. 성령이 가르쳐 주시면 우리는 우리가 이를 영광과 상속이 얼마나 큰지를 바로 알 수 있다.

4. 우리가 받을 상속의 영광이 얼마나 큰지는 지금은 도저히 헤

아릴 수 없다.

우리의 상속은 세상의 것들이 아니고 하늘의 것이며 하나님의 소유이기 때문에 그 영광의 광채가 얼마나 대단한지를 바로 알 수가 없다. 오직 성령으로 마음이 깨우침 받을 때만이 영광의 광채가 얼마나 큰지를 조금 헤아릴 수 있다. 우리는 세상 것에 묻혀 살므로 하늘의 영광이 어떠한지는 실제 그 영광에 이르기 전에는 바로 체득할 수가 없다. 그러므로 지혜와 계시의 영이 필요하다.

엡 1:19 그의 힘이 강력으로 역사하심을 따라 믿는 우리에게 베푸신 능력의 지극히 크심이 어떤 것을 너희로 알게 하시기를 구하노라

1:19 καὶ τί τὸ ὑπερβάλλον μέγεθος τῆς δυνάμεως αὐτοῦ εἰς ἡμᾶς τοὺς πιστεύοντας κατὰ τὴν ἐνέργειαν τοῦ κράτους τῆς ἰσχύος αὐτοῦ

엡 1:19 또 그의 힘의 강력으로 역사하심을 따라 믿는 우리에게 베푸신 그의 능력의 지극히 크심이 어떤 것임을 알게 되기를 구합니다.

1. 우리에게 구원을 베푸신 것이 그냥 사랑만으로 이루어진 것이 아니라 그의 힘의 강한 역사로 이루어졌다.

무한한 지혜의 하나님, 만물을 만드신 창조주가 마련하신 구원계획이고, 그 실현이 하나님의 아들의 십자가의 죽음과 부활이다. 이

큰 구원은 하나님의 능력과 지혜로만 가능한 일이다. 연약해짐으로 곧 사람의 자리에 하나님이 오시고, 연약해지신 사람으로서 십자가에 죽고 피 흘리셨다. 고후 13:4에 바울은 말하기를 그리스도께서 약하시므로 십자가에 못 박히셨다고 제시한다. 그런데 여기 엡 1:19에서는 그의 힘의 강력으로 역사하사 구원을 이루셨다고 강조한다. 이것은 바로 그리스도의 십자가의 죽음과 부활과 승천과 천지의 대권을 받음이 다 하나님의 힘의 강력으로 이루어진 것임을 밝히고 있다. 그런 면에서는 구원사역이 하나님의 창조사역에 상응함을 강조하고 있다. 천지 창조주가 연약한 인간의 자리에서 구원을 이루신 것은 세상 지혜로는 전혀 깨달을 수 없는 진리이다. 세상적인 지혜 앞에서는 전적으로 불가능한 일이 된다. 구원을 이루심에 있어서 하나님의 힘의 강력을 따라 역사하심이 무엇이었는지를 엡 1:20-22에서 바울이 잘 밝히고 있다.

구원을 이루신 것은 하나님의 강한 능력의 역사이다.

2. 이 구원을 이룩하신 하나님의 능력을 다 헤아리고 안다는 것은 불가능하다. 전능한 창조주가 이룩하신 일이므로 하나님께 지혜를 받아서만 알 수 있다.

에베소서

Προς Εφεσιους

그리스도가 교회의 머리이심: 1:20-23

1. 그리스도를 부활하게 하시고 만물을 통치하게 하셨다.
2. 그리스도가 모든 권세 위에 뛰어난 통치자이시다.
3. 그리스도를 교회의 머리로 세우셨다.
4. 교회는 그리스도의 충만 곧 안전한 통치영역이다.

엡 1:20 그 능력이 그리스도 안에서 역사하사 죽은 자들 가운데서 다시 살리시고 하늘에서 자기의 오른편에 앉히사

1:20 ἣν ἐνήργηκεν ἐν τῷ Χριστῷ ἐγείρας αὐτὸν ἐκ νεκρῶν, καὶ καθίσας ἐν δεξιᾷ αὐτοῦ ἐν τοῖς ἐπουρανίοις

엡 1:20 하나님이 그리스도 안에서 능력을 나타내시어 죽은 자들 가운데서 그를 일으키시고 하늘에서 자기의 오른편에 앉히셨으니

1. 바울이 말하고자 하는 하나님의 능력의 강력은 바로 예수 그리스도를 죽은 자들 가운데서 살리신 것을 뜻한다.

죽은 자를 다시 살리는 것은 창조적 사역이다. 창조 시와 같은 무한대한 능력은 아니지만 죽은 자들 가운데서 죽은 자를 살리는 것은 창조사역이다. 창조를 무한한 권능과 지혜로 이루신 것처럼 죽은 그를 살리는 일도 하나님의 큰 권능과 지혜로 이루신 일이다. 바로 창조사역이다. 하나님이 창조적 권능을 발휘하심으로 그리스도를 죽은 자들 가운데서 살리셨다.

2. 그리스도를 부활시킬 뿐 아니라 하늘에 올리시어 자기의 우편에 앉히셨다. 즉 세계통치권을 부여하셨다. 죽은 자가 살아나서 세계통치권을 위임받았다.

하나님은 예수 그리스도를 죽은 자들 가운데서 일으키시기만 한 것이 아니다. 그의 창조적 능력은 그로 하늘에 오르게 하사 세계통치권을 위임받게 하셨다. 그리스도로 죽음에 이르게 함으로 우리를 구원하셨지만, 그를 살리심으로 모든 통치권을 그에게 부여하셨다. 구원중보자로서 세계통치권을 받으셨다. 그러므로 이것도 하나님의 창조사역과 같은 큰 권능의 일이다.

예수 그리스도가 하나님의 통치권을 위임받은 것은 우리의 구원을 확실하게 하고 보장하는 일이다. 그리스도가 천지를 다스림으로 우리를 위해 그가 이룩하신 구원이 확실하게 되고, 변동이 불가능하게 되었다. 신인 중보자로서 예수 그리스도가 천지의 통치권을 위임받은 것은 단지 죽음에 대한 보상이 아니다. 그것은 우리의 구원을 보장하시는 하나님의 섭리적인 조치이다. 본래 하나님의 위격으로서가 아니라, 중보자의 신인위격에서 천지를 다스리는 천지의 대권을 받으셨기 때문이다. 그리스도는 이 통치권을 우리의 구원을 보장하기 위해서 행사하신다.

엡 1:21 모든 정사와 권세와 능력과 주관하는 자와 이 세상뿐 아니라 오는 세상에 일컫는 모든 이름 위에 뛰어나게 하시고

1:21 ὑπεράνω πάσης ἀρχῆς καὶ ἐξουσίας καὶ δυνάμεως καὶ κυριότητος καὶ παντὸς ὀνόματος ὀνομαζομένου οὐ μόνον ἐν τῷ αἰῶνι τούτῳ ἀλλὰ καὶ ἐν τῷ μέλλοντι·

엡 1:21 모든 주권자와 권세자와 능력자와 통치자 위에, 또 이 세상뿐 아니라 오는 세상에서 일컫는 모든 이름 위에 뛰어나게 하셨습니다.

1. 그리스도가 하늘에 오르시어 천지의 통치권을 행사하신다. 이것은 그가 땅과 하늘에 있는 모든 통치자들과 천사들보다 말할 수 없이 탁월함을 말한다.

예수 그리스도가 승천하여 천지의 대권을 받으셨으므로 천사들과 땅 위의 모든 권세자들보다 비교불능으로 높으심을 말한다. 그리스도가 그의 구속사역으로 천지의 대권을 행사하심으로 천사들도 다 그의 권세에 복종하게 되었다. 땅 위의 모든 통치자들도 어떤 형태로 어떤 권력을 행사하더라도 다 그리스도의 왕권에 종속하게 되었음을 말한다.

본래 하나님으로서 통치권을 행사하는 면에 대해서는 바울이 말하지 않는다. 연약하여 십자가에 죽으신 예수 그리스도가 천지의 대권을 행사하심을 말한다. 즉 사람이 되신 구주의 신분에서 천지의 대권을 행사하도록 되었음을 말한다.

2. 여기 주권자와 권세자와 능력자와 통치자는 다 천사들의 등급을 말한다.

하늘의 모든 세력도 그리스도의 통치권에 다 굴복한다. 그의 통치를 벗어날 것은 아무것도 없다. 이 면에 있어서는 골로새서의 사상 (골 1:16)과 상통한다. 골로새에는 천사를 숭배하는 이단이 들어왔다. 골로새인들이 숭배하는 천사들이 다 그리스도에게 굴복함을 말하였다. 골 1:16에서 말한 보좌들, 주관들, 정사들, 권세들은 다 천사들의 등급을 말한다.

골로새 주변의 소아시아 교회들도 동일한 이단적인 영향을 받았을 것이다. 그러므로 바울은 높은 천사들이라도 다 그리스도의 권세에 굴복함을 밝히고 강조하고 있다.

3. 지금까지도 많은 사람들이 나라의 통치와 정복으로 큰 이름들을 얻었다. 앞으로도 그럴 것이다. 그러나 그런 권세자와 위인들도 다 그리스도 아래 굴복하게 된다. 또 그에게 완전히 굴종하게 된다.

세상에 있는 어떤 권세와 권위와 유명함도 그리스도의 권세와 왕권에 다 굴복하게 되었다. 따라서 그리스도 이후에는 아무리 강력한 권세라도 신적인 권세가 될 수 없다.

엡 1:22 또 만물을 그 발 아래 복종하게 하시고 그를 만물 위에 교회의 머리로 주셨느니라

1:22 καὶ πάντα ὑπέταξεν ὑπὸ τοὺς πόδας αὐτοῦ, καὶ αὐτὸν ἔδωκεν κεφαλὴν ὑπὲρ πάντα τῇ ἐκκλησίᾳ ,

엡 1:22 또 만물을 그의 발 아래 복종하게 하시고 그를 만물 위에 미리로서 교회에 주셨습니다.

1. 그리스도는 천지의 통치자이시므로 만물 위의 머리이시다.

하나님께서 만물을 그리스도의 발 아래 복종하게 하셨으므로 그가 만물의 머리이시다. 만물 위의 머리는 만물의 최고통치자임을 뜻한다. 그리스도는 만물 위의 최상의 통치자이시다. 온 천지에 유일한 최상통치자이시다.

2. 만물이 그의 발 아래 복종함은 하늘 위의 모든 천사들과 영들이 다 그리스도께 복종함이요, 땅 위에 사는 모든 인생이 다 그리스도의 권세 아래 복종함을 말한다.

이제 이후로는 그리스도의 권세와 이름에 굴복하지 않을 존재란 아무것도 없다.

3. 그리스도를 교회에 만물의 머리로 주셨다는 것은 어떤 것도 교회를 박멸할 수 없게 되었다는 것을 말한다.

만물의 머리가 교회의 주이시니 교회는 안전하고 무사하다. 어떤 것도 교회를 잔해하여 박멸할 수 없다.

엡 1:23 교회는 그의 몸이니 만물 안에서 만물을 충만케 하시는 자의 충만이니라

1:23 ἥτις ἐστὶν τὸ σῶμα αὐτοῦ, τὸ πλήρωμα τοῦ τὰ πάντα ἐν πᾶσιν πληρουμένου.

엡 1:23 교회는 그의 몸이니 만물 안에서 만물을 충만하게 하시는 자의 충만입니다.

1. 충만은 그리스도의 통치를 뜻한다. 그리스도가 만물의 머리이시므로 만물 안에 충만하시다. 즉 만물을 완전하게 다스리신다.

그리스도만이 온 천지를 다스리신다. 그만이 온 창조의 주이시고, 최상의 통치자이시므로 온전하게 다스리신다. 세상 통치자들은

자기 나라와 일부 지역만을 다스릴 뿐이다.

2. 교회가 그리스도의 몸이 되는 이유는 그리스도께서 피 흘리시어 그 피로 백성들을 사서 자기의 몸으로 삼고, 그가 교회의 머리가 되시기 때문이다.

그리스도의 피로 구속된 백성들이 그리스도의 교회를 이룬다. 교회가 그리스도께서 사시고 역사하시는 몸이다. 그리스도께서 그의 피로 사신 백성을 자기의 몸으로 삼으셨다. 몸은 생명을 받아야 살고 활동한다. 교회는 모든 생명과 힘을 그리스도로부터 받아서 산다. 그리스도에게서 오지 않은 것을 교회는 갖고 있지 않다. 교회의 모든 생명과 힘의 원천이 그리스도이시다. 그리스도가 교회에 생명을 주어 살게 하고 활동하게 하신다. 그 생명으로 교회는 교회로 남고 교회로서 활동한다. 그러므로 교회는 그리스도의 몸이다.

교회가 그리스도의 몸이므로 그리스도께서 교회에 충만하게 임재하신다. 교회는 그리스도의 몸이고, 그리스도의 생명으로 살므로 교회에서 그리스도가 가장 잘 나타난다.

3. 교회가 그리스도의 몸이라고 한 것은 그리스도의 통치가 교회를 통해서 이루어짐을 말한다.

그리스도의 통치가 가장 잘 구현된 곳이 교회이다. 그러므로 교회에서 성령의 역사와 임재를 가장 잘 체험하고 느낄 수 있다.

이 교회에서 그리스도의 통치가 만물에 미친다. 만물이 그리스도의 통치에 복종하는 것은 모든 인류가 다 그의 복음의 권세에 굴복하는 것이다.

어느 사회나 그리스도의 법으로 살면 그 사회는 그리스도의 통치가 미치는 곳이다. 즉 그리스도께서 다스리시는 곳이다.

사회가 그리스도의 법으로 살게 되는 것은 교회의 선포를 통해서 이루어진다. 교회의 선포를 통해서 그리스도의 법이 사회에서 시행되므로 교회에서 세상으로 그리스도의 통치가 확장한다. 그러므로 교회는 언제나 복음 선포를 계속해야 한다.

에베소서

Προς Εφεσιους

제 2 장

에베소서

Προς Εφεσιους

구원하시는 하나님의 능력: 2:1–10

1. 죄로 죽었던 우리를 살리셨다.
2. 공중 권세 잡은 자를 따라서 살고 육체의 욕망을 따라 살므로 진노의 자녀들이었다.
3. 하나님의 큰 사랑 때문에 죽은 우리를 살리셨다.
4. 우리도 그리스도처럼 하늘에 앉히시어 우리로 하나님의 은혜를 찬송하게 하셨다.
5. 은혜와 믿음으로 구원 얻었으니 구원은 전적으로 선물이다.
6. 구원받은 자들은 선을 행하도록 만들어졌다.

엡 2:1 너희의 허물과 죄로 죽었던 너희를 살리셨도다

2:1 Καὶ ὑμᾶς ὄντας νεκροὺς τοῖς παραπτώμασιν καὶ ταῖς ἁμαρτίαις ὑμῶν,

엡 2:1 또 여러분은 여러분의 범행들과 죄로 죽었었습니다.

1. 우리는 다 범행과 죄로 인해 죽은 자들이 되었다.

우리가 행한 것은 다 하나님의 법에 어긋난 행동들이었으므로 우리는 그 죄과들로 죽은 자들이었다. 우리의 삶의 체계는 다 하나님을 반역한 것이었으므로 삶 자체가 다 죄악이고 범행이었다. 하나님을 생각하지도 못했고, 하나님을 마음에 두는 것도 반대하였으므로 모든 삶의 방식이 하나님의 법에 전적으로 어긋나는 것이었다.

2. 죄는 범행만으로 구성되는 것이 아니라 마음의 생각들, 육의 욕망들, 악한 것을 행하려고 계획함, 음탕한 것들을 좋아함, 남을 미워함 등으로 성립한다. 그러므로 '죄들'이라고 하였다.

우리는 타락한 자들이므로 다 하나님 없이 생각하고 원하고 바란다. 불의하고 악한 것을 좋아하며 음탕한 것을 즐긴다. 선한 양심에 어긋나는 것들을 행하기를 좋아한다. 그리하여 다른 사람들에게 해가 입혀지기를 바란다. 이런 모든 것들은 다 하나님 앞에 죄를 구성한다. 그러므로 이런 죄들로 영혼이 완전히 죽은 상태에 도달한 것이다.

엡 2:2 그때에 너희가 그 가운데서 행하여 이 세상 풍속을 좇고 공중의 권세 잡은 자를 따랐으니 곧 지금 불순종의 아들들 가운데서 역사하는 영이라

2:2 ἐν αἷς ποτε περιεπατήσατε κατὰ τὸν αἰῶνα τοῦ κόσμου τούτου, κατὰ τὸν ἄρχοντα τῆς ἐξουσίας τοῦ ἀέρος, τοῦ πνεύματος τοῦ νῦν ἐνεργοῦντος ἐν τοῖς υἱοῖς τῆς ἀπειθείας·

엡 2:2 그때에 여러분은 그 가운데서 이 세상의 풍속을 따라 행하였으며, 공중 권세자 곧 지금 불순종의 아들들 가운데서 역사하는 영을 따랐습니다.

1. 행한 것이 모두 범행이고 죄일 때 삶의 방식은 이 세상의 과정을 따름이었다.

사람은 자기가 사는 시대의 풍습과 예절이라고 하는 법규를 벗어날 수 없다. 자기 시대가 바른 생활의 법이라고 하는 것을 따라야 하고, 그렇지 않으면 반시대적이고 반민족적인 삶이라고 정죄를 받는다. 그러므로 이 세상의 과정을 따르지 않을 수가 없다. 그래서 삶의 방식이 모두 죄악이고 범행일 수밖에 없다. 삶 자체도 다 죄악이고 범행이다. 전부가 죄악된 것이지만 세상의 풍속이므로 피할 수가 없다.

2. 세상의 죄악된 풍습은 사탄에게서 왔음을 알 수 있다.

죄악된 풍습이 정착된 것은 사탄이 그 종족들을 속였기 때문이다. 그래서 죄악된 풍습과 질서가 정당하고 당연한 법질서와 제도로 정착하게 되었다. 그러므로 그 시대를 사는 사람들은 그 시대의 풍습과 법질서를 벗어날 수 없다. 사탄이 지배하고 속이기 때문이다.

3. 사탄이 땅으로 내어 쫓긴 것은 바로 공중의 영역에 자리 잡아 사람들을 지배할 수 있게 된 것을 말한다.

사탄은 땅으로 내어 쫓겼다 (계 12:7-10). 그리고 공중에 자리하여 모든 사람들을 직접적으로 지배하고 속이게 되었다. 세상 풍습도 사탄에게서 많이 나왔다. 그리하여 죄된 방식을 생활의 법으로 삼을 수밖에 없게 되었다.

사탄이 공중에 자리 잡았으니 땅 위에서 가장 가까이 있으며, 사람들을 지배할 수 있게 되었다. 사람들이 호흡하는 공기 대기권에 자리 잡았으니 가장 긴밀하고 신속하게 사람들을 접촉하고 지배할 수 있게 되었다. 사탄이 공중에 자리 잡았으므로 악령들도 사람들 안에 침입하여 사람을 직접 지배하고, 생각과 느낌과 풍습과 행위를 지배한다.

엡 2:3 전에는 우리도 다 그 가운데서 우리 육체의 욕심을 따라 지내며 육체와 마음의 원하는 것을 하여 다른 이들과 같이 본질상 진노의 자녀이었더니

2:3 ἐν οἷς καὶ ἡμεῖς πάντες ἀνεστράφημέν ποτε ἐν ταῖς ἐπιθυμίαις τῆς σαρκὸς ἡμῶν, ποιοῦντες τὰ θελήματα τῆς σαρκὸς καὶ τῶν διανοιῶν, καὶ ἤμεθα τέκνα ὀργῆς φύσει ὡς καὶ οἱ λοιποί·

엡 2:3 전에는 우리도 다 그들 가운데 있어서 우리의 육의 욕망들로 살면서 육의 뜻과 생각을 행하여 다른 사람들과 같이 우리도 본성으로 진노의 자녀들이었습니다.

1. 전에 그들 가운데 있었다는 것은 믿기 전에는 우리도 다 불순종의 사람들이었음을 말한다.

우리도 주 예수를 믿어 하나님께로 돌아가기 전에는 다 불순종의 자녀들이었다. 모든 행함이 다 하나님의 법에 어긋나고 하나님의 법이 금한 것만을 행하였다. 따라서 불순종의 자녀들이어서 진노를 받을 것밖에는 아무것도 없었다.

2. 종족들이 망한 것은 다 욕망의 법으로 살아 하나님의 진노를 입었기 때문이다.

역사에서 활동했던 수많은 종족들이 지상에서 사라지고 망한 것은 다 하나님의 진노를 입음으로 나타난 결과이다. 악을 행해도 바로 망하지 않도록 하나님이 용인하셨지만 (창 8:21) 도를 지나치면 진노를 입어 멸망에 이를 수밖에 없었다. 그것이 민족들의 운명이었다. 가나안의 일곱 종족들만 망하도록 된 것이 아니다.

3. 불순종의 삶을 살 때는 다 육의 욕망으로 살았다.

그때는 삶의 법이 육의 욕망들을 이루는 것 외에는 다른 목표나

지표가 없었다. 육의 욕구를 이루는 것 외에는 하나님의 법에 대한 생각이 전혀 없었다. 그러므로 육의 욕망을 이루기 위해 사는 것 외에는 다른 삶의 방식과 목표가 있는지도 알지 못하였다.

육의 욕망에 지배되어 살았다. 이 육의 욕망을 이루는 것만이 삶의 전체인 줄 알았기 때문에, 하나님의 법이나 하나님을 믿으며 살아야 한다는 생각은 전혀 없었다. 삶은 육의 욕망 성취뿐이었다.

4. 육의 욕망 중에 제일 큰 것은 성적 욕구 충족이고, 육체적 쾌락의 충족이 그다음이다.

사람은 성적으로 구성되어 있다. 그리고 이 욕망이 본성이 되었다. 이 욕망을 충족하지 않으면 정상적인 사람이 될 수 없다. 그러므로 거의 일생 동안 사람은 성적 욕망에 지배되어 살고, 그 욕망을 이루기 위해 산다. 이 욕망 충족이 결혼의 방식으로 일정 부분을 성취하지만 여기서 만족하지 못한다. 그래서 욕망 성취를 위한 문제가 그렇게도 인류사회에 많다. 육의 욕망이라고 할 때는 성적 욕망에 매여 사는 것을 말한다.

다음은 육체의 쾌락을 만족시키기 위해 모든 일을 한다. 많은 사람들은 자기들의 우수함을 증명해 보이기 위해서 크게 일하지만, 그것보다는 육체적 쾌락을 충족시키기 위해 진력한다. 먹고 마실 수 있으면 성적 욕구 충족과 함께 육체적 쾌락을 위해서 일하고 수고한다. 돈이 조금 여유가 있으면 쾌락 추구에 진력한다. 돈의 양이 증가하면 새로운 쾌락을 추구하는 데 새로운 지혜를 동원한다. 그리하여 쾌락을 주는 것이면 할 수 있는 것과 할 수 없는 것의 한계선이 없어진다. 쾌락 추구에는 할 수 있는 것과 할 수 없는 것 간의 구분이 전혀 없어진다.

5. 이렇게 육의 욕망과 생각을 따라 사는 데는 진노밖에 다른 것이 기다리지 않는다.

육의 욕망과 생각을 행하는 것은 다 범죄를 구성한다. 그러므로 하나님의 진노를 벗을 길이 없다. 하나님의 진노를 입으니 그 결국은 멸망이다. 우리도 다 육의 욕망으로 살아 진노밖에 없었는데, 주 예수를 믿음으로 이 욕망의 법에서 해방되었다.

엡 2:4 긍휼에 풍성하신 하나님이 우리를 사랑하신 그 큰 사랑을 인하여

2:4 δὲ ὁ θεὸς πλούσιος ὢν ἐν ἐλέει, διὰ τὴν πολλὴν ἀγάπην αὐτοῦ ἣν ἠγάπησεν ἡμᾶς,

엡 2:4 불쌍히 여기심에 풍성하신 하나님이, 우리를 사랑하신 그의 크신 사랑으로 말미암아,

1. 우리도 다 죽을 수밖에 없는 자들이었지만 하나님이 우리를 불쌍히 여기시어 구원해 내시고 사랑을 베푸셨음을 말한다.

하나님이 우리를 그냥 내버려 두셨으면 육의 욕망을 이루어 죄를

넘치게 지어 죽음밖에 아무것도 기다릴 것이 없었다. 그런데 우리는 행함 때문에 마땅히 죽어야 함에도 불구하고 하나님은 우리를 불쌍히 여기셨다. 우리 행한 대로 결과가 이루어지도록 내버려 두지 않으셨다. 불쌍히 여기시어 그 자신을 굽히셨다. 우리를 구원하기 위해 우리를 사랑하셨다.

사랑하신 것은 죗값대로 죽도록 내버려 두신 것이 아니고, 죄와 사망에서 구출하사 영생과 영광에 이르게 하신 것이다. 이것이 그리스도의 십자가에 죽으심이다.

2. 죽을 수밖에 없는 자들을 구원하기로 하셨으니 참으로 큰 사랑이다.

우리는 육의 욕망대로 행하여 하나님의 법을 완전히 무시하고 살았다. 그러므로 우리의 몫은 영원한 멸망이다. 그럼에도 불구하고 우리를 구원하기로 작정하시고 실제로 구원하셨으니 참으로 큰 사랑이다. 죄들에 대해 마땅한 공의의 법을 넘어시서 하나님은 사랑을 베푸셨다. 그러므로 참으로 큰 사랑이다.

엡 2:5 허물로 죽은 우리를 그리스도와 함께 살리셨고 (너희가 은혜로 구원을 얻은 것이라)

2:5 καὶ ὄντας ἡμᾶς νεκροὺς τοῖς παραπτώμασιν συνεζωοποίησεν τῷ Χριστῷ χάριτί ἐστε σεσῳσμένοι

엡 2:5 범행들로 죽은 우리들을 그리스도와 함께 살리셨습니다. 은혜로 여러분이 구원을 얻었습니다.

1. 허물과 죄로 죽은 우리를 살리셨다. 그냥 살리신 것이 아니라 그리스도를 부활시킴으로 우리를 생명에 이르게 하셨다.

우리는 죄로 말미암아 죽은 자들이다. 그런데 우리를 하나님이 구원하심으로 죽은 자들 가운데서 살리시되 그리스도를 부활시킴으로 우리도 살게 하셨다. 그리스도의 부활로 우리는 생명에 이르고, 영생에 이르게 되었다. 죄와 허물로 죽었었는데 그리스도의 부활이 우리의 의가 되어 영생과 영광에 이르게 되었으니 말로 할 수 없는 은혜이다.

2. 그러므로 우리가 구원에 이른 것은 우리의 행함이나 공로가 아니라 전적으로 하나님의 사랑 곧 은혜이다. 은혜는 거저 주시는 사랑이기 때문이다.

우리가 구원에 이른 것은 전적으로 하나님의 거저 주시는 사랑이다. 즉 우리는 은혜로 구원되었다. 하나님의 거저 주시는 사랑 아니면 우리는 결코 죽음과 멸망을 면할 수 없을 것이다.

우리는 선행이나 자격이나 무슨 공로로 하나님의 구원을 내 것으로 삼을 수 없다. 우리의 선행이나 공로는 허물뿐이어서 심판에 이를 뿐이다. 그러므로 결코 구원을 획득할 자격이 될 수가 없다.

엡 2:6 또 함께 일으키사 그리스도 예수 안에서 함께 하늘에 앉히시니

2:6 καὶ συνήγειρεν καὶ συνεκάθισεν ἐν τοῖς ἐπουρανίοις ἐν Χριστῷ Ἰησοῦ,

엡 2:6 또 함께 우리를 일으키시어 그리스도 예수 안에서 함께 하늘에 앉히셨는데,

1. 하나님이 우리를 일으키신 것은 죽은 자들 가운데서 중생시켜 부활에 이르게 하심을 말한다.

지금은 중생하였고 부활에 이르지 않았지만, 중생으로 부활을 약속하셨으므로 함께 일으키심을 과거시제로 썼다. 우리가 성령으로 중생하였으니 성령으로 부활에 이를 것은 정해진 일이다.

2. 그리스도 예수 안에서 하늘에 그리스도와 함께 앉히셨다는 것은 그리스도의 통치에 동참할 것임을 말한다.

죽은 자들이 살아나서 그리스도의 통치에 동참하게 되었다. 중생 후 부활하여 영생에 이르면 그냥 영생하는 것만이 아니고 그리스도의 통치에 함께 동참한다. 우리는 그리스도의 통치에 동참하여 세계를 통치할 것이다.

3. 그러나 지금 우리는 땅에 있지만 하늘에 앉히게 되었다는 것

은 하나님의 통치에 동참하도록 된 것을 말한다.

우리는 기도로 하나님의 통치에 동참한다. 통치는 하늘에서 이루어진다. 그러나 우리가 땅에서도 기도로 하나님의 통치에 동참한다. 그것은 바로 하늘에 앉혀짐과 같다. 그리스도와 함께 하나님의 통치에 동참한다.

하나님은 그의 작정을 따라 세계를 지배하시지만 우리의 기도를 들으심으로 세계를 통치하신다. 그것은 우리가 하나님의 통치에 동참하는 것이다.

엡 2:7 이는 그리스도 예수 안에서 우리에게 자비하심으로써 그 은혜의 지극히 풍성함을 오는 여러 세대에 나타내려 하심이니라

2:7 ἵνα ἐνδείξηται ἐν τοῖς αἰῶσιν τοῖς ἐπερχομένοις τὸ ὑπερβάλλον πλοῦτος τῆς χάριτος αὐτοῦ ἐν χρηστότητι ἐφ' ἡμᾶς ἐν Χριστῷ Ἰησοῦ.

엡 2:7 이로써 그리스도 예수 안에서 우리에게 선하심을 보이심으로 오는 세대들에게 그의 은혜의 지극히 풍성함을 나타내려 하심이었습니다.

1. 우리를 이렇게 구원하심은 후에 오는 사람들도 다 같은 은혜로 구원 얻게 하실 것임을 보이신 조치라는 것을 강조하고 있다.

우리를 구원하시어 부활에 이르게 하시고, 하늘의 영광에 이르

도록 하신 것은 우리 뒤에 오는 사람들도 다 같은 은혜를 입어 동일 한 구원과 영광에 이르도록 하시려는 것임을 사도가 강조하고 있다.

2. 우리에게 선하심을 먼저 보이시어 이렇게 구원하신 것을 알도록 하신 것은 후대 사람들도 우리가 입은 동일한 구원과 은혜에 이를 수 있다는 것을 알도록 하시려는 섭리이다.

우리에게 이렇게 큰 은혜를 베푸사 하늘의 영생과 영광에 이르도록 하신 것은 후대의 사람들도 다 동일한 은혜와 영광에 이를 수 있다는 것을 알게 하려고 하신 것이다. 후대 사람들이 우리도 저런 은혜와 축복에 이를 수 있을까 하고 염려하고 주저할 수 있다. 그러므로 이렇게 선하신 은혜를 베푸사 우리를 구원하셨으니 후대 사람들도 그와 같이 큰 구원에 이를 수 있다고 확신하여 담대히 주 예수를 믿게 하려고 그렇게 하셨다.

엡 2:8 너희가 그 은혜를 인하여 믿음으로 말미암아 구원을 얻었나니 이것이 너희에게서 난 것이 아니요 하나님의 선물이라

2:8 γὰρ τῇ χάριτί ἐστε σεσῳσμένοι διὰ πίστεως· καὶ τοῦτο οὐκ ἐξ ὑμῶν, θεοῦ τὸ δῶρον·

엡 2:8 은혜로 말미암아 여러분은 믿음으로 구원을 얻었으니 이것이 여러분에게서 나온 것이 아니고 하나님의 선물입니다.

1. 우리가 구원에 이른 것은 전적으로 하나님의 은혜인 것을 강조하고 있다.

우리가 구원에 이른 것은 우리의 행함이나 가치나 자격 때문이 아니다. 그것은 전적으로 하나님의 은혜의 역사이다. 우리는 우리 자신을 구원할 능력과 힘이 전혀 없다. 자격도 없고 가치도 없다. 그러므로 우리의 구원은 전적으로 하나님의 은혜이다. 에베소서는 구원에 이른 것이 전적으로 하나님의 은혜임을 줄기차게 강조하고 있다. 그런데 은혜로 구원에 이름이 이 구절에 잘 요약되어 제시되어 있다.

2. 엡 2:8 '은혜로 말미암아 믿음으로 구원에 이른다'는 것이 에베소서의 제목이고 주제이다.

우리가 구원에 이른 것은 전적으로 하나님의 은혜이다. 믿음은 그 은혜를 거저 받는 것이다. 에베소서의 한결같은 강조는 은혜로, 곧 믿음으로 구원에 이른 것이다. 사람의 노력이나 공로나 자격으로 되는 것이 아니고 전적으로 하나님의 은혜로만 된다. 이 은혜 곧 구원을 받아들이는 것이 바로 믿음이다. 에베소서 전체가 말하는 주제는 바로 은혜로 말미암아 믿음으로 구원에 이른 것이므로 엡 2:8은 바로 이 책의 주제이다.

3. 믿음은 주신 것을 거저 받는 것을 말한다. 은혜로 주셨으니 우리가 할 것은 단지 그 은혜를 받는 것뿐이다. 그것이 믿음이다.

하나님이 은혜로 구원에 이르게 하시려고 모든 일을 다 이루셨다. 그리고 선물로 주셨다. 그러면 인간이 할 일은 손을 벌려 받는 것뿐이다. 손을 벌려 구원을 받아들이는 것이 바로 믿음이다. 은혜로 주신 것을 받기 위해 손을 내밀면 되지, 다른 것으로 그 은혜를 보상하려고 할 필요가 전혀 없다. 단지 손을 벌려 받아들이기만 하면 된다. 이렇게 손을 벌려 구원을 받아들이는 것이 바로 믿음이다.

4. 은혜로 하나님이 구원을 마련하여 주시니 그것은 하나님의 선물일 뿐이다.

구원은 인간의 획득 사항이 아니다. 그것은 전적으로 하나님의 은혜이다. 그러므로 구원은 하나님의 선물이다. 선물은 거저 주는 것이다. 구원이 선물인 것은 하나님이 우리의 공로나 보상 없이 전적으로 거저 주시기 때문이다.

5. 엡 2:8이 로마교회의 공로 사상 혹은 선행에 대한 가장 명백한 반론이다.

구원은 선물이므로 거저 받는 것이다. 우리가 그 구원에 상응하게 무엇을 하거나 보상할 수 없다. 은혜이니 그냥 받는 것뿐이다. 우리가 구원에 상응하는 행위를 하거나 공적을 세울 수가 없다.

따라서 로마교회에서 개신교회로 개종한 로마교회 신부들이 이 성구를 가장 즐겨 인용하였다. 이신칭의는 종교개혁이 만들어낸 이단사상이 아니라 성경의 근본적인 가르침이다. 그러므로 그리스도교의 구원은 은혜로 믿음으로 되는 것이고, 행위로 되는 것이 전혀 아니다.

엡 2:9 행위에서 난 것이 아니니 이는 누구든지 자랑치 못하게 함이니라

2:9 οὐκ ἐξ ἔργων, ἵνα μή τις καυχήσηται.

엡 2:9 행위에서 난 것이 아니니 이는 누구든지 자랑하지 못하게 하려 함입니다.

1. 우리의 구원은 전혀 행위에서 나오지 않았다.

구원이 하나님의 선물이므로 우리의 행위와는 무관하다. 율법을 지키거나 선행을 행하여 그것이 구원에 상응하기 때문에 구원에 이른 것이 아니다. 전적으로 하나님의 선물이다.

2. 구원이 인간의 행함에 의해서 성취된다면 구원에 등급이 많아서 사람들의 자랑이 사람의 수만큼 많을 것이다.

3. 구원이 행함에 의해서 이루어진다면 전혀 구원에 이르지 못할 사람이 절대다수일 뿐만 아니라 어떤 사람도 결코 구원에 이르지 못할 것이다.

구원은 사람의 행위에 의거하지 않는다. 전적으로 하나님의 선물이다. 그러므로 행함에 의해 구원에 이르도록 한다면 아무도 구원에 이르지 못할 것이다.

4. 선물로 주셨으니 아무도 하나님 앞에 자랑할 수가 없고, 은혜에 감사하는 것밖에 없다.

구원을 선물로 받았으니 자랑할 수가 없게 된다. 오직 베푸신 구원에 감사할 뿐이다. 하나님은 창조주로서 홀로 창조를 이루시어 찬양을 받으신 것처럼, 구원도 홀로 이루심으로 감사와 찬양을 받으시기를 기뻐하신다.

엡 2:10 우리는 그의 만드신 바라 그리스도 예수 안에서 선한 일을 위하여 지으심을 받은 자니 이 일은 하나님이 전에 예비하사 우리로 그 가운데서 행하게 하려 하심이니라

2:10 γάρ ἐσμεν αὐτοῦ ποίημα, κτισθέντες ἐν Χριστῷ Ἰησοῦ ἐπὶ ἔργοις ἀγαθοῖς οἷς προητοίμασεν ὁ θεὸς ἵνα ἐν αὐτοῖς περιπατήσωμεν.

엡 2:10 우리는 그의 만드신 바라 그리스도 예수 안에서 선한 일들을 위하여 창조되었으니 이 일은 하나님이 전에 예비하사 우리로 그 안에서 행하게 하려 하심입니다.

1. 우리는 선한 일을 하여 하나님의 구원에 상응한 자들임을 나타내도록 하기 위해서 새로 지어진 자들이다.

하나님이 우리를 구원하심은 선한 일들을 하도록 하기 위해서이다. 하나님의 구원은혜에 상응하게 선행을 하여 하나님의 구원은혜를 찬양하게 하셨다. 그리고 그 선행을 보는 많은 사람들로 하나님의 구원은혜의 역사를 알아 그를 높이며, 예수 믿도록 하시려고 우리로 구원 얻은 자로서 합당하게 선행을 하도록 하셨다.

2. 선한 일을 하도록 하나님이 우리를 새로 지으셨다.

옛사람으로는 도저히 선한 일을 할 수 없으므로 그리스도 안에서 우리를 새로 지으셨다. 새 영을 지으시고 새 마음을 주셨다. 그뿐만 아니라 새 힘도 주셨다. 그리하여 우리로 선한 일을 할 수 있게 하셨다.

3. 구원은 전적으로 하나님의 은혜이지만 우리는 구원에 합당하게 선행을 행해야 한다.

우리는 구원은혜로 선행을 할 수 있는 자들이 되었다. 그러므로 구원 얻은 자로서 그 은혜에 합당하게 선한 일들을 하는 자들이 되어야 한다.

우리가 행한 선한 일들은 우리를 구원에 합당한 자격자들로 만들어 구원에 이르게 하는 것이 전혀 아니다. 구원은 전적으로 하나님의 은혜의 역사이다. 구원은 하나님의 선물이다. 선물은 거저 받는 것뿐이다. 그 선물을 받기 위해서 어떤 일을 한다면 그것은 이미 선물이기를 그친다. 그러므로 우리는 은혜로 구원받았다. 선한 일은 구원받은 자들이 나타내는 열매이다. 열매는 구원의 결과일 뿐이다.

4. 선한 일들은 구제와 동정만이 아니라 바른 산업을 일으키고, 바른 학문을 하여 결실을 맺는 것과 바른 문화와 예술 활동을 하는 것 등등이다.

선한 일들을 통상 우리는 구제와 동정 수준에서만 이해하였다. 그러나 선행은 구제를 통하여 어려운 사람들의 생존을 이어가게 하는 것만이 아니라, 바른 산업을 일으켜서 많은 사람들로 정상적인 삶을 영위하게 해주는 일이다. 또 바른 학문을 하여 하나님의 창조의 지혜와 권능을 현시하고 증거하는 일이다. 또 선행은 바른 문화와 예술 활동을 통하여 하나님의 창조주로서의 지혜와 권능을 증거하는 일들을 포함한다.

5. 이런 선행은 새로 지음 받은 사람들만이 할 수 있다.

그리스도의 구원사역으로 구원 얻고 새로워진 사람들만이 선행을 하여 하나님과 사람을 기쁘게 할 수 있다. 그러므로 그리스도인들은 선행을 열심히 해야 한다.

6. 칼빈은 선행이 택자들의 표시라고 가르쳤다.

선행을 하면 택한 백성임을 증거하는 것으로 칼빈은 가르쳤다. 택한 백성이기 때문에 선한 역사를 할 수 있다고 보았기 때문이다. 그리하여 칼빈주의자들은 자기들이 선택된 백성임을 증명해 보이기 위해서 열심히 선행을 하였다. 17세기 유럽 세계에 영국과 화란이 횃불이었다. 칼빈주의자들은 택함 받은 백성으로서 선한 일들을 하기에 전력하였다. 바른 학문과 산업을 크게 일으켜 영국과 화란에 산업이 크게 발달하였다. 17세기 산업혁명이 영국에서 발달하여 화란에서 꽃피었다.

이것을 안 가톨릭 국가들도 공적으로는 칼빈주의자들을 배척하여 쫓아냈으면서도 뒤로는 칼빈주의자들을 받아들여 산업이 발흥하도록 힘썼다.

산업만이 아니라 학문도 칼빈주의가 성한 나라들에서 크게 발전하고 앞서갔다. 그리하여 영국과 화란이 17세기에 유럽의 횃불이 되었다.

그리스도인들은 선한 일들을 함에 있어서 열심이어야 한다.

7. 선행 가운데서 행하도록 하기 위해서라고 하는 것은 우리가 선행을 우리의 삶의 방식으로 삼는 것을 말한다.

우리는 선행을 하되 한 번이나 두 번만 하는 것이 아니라, 언제나 우리 삶의 방식은 선행을 하는 것이어야 한다. 남을 돕고 잘되게 하여 하나님께 영광이 되도록 사는 것이 선행들 가운데서 행하는 것이다.

선행은 다른 사람들이 잘되도록 돕는 것을 뜻한다. 다른 사람들이 잘되도록 도우면, 돕는 자들 자신들도 잘되는 것이 하나님의 법이다. 그리하여 심리학에서도 동일한 진리를 증거한다.

에베소서

Προς Εφεσιους

구속받은 자들이 하나님의 성전이 됨: 2:11–22

1. 이방인들이 하나님과 화해하였다.

이방인들이어서 무할례당이고, 이스라엘 밖에 있었고, 하나님도 몰랐는데 그리스도의 피로 한 백성이 되었다.

2. 이방인들이 그리스도의 몸이 되었다.

그리스도가 이방인과 유대인 간의 담을 헐고 원수 됨을 제거하여 한 몸으로 만드셨다.

3. 이방인들이 하나님의 성전이 되고 하나님의 거소가 된다.

이방인들이 하나님의 백성이 되고 한 집이 되어 하나님의 성전이 되어가고 거소가 되기 위해서 지어져 간다.

엡 2:11 그러므로 생각하라 너희는 그때에 육체로 이방인이요 손으로 육체에 행한 할례당이라 칭하는 자들에게 무할례당이라 칭함을 받는 자들이라

2:11 Διὸ μνημονεύετε ὅτι ποτὲ ὑμεῖς τὰ ἔθνη ἐν σαρκί, οἱ λεγόμενοι ἀκροβυστία ὑπὸ τῆς λεγομένης περιτομῆς ἐν σαρκὶ χειροποιήτου,

엡 2:11 그러므로 그때에 여러분은 육체로 이방인들이요 손으로 육체에 행한 할례당이라 하는 자들에게서 무할례당이라 불렸다는 것을 생각하세요.

1. 이방인들은 율법이 없으므로 버림받은 자들임을 뜻한다.

고대 세계에서 유대인의 편에서는 두 종족이 있었다. 하나는 유대인들이라는 선민과 다른 하나는 이방인들이었다.

이방인들은 구원에서 전적으로 배제되었고, 여호와 하나님에게 접근할 수 있는 길이 없었다. 그들에게는 율법이 없었다. 따라서 그들은 하나님을 알지 못하는 자들이었다. 그들은 버림받은 자들이었다.

이방인들은 유대인들에 의해 이방인들로 지목되고 무할례당이라고 하여 기부당하였다. 율법이 주어지지 않았으므로 할례를 받을 필요도 없었고, 받을 줄도 몰랐다. 그러므로 율법과는 전적으로 무관하였다. 율법이 없으므로 그들은 하나님을 알지 못할 뿐 아니라 하나님을 섬길 수 없는 자들이었다.

2. 유대인들이 할례를 받은 것은 선민의 표를 가진 것이다. 그러나 이방인들은 할례를 받지 못하였으므로 선민일 수가 없었다.

율법으로의 접근은 할례를 통해서이다. 그러므로 율법을 지킬 의무를 지닌 자들은 다 할례를 받아야 했다. 그러나 이방인들은 할례를 받을 수 없었으니 율법과는 무관하다.

할례를 받는 것은 율법을 지킬 의무를 지녔다는 수준만이 아니다. 할례를 받았다는 것은 하나님의 선민이라는 표를 가진 것을 말한다. 그러므로 할례 받지 못한 자들은 하나님의 백성이 될 수가 없었다. 무할례당이라고 하는 것은 바로 그들은 하나님으로부터 버림받은 자들이라는 뜻이다. 그러면 이방인들은 정상적인 인간일 수 없다는 것을 뜻한다. 따라서 이방인들을 무할례당이라고 할 때, 그것은 정상적인 인간일 수 없다는 것을 함의하였다. 그리하여 이방인들은 유대인들로부터 무시를 받았다.

3. 이런 이방인들이 예수 믿어 하나님의 백성이 되었음을 바울이 강조한다.

이렇게 율법도 없고, 할례도 받을 수 없어서 하나님을 알 수도 없고, 하나님의 구원에 이를 수도 없었던 자들이 주 예수를 믿음으로 하나님의 선민이 되었음을 강조한다.

엡 2:12 그때에 너희는 그리스도 밖에 있었고 이스라엘 나라 밖의 사람이라 약속의 언약들에 대하여 외인이요 세상에서 소망이 없고 하나님도 없는 자이더니

2:12 ὅτι ἦτε τῷ καιρῷ ἐκείνῳ χωρὶς Χριστοῦ, ἀπηλλοτριωμένοι τῆς πολιτείας τοῦ Ἰσραὴλ καὶ ξένοι τῶν διαθηκῶν τῆς ἐπαγγελίας, ἐλπίδα μὴ ἔχοντες καὶ ἄθεοι ἐν τῷ κόσμῳ.

엡 2:12 그때에 여러분은 그리스도가 없었고, 이스라엘 나라에서 떨어진 사람들이었으며 약속의 언약들에 대하여 외인들이요, 세상에서는 소망이 없고 하나님도 없는 자들이었습니다.

1. 이방인들은 율법이 없었으니 그리스도를 알 수가 없었다. 또 유대 그리스도인들은 이방인들에게는 복음을 전하지도 않았다.

이방인들은 율법을 갖지 못하였으니 율법의 목표인 그리스도에게 이를 수가 전혀 없었다. 또 그리스도는 율법이 주어진 백성들에게 오셨다. 그러므로 이방인들은 그리스도를 알 길이 없었다.

또 유대 그리스도인들은 이방인들에게 복음을 전하는 것은 생각하지도 못하였다. 그들은 그리스도의 구원은 자기들을 위해서 주어졌다고 확신하였기 때문이다. 그러므로 이방인들에게 전도의 필요성도 깨달을 수 없었다. 베드로가 고넬료의 가족들과 군인들에게 복음을 전하는 일도 강제로 이루어졌다 (행 10:9-20). 베드로는 고넬료 가족들에게 예수 그리스도의 일대기만을 말하고 마지막에 이 이름을 힘입어 죄 사함을 받는다고 선지자의 말을 인용만 하였다 (행 10:43). 즉 베드로는 고넬료 가족에게 예수를 믿으라고 하지도 않았다. 그렇지만 이 전도로 이방인에게 복음전도의 문이 열렸다 (행 11:18).

그러므로 바울 이전에는 이방인들이 그리스도의 이름을 들을 수 없어서 그리스도가 없는 자들이었다.

2. 이방인들은 할례 받지 못하였으니 이스라엘 백성이 될 길이 없었다.

유대인들만 할례의 풍습을 갖고 있었고, 이방인들은 할례를 알지 못하였다. 그러므로 이방인들은 할례와는 아무 상관이 없었다. 따라서 그들은 이스라엘처럼 하나님의 백성이 될 수가 없었다. 그들은 이스라엘 나라 밖에 있었다.

유대인들은 유대인 됨의 길로 할례를 필수 요건으로 삼았다. 할례를 받지 않으면 백성들에게서 끊긴다. 그러므로 그들은 할례를 받지 않을 수 없었다. 출생과 동시에 그들은 할례를 받아야 이스라엘의 국민으로서 이름이 정식 등재되었다. 그러므로 할례 받는 것과 이스라엘 백성이 되는 것은 일치하였다. 할례를 받지 않으면 유대인이 되지 못하기 때문이다. 이방인들은 할례를 받을 수 없었으므로 이스라엘에 속할 수 없었다. 그러므로 이방인들은 이스라엘 나라에서 분리된 자들이었다.

3. 하나님은 약속으로 이스라엘과 언약들을 맺으셨다. 그러므로 약속의 언약들이다. 그러나 이방인들은 언약을 알 수가 없었다.

하나님이 처음 아담과 언약을 맺어 하나님의 백성 삼으신 이후부터는, 언제나 한 종족을 자기의 백성 삼으시려면 그 종족과 언약을 체결하셨다. 이스라엘과 언약을 처음 체결하신 이후에 반복적으로 이스라엘과 언약을 체결하심으로 그들을 자기의 백성으로 삼기로 하셨다. 언약 체결이 한 종족을 자기의 백성 삼는 법으로 하나님이 정하셨기 때문이다.

하나님은 언약 체결에서 언제나 큰 축복과 구원을 약속하셨다. 구원의 약속 없이 언약은 체결되지 않았다. 그러므로 약속의 언약들이다.

이방인들은 하나님과 아무런 연관이 없으므로 선지자들이 와서 언약의 준수를 요구할 수 없었다. 선지자들은 이스라엘을 위해서만 왔다. 그러므로 이방인들은 선지자들을 통하여 경고를 받고 언약에 부착하도록 독려를 받을 이유가 하나도 없었다. 이방인들은 종족별로도 언약과 약속을 알 수가 없었다. 언약은 이방인들에게 전혀 생소한 삶의 방식이었다.

4. 이방인들은 하나님의 백성이 아니므로 장래에 대한 아무런 소망도 없었고, 더구나 참 하나님이 없는 자들이어서 욕망의 법으로만 살았다.

이방인들은 장래에 대한 아무런 소망도 없었고, 내세에 대한 아무런 약속이 없으므로 소망이 없었다. 하나님의 백성이 아니므로 하나님이 이스라엘에게 하셨던 약속은 이방인들에게는 아무 소용이 없었다. 그러므로 장래와 내세에 대해서 아무런 소망이 없었다. 더구나 메시아 약속을 이방인들은 알 수가 없었다. 그러므로 현세에서 살다가 죽는 것으로 끝이지, 미래 구원을 바랄 수가 전혀 없었다. 따라서 그들은 소망이 전혀 없었다.

참 하나님을 알지 못하고 이방 우상들만 섬겼으니 하나님이 없는 자들이었다. 하나님을 섬기지 않고 우상들만을 섬겼으니 멸망밖에 아무런 소망이 없었음을 말한다.

엡 2:13 이제는 전에 멀리 있던 너희가 그리스도 예수 안에서 그리스도의 피로 가까워졌느니라

2:13 δὲ νυνὶ ἐν Χριστῷ Ἰησοῦ ὑμεῖς οἵ ποτε ὄντες μακρὰν ἐγενήθητε ἐγγὺς ἐν τῷ αἵματι τοῦ Χριστοῦ.

엡 2:13 그러나 이제는 전에 멀리 있던 여러분이 그리스도 예수 안에서 그리스도의 피로 가까워졌습니다.

1. 이방인들의 형편이 이러하므로 하나님의 백성이 될 수 없었는데 그리스도의 피로 구속받아 하나님의 백성이 되었다.

이방인들에게는 율법이 없었으므로 구원에 대한 아무런 소망도 없었다. 그러나 그리스도께서 피 흘리심으로 이방인들도 복음의 전파를 받아 구원에 이르게 되었다. 그것은 오직 그리스도께서 피 흘리심으로 죄가 용서되었으므로 율법을 알지 못하여 율법과 무관한 이방인들도 구원에 동참하게 되었음을 말한다.

2. 멀리 있는 자들은 이방인들로 하나님의 성전에 접근할 수 없는 자들이었다.

이방인들은 유대교로 개종하여도 이방인의 뜰에 서서 예배하고, 유대인과 동등하게 하나님을 경배할 수 없었다. 그들은 성전의 성소에 결코 접근할 수 없는 자들이었다.

또 이방인들은 우상숭배로 살고 온갖 죄악된 방식으로 살기 때문에 유대인에게 가까이 갈 수가 없는 자들이었다. 지리적으로는 함께 살아도 그들은 선민인 유대인들에게는 참으로 멀리 있는 자들이었다.

3. 이방인들이 하나님의 백성 됨에는 거리가 아무 상관이 없었다. 이제 하나님의 친백성이 되었으니 너무도 가까워진 것이다.

율법의 길로 구원이 이루어지는 것이 확정적이라면, 이방인들은 도저히 하나님을 바랄 수도 없었다. 그러므로 그리스도의 피 흘리심으로 구원에 이르도록 하나님이 작정하셨다. 그리고 이 일을 이루셨으므로 하나님의 친백성이 되었다. 그러므로 말로 할 수 없이 하나님과 가까워졌다.

4. 그리스도 안에서 가까워졌다는 것은 그리스도가 이방인들의 구주이심을 말한다.

이방인들은 율법이 없으므로 하나님께 가까이 갈 길이 전혀 없었다. 그러나 그리스도 예수께서 구주가 되심으로 율법과 상관없이 하나님의 백성이 될 수 있었다. 그러므로 구원은 그리스도 예수 안에 있고, 다른 데 있지 않다.

그리스도 예수 안에서 가까워졌다고 하고서 그리스도의 피로 가까워짐을 더한 것은 죄의 용서가 그리스도의 피 흘림으로만 가능해졌기 때문이다. 그리스도 예수께서 구주 되신 것도 피 흘려 죄를 용서하셨기 때문이다. 그러므로 구원은 그리스도 예수 안에만 있고, 죄의 용서도 그리스도의 피로만 이루어진다.

엡 2:14 그는 우리의 화평이신지라 둘로 하나를 만드사 중간에 막힌 담을 허시고

2:14 γάρ αὐτὸς ἐστιν ἡ εἰρήνη ἡμῶν, ὁ ποιήσας τὰ ἀμφότερα ἓν καὶ τὸ μεσότοιχον τοῦ φραγμοῦ τὴν ἔχθραν λύσας, ἐν τῇ σαρκὶ αὐτοῦ,

엡 2:14 그는 우리의 평화이신지라 둘로 하나를 만드시고 둘로 나누는 담 곧 적대감을 그의 육체로 헐어내리셨습니다.

1. 그리스도 예수는 피 흘리시어 하나님의 진노와 죽음에서 우리를 구출하셨으니 평화 자체가 되셨다.

죄로 인해 우리는 다 하나님의 진노 아래 있었다. 하나님의 진노를 입으면 멸망하고 죽음에 이르는 것뿐이다. 그런데 그리스도 예수께서 피 흘리심으로 죄를 제거하셨다. 우리의 죄책을 제거하심으로 하나님의 진노를 진정시키셨다. 그러므로 우리는 더 이상 죄책으로 인해 멸망당할 위험과 두려움을 갖지 않게 되었다. 우리는 평안하고 진정할 수 있게 되었다. 그러므로 그리스도는 우리의 화평이시다.

2. 유대인들은 율법이 없어서 범죄를 생활화한 이방인들을 멸시하였고, 우상들만 섬긴 이방인들에 대해 대단한 멸시와 적대감을 나타내었다.

유대인들은 이방인들을 정상적인 인간들로 볼 수가 없었다. 왜냐하면 이방인들은 범죄를 생활화하였기 때문이다. 그들은 율법이 금한 모든 음식과 풍습을 다 정당한 것으로 여기고 살았다.

또 이방인들은 우상숭배를 종교의 전부로 삼았다. 그러므로 유대인들은 이방인들을 무시하고 적대할 수밖에 없었다. 유대인들이 헬라-로마세계에 살면서 이방인들 가운데 살 수밖에 없었지만, 그들을 정당한 교제의 당사자로 본 것이 결코 아니었다. 언제나 그들을 무시하고 그들의 종교행위에 대해 적대감을 숨길 수 없었다.

3. 율법의 장벽을 헐어 내리심으로 유대인과 이방인은 하나같이 구원에 이르게 되었다. 그러므로 갈라져 있던 둘을 하나로 만드신 것이다.

율법만이 전부일 때는 이방인들은 전혀 구원을 바랄 수도 없었고, 하나님을 알 수도 없었다. 그런데 이제 예수 그리스도께서 십자가에서 피 흘리심으로 율법에 의한 구원의 길을 종식시키셨다. 그리고 그 피를 믿기만 하면 구원에 이르므로 이방인도 쉽게 구원을 얻을 수 있게 되었다. 유대인도 더 이상 율법을 지킴으로 구원을 바라는 것이 아니다. 그들도 율법 대신 그리스도의 피를 믿고 의지해야 한다. 그러므로 그리스도의 십자가 이후에는 유대인이나 이방인이나 같은 방식으로 구원을 얻게 되었다. 구원 얻음과 그 얻는 방식에 있어서 하나가 되었다.

4. 유대인들이 이방인들에 대해 가졌던 적대감이 같은 구원에 이르므로 녹아내렸다.

그리스도는 그의 피로 모든 종족들을 구속하셨으니 유대인들이 이방인들에 대해 가졌던 적대감이 녹아내렸다. 적대감뿐만 아니라 이방인들을 무시하기까지 하였다. 그러나 그리스도의 피는 유대인과 이방인을 같은 지평에 놓아두고 같은 자격을 가진 자들로 만들었다. 그러므로 둘 간에 적대감으로 서로를 쳐다볼 필요가 없어지게 되었다.

엡 2:15 원수 된 것 곧 의문에 속한 계명의 율법을 자기 육체로 폐하셨으니 이는 이 둘로 자기의 안에서 한 새 사람을 지어 화평하게 하시고

2:15 τὸν νόμον τῶν ἐντολῶν ἐν δόγμασιν καταργήσας, ἵνα τοὺς δύο κτίσῃ ἐν αὐτῷ εἰς ἕνα καινὸν ἄνθρωπον ποιῶν εἰρήνην,

엡 2:15 규례들에 속한 계명들의 율법을 폐하시어 둘을 자신 안에서 하나의 새사람으로 창조하여 평화를 이루시고

1. 그리스도는 율법에 들어 있는 모든 계명들과 규례들을 십자가

로 폐하셨다.

그리스도는 십자가에 달릴 때 율법의 모든 계명들과 규례들을 자신의 몸에 담당하셨다. 그 몸을 십자가에 달아 죽으심으로 그 모든 계명들과 규례들을 폐하셨다. 그러므로 십자가가 모든 율법의 완성이요 성취이다. 왜냐하면 십자가가 율법의 계명들과 규례들의 요구를 다 이루었기 때문이다.

사람들은 계명들을 범함으로 죽음에 이르렀다. 율법은 그 계명 범함에 대한 대가로 사람들에게서 죽음을 요구하였다. 그러므로 모든 사람이 다 죽도록 작정되었다. 그런데 그리스도께서 율법의 요구를 지고 십자가에 죽어 그 요구들을 다 성취하셨다. 율법의 요구를 성취함으로 율법을 폐하여 더 이상 요구가 없도록 만드셨다.

2. 율법의 요구를 성취하고 폐함으로 더 이상 율법의 길로 구원이 불가능함이 밝혀졌다. 그러므로 새 구원의 길로 구원에 이르게 하셨다. 즉 유대인과 이방인을 새사람으로 만들어 구원하셨다.

그리스도의 십자가 이후에는 새사람이 된 사람들만 구원됨을 말한다. 율법 준수도 옛사람의 일이다. 우상숭배도 이방인들의 일이므로 옛사람의 일이다. 이제는 율법 준수와 우상숭배가 아니라 예수 그리스도를 믿음으로 새사람이 되어 구원된다. 즉 이방인과 유대인도 새사람이 됨으로 구원되는 것을 말한다.

3. 그리스도의 피로 유대인도, 이방인도 새사람이 되었다. 그리

하여 둘 사이에 평화가 이루어졌다.

그리스도의 피로 새 구원의 길이 열린 이후에는 유대인과 이방인 간에 아무런 충돌이 있을 수 없게 되었다. 다 믿기만 하면 되기 때문이다. 즉 유대인과 이방인 간에 평화가 이루어졌다. 유대인도 새사람이 되고, 이방인도 새사람이 되었다. 둘 다 하나님의 백성이 되어 동일한 하나님을 섬기게 되었다. 유대인과 이방인으로는 한 장소에서 함께 예배하고 함께 찬양하는 것이 불가능하였다. 그러나 둘 다 새사람이 됨으로 더 이상 둘은 분리할 수 없게 교회에서 하나가 되었다. 하나가 되었으니 평화가 성취되었다.

엡 2:16 또 십자가로 이 둘을 한 몸으로 하나님과 화목하게 하려 하심이라 원수 된 것을 십자가로 소멸하시고

2:16 καὶ ἀποκαταλλάξῃ τοὺς ἀμφοτέρους ἐν ἑνὶ σώματι τῷ θεῷ διὰ τοῦ σταυροῦ ἀποκτείνας τὴν ἔχθραν ἐν αὐτῷ·

엡 2:16 또 둘을 한 몸 안에서 십자가로 말미암아 하나님과 화해하게 하시고 그 안에서 적대감을 제거하셨습니다.

1. 그리스도는 유대인과 이방인을 한 교회, 한 몸으로 만드셨다.

그리스도만이 유대인과 이방인 간에 있는 장벽을 헐어 한 교회,

한 몸이 되게 하셨다. 유대인과 이방인은 서로 한 공동체가 될 수 없었다. 그런데 그 둘을 동등하게 삼아 한 교회로 만드셨다. 교회에서는 동서나 남북의 구분이 없어진다. 종족들 간의 구분이 없어진다. 다 새사람이 되었기 때문이다. 이처럼 그리스도는 모든 종족들과 사람들을 하나로 화해시켜 한 교회가 되게 하셨다.

교회를 몸이라고 성경은 지목한다. 몸처럼 긴밀한 유기적 연관을 한 공동체가 없기 때문이다. 몸은 각각 다른 기능과 작용을 하는 기관들로 구성된다. 교회에서도 각각 다른 사람들이 모여 서로 유기적인 연관을 함으로 한 몸을 구성한다. 그리하여 한 교회가 되어 동일한 하나님을 섬긴다.

교회는 동호인들의 모임이 아니다. 온갖 배경을 가진 사람들이 한 공동체, 곧 한 몸을 이룬다. 교회는 온갖 배경을 가진 사람들이 모여 함께 하나님을 섬기는 공동체이다. 새사람이 됨으로 그렇게 모든 차이를 극복할 수 있게 되었다. 같은 성향과 원함을 가진 사람들이 모이면 이익공동체이고, 한 몸이 될 수가 없다.

2. 그리스도는 유대인과 이방인의 장벽을 헐어 한 몸이 되게 함으로 하나님과 화해하게 하셨다.

그리스도는 각 사람을 하나님과 화해하게 하셨고, 하나님의 선민인 유대인과 이방인들을 한 몸으로 만들어 하나님과 화해하게 만드셨다. 사람들 간에 화해가 이루어지지 않으면 하나님과 화해가 이루어질 수 없음을 말하고 있다.

이것은 주 예수께서 말씀하시기를 '네 마음으로 형제를 용서하지 않으면 하나님도 용서하시지 않는다'는 말씀의 공동체적 표현이고 그 적용이다. 선민과 이방인들을 하나로 만들어 한 교회가 되게 하여 하나님과 사람 간의 화해가 진정으로 이루어지게 하셨다.

3. 십자가로 말미암아 유대인과 이방인을 하나님과 화해하게 하였다는 것은 십자가가 죄로 인하여 생긴 모든 적대감을 해소하였다는 것이다.

하나님과 사람 사이의 적대감을 해결하는 길은 오직 십자가상의 화해제사뿐이다. 사람은 하나님을 반역한 이래 계속하여 하나님을 원망하고 적대하였다. 하나님도 죄에 대한 진노를 멈추실 수 없었다. 그러나 십자가는 인간들로 죄인임을 고백하고 용서를 구하게 만들었으므로 하나님이 사람을 용서하시어 서로 화해하였다.

하나님과 사람이 화해함으로 사람들 간에도 화해가 이루어졌다. 더 이상 조상들의 유전이나 전통 혹은 민족적인 특성으로 말미암아 서로를 평가하고 적대할 필요가 없게 되었기 때문이다.

사람들 간의 화해도 그리스도의 십자가가 한 일이다. 종족들이 서로의 우월성과 특징에 고집하면 서로 조화하고 화해할 수가 없다. 그러나 다 동등하게 인정받으면 서로가 서로를 인정하고 화해할 수 있다. 이 일을 그리스도의 십자가가 하였다.

4. 유대인들과 이방인들 또한 종족들이 서로 화해할 수 있었던 것은 그리스도께서 십자가상의 죽음으로 서로에 대한 적대감을 제거하셨기 때문이다.

사람들 마음에는 서로에 대한 적대감이 있다. 이해 상관 때문에 적대관계가 가장 심하게 전개된다. 그렇지 않을 경우에도 서로의 생각과 느낌과 판단이 다르기 때문에 서로에 대해 적대심을 갖는다.

이런 적대심을 없앨 수 있는 것은 그리스도께서 십자가로 적대심을 제거하고, 사랑의 마음이 일어나게 하셨기 때문이다. 십자가만이 사람들 마음에 일어나는 적대심을 버리고, 사랑의 마음으로 바꿀 수 있었다.

사람들이 서로에 대해 적대심을 갖고 있는 한, 하나님과 진정으로 화해했다고 할 수 없다. 사람이 하나님과 화해하였으면, 다른 사람들에게 적대심을 가질 수 없다. 사람에 대해 적대심을 품고 살면 하나님과 화해한 상태라고 볼 수 없다.

엡 2:17 또 오셔서 먼데 있는 너희에게 평안을 전하고 가까운데 있는 자들에게 평안을 전하셨으니

2:17 καὶ ἐλθὼν εὐηγγελίσατο εἰρήνην ὑμῖν τοῖς μακρὰν καὶ εἰρήνην τοῖς ἐγγύς·

엡 2:17 또 오셔서 멀리 있는 여러분에게 평화를 전하고 가까이 있는 자들에게 평화를 전하셨습니다.

1. 이방인들은 멀리 있는 사람들이다.

이방인이 멀리 있는 자들이란 말이 행 2:39에 처음으로 나타나 있다. 이방인들은 하나님의 성전에 접근할 수 없는 사람들이었다. 그러므로 그들은 유대인들에게는 참으로 먼 사람들이었다. 사마리아인들도 하나님의 성전에 접근할 수 없는데 하물며 이방인들이야 어떻게 성전에 접근하겠는가?

유대인들은 이방인들과 교제하고 숙식을 함께할 수 없다. 유대인들이 그들과 숙식을 같이하면 파문된다. 그러므로 함께 살아도 이방인들은 먼 사람들이다.

유대인들의 눈에 이방인들은 하나님의 구원에서 금지되어 있는 사람들이었다. 하나님의 성전에 접근할 수 없는 사람들은 하나님의 구원에서도 금지되어 있는 사람들이다. 이들은 유대인과 함께 살아도 참으로 먼 사람들이었다.

2. 이런 먼 데 사는 이방 사람들에게 그리스도는 평화 곧 구원을 전파하셨다.

이방인들은 구원에서 배제되었는데 그리스도께서 오셔서 십자가에 죽으심으로 이방인들에게도 구원을 전파하셨다. 율법 준수로 구원에 이르는 것이 아니고, 십자가의 죽음을 자기의 구원으로 믿는 모든 자들에게 구원을 허락하셨다. 믿는 자들이 구원에 이르도록 되어 있기 때문에 그리스도는 멀리 있는 사람들인 이방인들에게도 평화 곧 구원을 전파하셨다.

3. 평화는 죄의 제거로 하나님과 화해해야만 가능하다. 하나님

과의 화해가 바로 구원이다. 그러므로 바울은 구원을 평화로 제시한다.

이방인들은 하나님과 화해할 길이 없었다. 율법이 없으므로 하나님에게 접근할 길이 없었기 때문이다. 따라서 이방인들은 죄 용서를 받을 길이 없었다. 그러므로 이방인들은 하나님과 화해가 불가능하였다.

그런데 주 예수께서 피 흘리시어 이방인들의 죄도 사하심으로 하나님과 화해하여 평화를 누리게 되었다.

4. 가까이에 있는 사람들 곧 유대인들에게도 이방인에게 전파된 동일한 평화 곧 구원이 전해졌다.

그리스도의 십자가 이후에는 유대인들도 율법 준수로 구원에 이르는 것이 아니고, 예수 그리스도를 믿음으로 구원되므로 그들에게도 율법과 상관없는 구원이 전해졌다.

그리스도의 구원은 이방인과 유대인 모두를 위해서 이루어졌으므로 모든 사람들에게 평화가 전해졌다.

엡 2:18 이는 저로 말미암아 우리 둘이 한 성령 안에서 아버지께 나아감을 얻게 하려 하심이라

2:18 ὅτι δι᾽ αὐτοῦ ἔχομεν τὴν προσαγωγὴν οἱ ἀμφότεροι ἐν ἑνὶ πνεύματι πρὸς τὸν πατέρα.

엡 2:18 그로 말미암아 우리 둘은 한 성령 안에서 아버지께 나아감을 얻었기 때문입니다.

1. 우리 이방인들도 그리스도의 피 흘리심으로 말미암아 유대인들과 함께 하나님 아버지께 나아갈 수 있게 되었다.

우리가 하나님 아버지께 나아갈 수 있는 것은 전적으로 그리스도의 공로이다. 그가 피 흘려 우리 죄를 용서하심으로 하나님 아버지께 나아갈 수 있게 되었다. 그리스도께서 피 흘려 우리 죄를 용서하지 않으셨으면 우리는 결코 하나님께 나아갈 수가 없었다. 유대인들이야 제사와 찬양으로 하나님께 나아갈 수 있었지만, 이방인들은 전적으로 불가능한 일이었다.

그런데 이제 그리스도께서 피 흘리심으로 하나님께 나아갈 길을 얻었다. 전적으로 그리스도의 구속으로 이방인들이 하나님의 거룩한 얼굴 앞에까지 나아갈 수 있게 되었다. 유대인들도 감히 바랄 수도 없었던 일이 이방인들에게 함께 허락되었다. 이것이 '우리 둘이 함께 하나님께 나아감을 얻었다'는 말씀의 뜻이다.

유대인들도 일 년에 한 번 대제사장이 지성소에 나아갈 수 있었다. 백성들은 직접 하나님께 나아가는 것이 불가능하였다. 그러나 그리스도께서 피 흘리신 이후에는 유대인들도 아무런 구분 없이 직접 하나님 아버지께 나아갈 수 있게 되었다. 다 자기의 소원과 간구를 가지고 하나님 앞에 나아간다.

2. 우리의 기도는 성령의 인도로 이루어지므로 성령 안에서 하나님께 나아갈 수 있다.

아버지가 우리의 기도를 받으시는 것은 전적으로 그리스도의 피의 공효 때문이다. 그의 피가 우리 죄를 용서하였기 때문에 아버지께 나아간다. 십자가의 피를 통하지 않고서는 하나님께 나아갈 수가 없다.

또 우리 기도는 성령의 인도와 도우심으로 이루어지므로 우리가 하나님 앞에 나아가는 것은 성령으로임을 바울이 밝히고 있다.

3. '성령 안에서'라고 한 것은 성령이 우리를 위해서 간구하시기 때문이다.

하나님의 사역의 신비 중의 하나는 성령 하나님이 우리를 위해 간구하시고, 우리를 대신하여 아버지께 비신다는 사실이다. 우리가 마땅히 빌 바를 알지 못하므로 성령이 탄식하시며 우리를 위해 친히 간구하신다 (롬 8:26).

또 성령의 인도를 따라 기도해야 우리 육정의 일을 구하지 않고, 하나님께서 받으실 기도를 할 수 있기 때문이다.

엡 2:19 그러므로 이제부터 너희가 외인도 아니요 손도 아니요 오직 성도들과 동일한 시민이요 하나님의 권속이라

2:19 ἄρα οὖν οὐκέτι ἐστὲ ξένοι καὶ πάροικοι, ἀλλὰ ἐστὲ συμπολῖται τῶν ἁγίων καὶ οἰκεῖοι τοῦ θεοῦ,

엡 2:19 그러므로 여러분은 더 이상 손님도 아니요 외인도 아니요 성도들과 동일한 시민이요 하나님의 권속들입니다.

1. 그리스도의 피로 하나님께 자유롭게 나아가는 자들이 되었으니, 구속받기 이전처럼 손님이거나 외인일 수 없게 되었다.

그리스도의 피로 구속받아 하나님의 자녀들이 되었으니 손님이거나 외인일 수 없게 되었다. 손님은 지나가는 사람이므로 며칠은 그가 찾아온 집에 살 수 있지만, 자녀들처럼 부모의 집에 계속 살 수가 없다. 그는 언제나 손님이다. 또 집 밖의 사람들도 부모의 집에 늘 살 수가 없다. 단지 아들들만이 아버지의 집에서 평안하게 잘 살 수 있다. 아버지의 집은 자기 집이므로 아무런 부담이나 어려움 없이 잘 살 수 있다. 재산도 아버지의 것인 한은 자기들의 것이 된다. 그것들을 다 아버지로부터 상속받을 권한을 갖기 때문이다.

2. 2:19에서 말한 대로 그리스도의 피로 구속받았으니 이미 하나님의 백성으로 택정함을 받은 족장들과 같은 동일한 시민이 되었다.

여기의 '성도들과 동일한 시민'이라고 할 때 구약의 족장들을 마음에 두고 있음이 확실하다. 성도들과 동일한 시민이므로 자기들 나라의 모든 혜택을 누린다. 당당한 권리를 가짐으로 보호를 받아 평안히 살며, 특권을 행사하여 자기의 원하는 것을 다 할 수 있다.

이방 그리스도인들은 그리스도의 피로 하나님의 나라의 백성들이 되었으므로 성도들과 동등한 시민이다.

3. 이방 그리스도인들은 성도들과 동일한 시민이며 또한 하나님의 자녀이므로 하나님의 가족들이다.

이방 그리스도인들은 하나님 나라의 시민들일 뿐 아니라 그보다 하나님의 친가족들이다.

엡 2:20 너희는 사도들과 선지자들의 터 위에 세우심을 입은 자라 그리스도 예수께서 친히 모퉁잇돌이 되셨느니라

2:20 ἐποικοδομηθέντες ἐπὶ τῷ θεμελίῳ τῶν ἀποστόλων καὶ προφητῶν, ὄντος ἀκρογωνιαίου αὐτοῦ Χριστοῦ Ἰησοῦ,

엡 2:20 여러분은 사도들과 선지자들의 터 위에 세우심을 입었는데, 그리스도 예수께서 친히 모퉁잇돌이 되셨습니다.

1. 바울은 여기서 교회 설립을 말하고 있는데, 사도들과 선지자들의 선포와 예언대로 교회가 세워졌음을 말한다.

교회가 설립된 것은 오랜 세월에 걸친 선지자들의 예언의 성취로

이루어졌다. 그러므로 선지자들이 교회의 터전이 된 것이다. 선지자들의 예언의 핵심은 예수 그리스도의 강생과 그의 구원사역이었다. 이 예언이 때가 되매 그리스도에게서 성취되어 구원이 완성됨으로 이방인들이 교회에 편입하게 되었다.

사도들은 성취된 구원을 선포하였다. 구원은 주 예수께서 피 흘리심과 부활로 이루셨지만, 사도들의 선포로 사람들이 구원받아 교회를 이루게 되었다. 사도들의 선포 없이는 그리스도의 구원이 이방인들에게 이르러 갈 수가 없다. 그러므로 사도들이 교회설립의 필수요건이다. 사도들의 선포 없이는 구원과 교회설립은 생각할 수도 없다. 따라서 사도들이 교회의 터가 되었다.

2. 그리스도가 교회의 머리가 되심으로 건물의 핵심인 모퉁잇돌이 되셨다.

그리스도 예수께서 피 흘려 구원을 이루셨다. 그의 피 흘리심이 없으면 사람들이 죄를 용서받고 구원되는 것은 상상도 할 수 없다. 그런데 그리스도는 피 흘리시기만 한 것이 아니고, 자기가 구출한 백성들을 자기의 몸으로 편입하고 재구성하셨다. 그러면서 자신은 건물의 모퉁잇돌이 되신 것이다. 교회가 하나님의 집인데, 그리스도께서 그 집의 모퉁잇돌이 되심으로 하나님의 집이 흔들리지 않게 되었음을 말한다.

엡 2:21 그의 안에서 건물마다 서로 연결하여 주 안에서 성전이 되어가고

2:21 ἐν ᾧ πᾶσα οἰκοδομὴ συναρμολογουμένη αὔξει εἰς ναὸν ἅγιον ἐν κυρίῳ,

엡 2:21 그 안에서 모든 건물이 서로 연결되어 주 안에서 거룩한 전으로 자라갑니다.

1. 교회가 하나님의 성전이 되는 것은 거룩한 백성으로 성장함으로 된다.

교회는 출생으로 거룩하지만 하나님의 성전이 되려면, 거룩한 백성으로 성장해야 한다. 처음 그리스도의 피로 씻어져서 거룩해시번 거기에 머무르는 것이 아니라 성장하여 거룩이 더욱 증진되어야 한다. 즉 처음 목욕한 상태에서도 붙어 있는 오염들과 부패를 제거해야 한다. 거룩이 진보한다는 것은 죄에 물들어 있던 본성에서 죄와 과거의 습관을 버리고, 의와 깨끗함으로 나아가는 것이다. 이로써 하나님의 임재가 더욱 충만해진다. 이것이 성전이 되는 것이다.

2. 교회가 하나님의 성전이 되는 것은 주로만 가능하다. 이것이 바로 주 안에서 성전이 되어간다는 뜻이다.

교회가 거룩해지는 것은 교회를 사신 주 예수 그리스도로만 가능하다. 죄만 그의 피로 씻어지는 것이 아니라, 거룩해지는 것도 그의 거룩을 받아서만 가능하다. 그리고 교회가 그리스도의 거룩의 분량에까지 이르도록 자랄 때 교회가 성전이 된다. 그리스도가 교회의 머리로서 교회로 하여금 거룩해지도록 설득하고 강요하신다. 그러므로 죄악된 본성의 욕망들을 그렇게도 좋아하던 백성들이 죄를 버리고 거룩으로 나아간다.

3. 건물이 성전으로 자라나는 것은 거룩으로 더욱 풍성히 자라는 것이다.

교회가 죄를 버리고 거룩해지면 하나님의 임재가 더욱 충만해진다. 이것이 교회가 하나님의 성전이 되는 것을 말한다.

엡 2:22 너희도 성령 안에서 하나님의 거하실 처소가 되기 위하여 예수 안에서 함께 지어져 가느니라

2:22 ἐν ᾧ καὶ ὑμεῖς συνοικοδομεῖσθε εἰς κατοικητήριον τοῦ θεοῦ ἐν πνεύματι.

엡 2:22 그 안에서 여러분도 성령으로 하나님의 거소로 함께 지어져 갑니다.

1. 거룩하게 되는 것은 성령의 역사로 되므로 하나님의 거소가 되는 것은 영으로 이루어진다.

백성이 거룩해져야 하나님의 거소가 된다. 이 거룩하게 되는 일

은 성령이 하신다. 백성들이 그리스도의 피로 구속되어 깨끗해졌고 원리적으로 거룩하다. 그러나 그리스도인들은 거룩으로 자라가야 한다.

한 아기가 출생할 때, 귀한 생명이 나오지만 태반과 함께 피가 묻어 나온다. 마찬가지로 그리스도인들도 처음 출생할 때 거룩한 생명으로 출생하지만, 죄악 세상에서 나왔기 때문에 세상의 죄악과 죄된 풍습들과 죄의 욕망의 구조를 함께 가지고 있다. 이런 옛사람의 모든 죄된 것들을 털어내고 벗겨내야 한다. 그래야 죄된 틀을 벗고 깨끗해지며 거룩해진다.

사람들은 이 더러운 것을 벗으려 하지 않는다. 거룩으로 진보를 기뻐하기보다 옛사람의 방식으로 사는 것을 좋아하고 즐긴다. 이 좋아함과 즐김을 벗도록 하는 것은 성령의 감화와 설득으로써만 된다. 물론 말씀의 강조와 선포가 없이는 성령이 역사하시지 않는다. 말씀 선포에 성령이 역사하심으로 죄악된 모든 것을 버리고 거룩으로 나아간다. 그러므로 사람들이 영으로 거룩해져서 하나님의 거소가 된다.

2. 교회는 한 사람으로 이루어진 것이 아니고 많은 지체들로 구성되어 있다. 이 모든 지체들이 함께 거룩해져야 하나님의 거소가 된다.

이것이 바로 함께 '하나님의 거소로 지어져 가는 것'을 뜻한다. 한 사람이나 몇 사람만 거룩해지는 것이 아니고, 교회가 전체로 거룩해져야 한다. 그래야 교회가 하나님의 거소가 된다. 이것이 함께 하나님의 거소로 지어져 간다는 말씀의 뜻이다.

제 3 장

에베소서

Προς Εφεσιους

바울이 사도가 된 경륜: 3:1-9

1. 바울이 비밀한 하나님의 경륜을 맡은 자가 되었다.

2. 이방인들이 하나님의 상속자가 되고 약속에 참여한다.

3. 그리스도의 구원 은혜와 하나님의 경륜을 알리기 위해 바울이 사도가 되었다.

엡 3:1 이러하므로 그리스도 예수의 일로 너희 이방을 위하여 갇힌 자 된 나 바울은

3:1 Τούτου χάριν ἐγὼ Παῦλος ὁ δέσμιος τοῦ Χριστοῦ Ἰησοῦ ὑπὲρ ὑμῶν τῶν ἐθνῶν—

엡 3:1 이로써 나 바울은 여러분 이방인들을 위하여 그리스도 예수의 사슬에 매인 자가 되었습니다.

1. 바울은 이방인들에게 전도하다가 잡혀서 지금 로마의 옥에 갇혀 있다. 그러므로 그리스도의 포로이다.

바울이 감옥에 갇혀 있는 것은 전적으로 이방인들에게 복음을 전하다가 이루어진 일이다. 그러므로 '여러분 이방인들을 위하여'라고 바울이 말할 수 있다.

그리스도의 복음을 전하다가 잡혀서 옥에 갇혀 있으니 그리스도의 포로이다. 그냥 치안에 방해가 되어 잡힌 것이 아니고, 그리스도 예수를 전하다가 잡혀 옥에 갇혔으니 그리스도의 포로이다.

엡 3:2 너희를 위하여 내게 주신 하나님의 그 은혜의 경륜을 너희가 들었을 터이라

3:2 εἴ γε ἠκούσατε τὴν οἰκονομίαν τῆς χάριτος τοῦ θεοῦ τῆς δοθείσης μοι εἰς ὑμᾶς·

엡 3:2 여러분을 위하여 내게 주신 하나님의 은혜의 경륜을 분명히 여러분이 들었습니다.

1. 바울에게 주신 은혜의 경륜은 바로 예수 그리스도의 피 흘리심으로 이방인들이 구원에 이르도록 작정되었다는 것을 말한다.

하나님은 이방인들도 구원하기로 작정하셨다. 유대인들만을 구원하시는 것이 아니라 이방인들도 함께 구원하기로 작정하셨다. 율법이 없는 이방인들이 구원에 이르도록 하기 위해서 하나님께서 그리스도 예수로 십자가에 피 흘리게 하셨다. 그리스도의 피로 구

속되니 이방인들도 그 구원에서 배제되는 것이 아니라 구원에 동참한다.

바울이 하나님의 경륜을 계시 받았으므로 이방인들에게 열심히 복음을 전하였다.

2. 지금 편지를 받는 이방인들이 이 경륜을 들었다는 것은 바로 하나님의 이 작정 때문에 바울이 열심히 이방인들에게 전도하였다는 것을 들은 것을 말한다.

하나님이 그리스도의 피로 이방인들도 구원하기로 작정하셨다는 것을 바울이 계시 받았다. 그러므로 이방인들에게 힘써 전도하였다. 유대인들이 시기할 만큼 바울이 이방인들에게 전도하여 구원에 이르게 하였다. 바울이 하나님의 구원경륜을 계시 받았으므로 쉬지 않고 전도하다가 옥에까지 갇혔다.

엡 3:3 곧 계시로 내게 비밀을 알게 하신 것은 내가 이미 대강 기록함과 같으니

3:3 κατὰ ἀποκάλυψιν ἐγνωρίσθη μοι τὸ μυστήριον, καθὼς προέγραψα ἐν ὀλίγῳ,

엡 3:3 곧 계시로 비밀을 내게 알리셨으니 내가 앞서 대강 기록함과 같습니다.

1. 율법만을 전부로 알고 살았던 바울은 예수 그리스도로 인한 구원경륜을 계시로 알려주심으로 이방인의 구원을 알게 되었다.

율법만을 유일한 구원의 길로 알고 살아 율법에 전력을 다하던 바울이 이방인들도 그리스도의 피로 구원된다는 것은 하나님의 계시 아니면 도저히 받지 않았을 것이다. 그러므로 이 구원경륜은 비밀이므로 계시로만 알려질 수 있어서 하나님이 바울에게 계시하셨다.

2. 그리스도의 구속으로 이방인들도 하나님의 백성이 된다는 비밀은 유대인들과 유대인 사도들 곧 베드로와 다른 사도들도 알 수가 없었다.

베드로는 행 2:39에서 먼 데 있는 사람들에게도 성령을 주신다고 하였지만 그 내용을 잘 이해하지 못하였다. 베드로도 이 구원이 유대인들을 위해서 이루어졌다는 신념에 굳게 매여 있었다. 그러므로 베드로는 이방인들에게 예수 그리스도의 구원을 전할 수 없었다. 사도들이 복음을 이방인들에게도 전해야 하는데 베드로와 다른 사도들도 이방인에게 복음을 전하는 것에는 완전히 눈이 닫혀 있었다.

베드로가 이방인들에게 복음을 전하도록 성령이 강제하셨다. 가지 않으려고 하므로 성령이 그를 밀쳐서 고넬료의 집에 가서 이방인들에게 복음을 전하도록 하셨다.

그렇게 이방인들에게 전도하면서도 베드로는 예수 그리스도의 일대기만 말하고 예수 그리스도를 믿으면 구원받는다고 전도하지 못하였다. 그리하여 예수 그리스도의 일대기를 부활까지 말하고도 선지자의 말을 인용하여 이 이름으로 죄가 용서된다고만 말하였다. 주 예수를 믿으라고 말할 수가 없었다. 이방인들에게 전도해서는 유대인의 법에 의해 책벌 받아 교회에서 제명될 것을 두려워해서였다. 그리하여 그냥 이 이름으로 죄가 용서된다는 사실만을 말하였는데도, 성령이 그들에게 임하셨다. 그러므로 할 수 없이 성령을 받은 로마인들을 세례 주어 교회에 가입시켰다.

3. 베드로와 다른 사도들이 이방인들에게 전도하기 시작한 것은 고넬료 개종 이후와 바울이 본격적으로 이방인들에게 전도하기 시작한 이후이다.

베드로가 이방인들에게 본격적으로 전도하기 시작한 것은 고넬료 사건 이후이고, 또 바울이 수리아 안디옥에서 전도하기 시작한 이후라고 해야 한다.

4. 이 비밀에 대한 것을 바울은 3장 이전에 기술하였다.

편지를 받은 소아시아 교회들은 바울의 편지를 읽음으로 이 구원경륜이 얼마나 큰 비밀인지를 알게 되었다. 바울은 시작부터 계속하여 그리스도로 인한 구원을 기술하였다. 그것도 이방인들이 주 예수를 믿어 그리스도의 교회가 되고 거룩하여져서 하나님의 거소까지 되었으니 말로 할 수 없는 비밀이다.

엡 3:4 이것을 읽으면 그리스도의 비밀을 내가 깨달은 것을 너희가 알 수 있으리라

3:4 πρὸς ὃ δύνασθε ἀναγινώσκοντες νοῆσαι τὴν σύνεσίν μου ἐν τῷ μυστηρίῳ τοῦ Χριστοῦ,

엡 3:4 내가 쓴 것을 여러분이 읽으면 내가 그리스도의 비밀을 깨달은 것을 여러분이 알 수 있을 것입니다.

1. 에바브라 등을 통하여 바울이 열심히 이방세계에 전도하는 것을 들었지만, 지금 이 편지를 읽으면 바울이 하나님의 비밀인 그리스도를 어떻게 깨달았는지 알 수 있을 것임을 말한다.

에바브라 등을 통하여 바울과 그의 전도에 대하여 잘 들었다. 또 바울이 전하는 내용이 무엇이었는지도 들었다. 그러나 바울이 직접 편지를 써서 소아시아 교회들에게 보내어 읽게 했으니 바울의 글을 직접 읽음으로 그리스도에 대해 더욱 잘 알 수 있게 되었다.

더구나 바울이 이방인들에게 그렇게 열심히 전도한 것은 하나님의 은혜의 경륜을 계시 받았기 때문인 것도 알게 된 것이다.

이방인들이 주 예수를 믿어 구원에 이른 정도가 아니라 하나님의 성전이 되고, 하나님의 거소가 되었으니 참으로 이해할 수 없는 비밀이요 신비이다. 유대인들만이 하나님의 선민으로 정해져 있는 상황에서 이방인들이 하나님의 성전 자체가 되었다는 것은 도저히 이해하기 어려운 일이다.

엡 3:5 이제 그의 거룩한 사도들과 선지자들에게 성령으로 나타내신 것같이 다른 세대에서는 사람의 아들들에게 알게 하지 아니하셨으니

3:5 ὃ ἑτέραις γενεαῖς οὐκ ἐγνωρίσθη τοῖς υἱοῖς τῶν ἀνθρώπων ὡς νῦν ἀπεκαλύφθη τοῖς ἁγίοις ἀποστόλοις αὐτοῦ καὶ προφήταις ἐν πνεύματι,

엡 3:5 이제 그의 거룩한 사도들과 선지자들에게 영으로 계시하신 것 같이 다른 세대에는 사람의 아들들에게 알리지 아니하셨습니다.

1. 그리스도의 구원과 이방인들이 그 구원에 동참하는 것은 사도들과 선지자들에게는 계시되어 알았지만, 일반 유대인들은 전혀 알 수가 없었다.

세상이 구원되는 것을 누가 알 수 있겠는가? 이스라엘은 제사장 나라로 지목되고 선택되었다. 그러므로 이스라엘이 구원에 이르는 것은 자명하고 정당하다. 그러나 이스라엘과 아무 상관이 없는 이방인들이 구원받고, 이에서 더 나아가 하나님의 거룩한 성전이 된다는 것은 도저히 이해할 수 없는 일이었다. 이방인들이 하나님의 성전이 되는 일은 유대인들에게는 상상할 수도 없는 일이었다.

2. 그러나 선지자들은 이 구원의 도리를 미리 말해야 할 자들로 세워졌으므로 성령으로 이 구원경륜이 그들에게 계시되었다.

선지자들은 그리스도의 구원의 도리를 미리 전파하도록 세워진 자들이다. 그러므로 구원경륜을 계시 받지 않았다면 예언할 내용이 아무것도 없게 되었을 것이다. 이 구원계시가 그들에게 주어지지 않았다면, 단지 이스라엘의 국가적인 상황만을 말하는 것으로 그쳤을 것이다. 그러나 선지자들은 하나님의 구원의 도리를 이스라엘에게 전하도록 세워졌다. 따라서 성령으로 그들에게 그리스도의 구원의 도리가 미리 알려졌다.

3. 사도들은 복음전파자로 세워졌으므로 이 구원의 도리를 확실하게 알도록 계시를 받았다.

사도들은 복음전파자로 부름 받고 세워졌다. 따라서 이 구원의 도리를 하나님이 작정하시고 선지자들에게 계시하신 대로 이루어진 것을 전해야 했다. 그러므로 그들도 이 구원의 도리를 계시 받아야만 확실하게 알 수 있었다.

사도들은 구원사건의 목격자들이었지만 계시 받음으로 더욱 확실하고 분명하게 알 수 있게 되었다. 증인들이었어도 계시를 받음으로 힘 있고 확실하게 전파하였다.

4. 사람들이 자기의 지혜로 어떻게 이 비밀을 알 수 있겠는가? 그러므로 성경을 읽거나 읽을 수 없거나 간에 사람은 도저히 이 비밀을 알 수가 없었다.

하나님은 일반 사람들에게는 이 비밀한 경륜을 알리지 아니하셨다. 제사장들과 서기관들과 백성의 지도자들도 이 구원경륜을 알 수가 없었다. 성경을 읽어도 이 하나님의 구원경륜은 알 수가 없었다. 그러므로 그리스도께서 나타나셨을 때 그를 메시아로 알아볼 수가 없었다. 그가 십자가에 못 박혀 피 흘리셨을 때도 그것이 하나님의 구원사역이라고 도저히 이해할 수가 없었다. 하나님의 구원사역은 구체적으로 계시 받아야만 이해할 수 있었다. 이 구원경륜은 구체적으로 계시 받아도 가르침이 없이는 결코 이해할 수 없는 일이다.

엡 3:6 이는 이방인들이 복음으로 말미암아 그리스도 예수 안에서 함께 후사가 되고 함께 지체가 되고 함께 약속에 참예하는 자가 됨이라

3:6 εἶναι τὰ ἔθνη συγκληρονόμα καὶ σύσσωμα καὶ συμμέτοχα τῆς ἐπαγγελίας ἐν Χριστῷ Ἰησοῦ διὰ τοῦ εὐαγγελίου,

엡 3:6 이것은 바로 이방인들이 복음으로 말미암아 그리스도 예수 안에서 함께 상속자가 되고 함께 지체가 되고 함께 약속에 동참자가 되는 것입니다.

1. 이 비밀의 핵심은 이방인들이 그리스도 예수 안에서 유대인들과 함께 상속자가 되는 것이다.

유대인들은 하나님이 자기들을 하나님의 백성으로 삼으셨기 때문에 세계도 자기들을 위해서 창조되었다고 믿었다. 세계가 자기들

을 위해 창조되었으면 모든 창조를 상속받는 것은 자기들뿐이다. 그러므로 하나님으로부터 오는 모든 구원사역은 다 자기들을 위해서 이루어졌다고 확신하였다. 그리하여 그리스도의 구원에 이른 유대인들은 이 구원이 자기들만을 위해서 이루어졌다고 확신하였다. 따라서 그들은 이방인들에게 복음을 전해야 된다는 생각을 할 수가 없었다.

그런데 이방인들이 복음으로 유대인들이 받을 상속에 동참하게 되었다. 그들이 유대인들과 함께 상속자들이 되었다. 이런 하나님의 경륜을 어떻게 이해할 수 있었겠는가? 우상숭배자들이요 더러운 죄악에 빠져 살던 이방인들이 복음으로 돌이켜 주 예수를 믿을 뿐 아니라, 하나님의 상속에 동참하게 되었다.

2. 이방 상속자들이 교회를 이루어 그리스도의 몸의 지체들이 되었다.

이방인들이 어찌 구 원에 이르며, 나아가서 그리스도의 교회에 동참하여 그의 몸의 지체들이 될 수 있을 것인가? 이방인들이 복음으로 그리스도의 교회가 되고, 유대인들과 함께 그리스도의 몸의 지체들이 되었다. 이방인들이 예수를 믿을 뿐 아니라 선민인 유대인들과 함께 그리스도의 교회의 지체들이 된다.

3. 약속은 부활과 영생이다. 이 구속에 이방인들이 유대인들과 함께 동참하게 되었다.

하나님의 마지막 약속은 믿는 자들이 영생에 이르고, 구원에 이르는 것이다. 이 부활에 대한 아무런 이해나 지식도 없던 이방인들도 부활에 이르게 되었다. 부활이 무엇인지 전혀 알 수 없었던 이방인들이 부활에 이르도록 확약을 받았다. 왜냐하면 그들도 주 예수를 믿음으로 성령을 다 받았기 때문이다.

엡 3:7 이 복음을 위하여 그의 능력이 역사하시는 대로 내게 주신 하나님의 은혜의 선물을 따라 내가 일꾼이 되었노라

3:7 οὗ διάκονος ἐγενήθην κατὰ τὴν δωρεὰν τῆς χάριτος τοῦ θεοῦ τῆς δοθείσης μοι κατὰ τὴν ἐνέργειαν τῆς δυνάμεως αὐτοῦ—

엡 3:7 내게 주신 하나님의 은혜의 선물을 따라 그의 능력이 역사하신 대로 내가 복음의 일꾼이 되었습니다.

1. 바울이 사도가 되어 복음을 전하게 된 것은 전적으로 하나님의 은혜라고 고백한다.

바울은 교회를 핍박하고 주 예수를 핍박한 사람이었다. 바울에게 율법은 그의 전부였다. 율법 외에는 어떤 것도 용납될 수가 없었다. 은혜로 구원에 이른다는 것은 율법을 근본에서 허는 것일 뿐이었다. 그래서 바울은 주 예수와 그의 교회를 핍박하였다. 핍박하되 완전히 박멸하도록 핍박하였다. 예루살렘에 사도 외에는 어떤 그리스도인들

도 남아 있을 수 없도록 핍박하여 끝을 볼 지경에 이르렀다.

그러므로 바울은 복음과 주 예수를 전파할 자격을 상실하였다. 그런데 주를 믿는 신자가 되었을 뿐만 아니라 사도까지 되었다. 도저히 바랄 수 없는 사도의 자리에 이르렀다. 바울이 사도가 될 수 있었던 것은 전적으로 하나님의 은혜일 뿐이다. 바울은 자기가 사도가 된 것은 전적으로 하나님의 은혜임을 강조하고 있다.

2. 그의 힘의 역사하심을 따라 바울이 복음의 종이 되었다는 것은 자기는 율법만을 전부로 알았기 때문에 다른 길로는 구원의 길이 있음을 전혀 알지 못하였다. 그런데 복음의 전파자가 된 것은 전적으로 주의 힘의 역사임을 강조한다.

율법만을 전부로 알고 살아온 바울이었다. 또 랍비가 되었으니 율법 외의 다른 길은 불가능하였다. 다른 가르침은 이단이고, 이스라엘의 터 (國基)를 허는 일이었다. 그러므로 설혹 예수 그리스도의 복음을 들었다고 하여도 그것으로는 복음으로 전환할 수 없다는 것을 말한다. 복음, 곧 주 예수께서 이스라엘의 메시아이고 그의 죽음과 부활이 구원이라는 것을 인정하고 받아들일 수가 전혀 없었다. 그런 것은 율법세계에서는 생각할 수도 없고 상상할 수도 없는 일이다.

하나님의 능력의 역사가 아니면 바울이 주 예수를 믿고 복음으로 돌아서는 것은 전적으로 불가능함을 강조하고 있다. 그의 힘이 역사하여 강제로 자기를 돌이켜 주 예수를 믿고 그의 복음의 사도가 되게 했다. 그의 힘의 역사는 바로 주 예수께서 친히 바울에게 나타나서 그를 깨치고 깨우치신 것이었다. 그것이 바로 그리스도의 힘의 역사였다. 그렇지 않고는 도저히 주 예수의 구원을 받아들일 수도 없었을 것이다. 그런데 바울이 부활자를 친히 봄으로 그를 믿고 사도까지 되었다. 이 얼마나 큰 은혜이고 얼마나 큰 그의 힘의 역사인가?

3. 은혜의 선물이라고 하여 자기에게 주신 은혜가 자기가 받을 만한 무슨 자격이나 출생연고가 아니라 전적으로 하나님의 호의임을 말하고 있다.

바울이 사도가 된 것은 전적으로 하나님의 은혜이다. 무슨 자격이나 출생연고, 곧 유대인으로 났기 때문이 아니라 전적으로 하나님의 호의임을 강조하고 있다. 하나님이 바울을 변화시켜 복음을 전하는 사도가 되게 하신 것은 하나님의 호의라는 것을 말하고 있다.

주 예수를 핍박하여 완전히 지상에서 박멸하려고 했던 자가 사도까지 되었으니 하나님의 은혜가 너무도 크다. 즉 하나님의 은혜의 역사가 바울로 복음의 사도가 되게 하였음을 강조한다. 은혜에 대한 바울의 찬양이 그의 편지 전체에 가득하다.

엡 3:8 모든 성도 중에 지극히 작은 자보다 더 작은 나에게 이 은혜를 주신 것은 측량할 수 없는 그리스도의 풍성을 이방인에게 전하게 하시고

3:8 ἐμοὶ τῷ ἐλαχιστοτέρῳ πάντων ἁγίων ἐδόθη ἡ χάρις αὕτη—

τοῖς ἔθνεσιν εὐαγγελίσασθαι τὸ ἀνεξιχνίαστον πλοῦτος τοῦ Χριστοῦ,

엡 3:8 모든 성도들 중에서 지극히 작은 자보다 더 작은 나에게 이 은혜를 주신 것은 측량할 수 없는 그리스도의 풍성을 이방인들에게 전파하게 하시고

1. 바울은 교회를 핍박하고 자기의 주를 핍박하였으므로 성도가 될 수도 없는데 신자가 되고 사도가 되었으니 성도들 중에서 가장 작은 자라고 자처한다.

바울은 교회 초기 주의 교회를 핍박하고 주 예수를 핍박하여 교회와 그리스도를 박멸하려고 하였다. 그러던 그가 주의 은혜로 주 예수를 믿고 신자가 되었다. 이제는 사도까지 되어 복음을 온 세상에 전파하게 되었다.

그래도 그때의 핍박을 회상하면 도저히 자기는 사도의 자격이 없다고 판단하고 양심의 가책을 느꼈다. 그러므로 성도들 중에서 가장 작은 자이고, 그보다 더 작은 자로 자처할 수밖에 없었다. 도저히 성도의 반열에도 들 수 없는 사람이었기 때문이다.

2. 이런 바울에게 사도직의 영광이 주어졌다. 그것은 전적으로 은혜이다.

이 은혜는 사도가 될 수 없는 자가 사도가 된 것을 말한다. 사도

는 주의 제자들이었던 자들로서 주 예수와 함께 살아서 모든 사건들과 가르침을 목격하고 받은 자들이 될 수 있다. 하물며 바울은 그런 제자들의 축에도 들지 못하였다. 그뿐만 아니라 교회를 핍박하여 박멸하려고 하였으니 얼마나 어처구니없는 일이었는가? 그런데도 그가 사도가 되었다. 그것은 전적으로 하나님의 은혜이다.

3. 바울이 사도가 된 것은 본래 주의 사도들이 하려고 하지 않았고 또 할 수도 없는 일, 곧 이방인들에게 전도하기 위함임을 강조한다.

본래 주의 제자들이었던 사도들은 주의 구원이 유대인들을 위해서 이루어졌다고 확신하였기 때문에, 여간해서는 이방인들에게 전도할 수가 없었다. 더구나 이방인들에게 전도하면 그들과 교제하고 먹는 것을 함께해야 하는데, 그런 것은 유대의 법으로 금지되어 있었다. 금지를 넘어서서 그런 일을 하면 회당에서 축출되었다. 회당에서 내어 쫓기는 것은 홀로 서는 것이므로 도저히 살아갈 수 없는 것을 말한다. 즉 생존권을 박탈당하는 것이다.

따라서 본래 사도들은 이방인들에게 전도할 수가 없었다. 전도하면 사도들도 유대인 공동체에서 배제되기 때문이다.

바울은 이방세계에서 나서 자랐다. 그는 이방인들의 풍습도 알고, 그들의 언어와 사상도 잘 알았다. 그러므로 이방에서 난 자가 이방인들에게 전도하는 일이 조금 더 수월할 것이었다. 그래서 하나님이 바울을 이방에게 복음을 전하는 사도로 세우신 것을 강조한다. 복음을 전할 자격이 전혀 박탈되었다고 여겨지는 한 사람이 선택되어 이방인들에게 복음을 전할 수 있게 된 특권을 강조하고 있다. 당시에 복음 전파는 사도들만이 할 수 있는 특권이었다.

4. 그리스도의 측량할 수 없는 풍성은 바로 이방인들까지 구원에 이르도록 역사하심을 말한다.

본래 유대인 그리스도인들의 이해에 의하면, 이 구원은 택한 백성인 유대인들과 아브라함의 후손들을 위해서 마련되었고 이루어졌다. 그러므로 이방인들은 이 구원에 들 아무런 자격이 없었다. 그런데도 이 그리스도의 구원이 유다의 경계선을 넘어서서 이방인들에게 아무 제한 없이 전하도록 바울이 사도로 세워졌다. 이방인들을 능히 포함하는 풍성한 구원임을 강조한다. 유대인들을 위해서 마련되고 이루어진 구원이 이방인들에게까지 아무 제한 없이 전달될 수 있었던 것이 참으로 헤아리기 어려웠다. 그리스도의 구원은 우주적인 구원이어서 유대인들을 포함하고도 넘쳐나서 이방인들도 나 구원으로 작정되었음을 사도가 되고 나서 깨닫게 되었다.

엡 3:9 영원부터 만물을 창조하신 하나님 속에 감취었던 비밀의 경륜이 어떠한 것을 드러내게 하려 하심이라

3:9 καὶ φωτίσαι πάντας τίς ἡ οἰκονομία τοῦ μυστηρίου τοῦ ἀποκεκρυμμένου ἀπὸ τῶν αἰώνων ἐν τῷ θεῷ τῷ τὰ πάντα κτίσαντι,

엡 3:9 만물을 창조하신 하나님 안에 영원부터 감추어져 있던 비밀의 경륜이 어떠한 것임을 각 사람으로 깨닫게 하려 하심이었습니다.

1. 바울이 할 일은 복음을 이방인들에게 전파하고, 또 그가 만나는 모든 사람으로 하여금 하나님의 구원경륜을 깨닫도록 하는 일이었다.

바울이 맡은 일은 복음을 전파하여 예수 그리스도의 복음을 믿어 그들로 구원에 이르도록 하는 일이었다. 구원 얻도록 작정된 자들은 하나님의 구원경륜을 가르침 받아야 했다.

2. 이방인들을 구원하시려고 작정하신 하나님의 계획은 창조와 함께 시작되었음을 말한다.

하나님의 구원계획은 하나님의 창조와 함께 시작되었음을 제시한다. 하나님은 이스라엘을 택하심으로 모든 이방인들도 구원하려고 작정하셨다. 그것이 만물을 창조하신 창조주 하나님 안에 감추어져 있었다고 말한 이유이다. 하나님은 모든 인류를 자기의 백성 삼기로 하셨기 때문에 이스라엘과 함께 선택되지 못한 이방인들이 구원에 이르도록 작정하신 것이 하나님의 첫 경륜이었음을 밝히고 있다.

3. 영원부터 하나님 안에 감추어졌다고 한 것은 선지자들이 명시적으로 이방구원을 밝히지 않았음을 말한다.

이방 구원이 유대인들과 이방인들에게 알려지지도 않았고, 이해될 수도 없었다. 선지자들은 하나님의 구원계획을 알렸지만 그 구원에 이방인들이 포함되었음을 명시하지 못하였다. 그러므로 유대인들과 이방인들이 다 이방을 포함한 구원섭리를 이해할 수 없었다.

4. 바울은 하나님의 구원경륜을 이방인들과 유대인들에게 가르쳐 깨닫게 하는 책임을 졌다.

유대인들은 이방인들에게 복음 전하는 것을 싫어하였고, 방해하였다. 선지자들의 선포에 이방구원이 들어 있지 않았기 때문이다. 이방인들은 이방인들이기 때문에 선택 밖에 있었고, 구원과는 전적으로 무관하였다.

이제 이방인들도 구원하시려고 하신 하나님의 구원계획을 유대인들에게도 전하여 깨닫게 해야 했다. 이방인들에게 전도함과 동시에 이방 전도를 유대인들이 방해하지 못하도록 가르쳐야 했다.

5. 바울은 이방인들에게 복음을 전하는 일뿐 아니라 이방인들에게 복음전파가 하나님의 작정이었음을 알릴 책임도 지고 있었다.

바울은 이방인들에게 복음을 전하였다. 또 이 복음전파가 하나님의 구원경륜에 들어 있음도 밝혔다. 이로써 전도에 방해가 없도록 했다. 유대인들이 이 해명을 잘 받아들일 리는 없지만 그래도 이 일을 중단하지 않았다.

에베소서

Προς Εφεσιους

천사세력들도 교회에 주신 은혜로 하나님의 경륜을 알게 됨: 3:10–13

1. 교회로 말미암아 천사세력들이 하나님의 경륜을 알게 되었다.

2. 그 경륜은 예수 그리스도를 믿음으로 하나님의 백성이 되는 것이다.

3. 이 경륜의 전파를 위해 바울이 고난받으며 복음을 전한다.

엡 3:10 이는 이제 교회로 말미암아 하늘에서 정사와 권세들에게 하나님의 각종 지혜를 알게 하려 하심이니

3:10 ἵνα γνωρισθῇ νῦν ταῖς ἀρχαῖς καὶ ταῖς ἐξουσίαις ἐν τοῖς ἐπουρανίοις διὰ τῆς ἐκκλησίας ἡ πολυποίκιλος σοφία τοῦ θεοῦ,

엡 3:10 이로써 하늘 영역에 있는 통치자들과 권세자들에게 교회로 말미암아 하나님의 다양한 지혜가 알려지도록 하시기 위함이었으니

1. 하늘 영역에 있는 통치자들과 권세자들은 이방세계를 지배하고 있는 공중 권세자들을 말한다.

이 공중 권세자들은 이방세계를 지배하고 있다. 그들은 악령들로 이방인들을 장악하고 지배하였다. 그러나 이방인들이 복음을 받아들여 주 예수께로 돌아가면 그들의 통치영역이 줄어들게 되고 없어질 것이 분명하였다.

2. 공중 권세자들에 매여 있는 이방인들에게 복음을 전하는 것은 바로 하나님의 깊은 섭리를 공포하는 것이다.

교회로 말미암아 하나님의 다양한 지혜를 알게 한다는 것은 곧 여러 가지로 이방인들을 구원하시도록 역사하신 하나님의 섭리를 교회가 전파하는 것을 말한다. 이방인들에게 복음을 전하는 것은 바로 그들을 지배하는 공중 권세자들에게 하나님의 구원경륜을 알리는 것을 말한다. 즉 대대적인 개종이 이방인들에게서 이루어진다면, 자기들의 통치영역이 축소되고 상실된다는 것을 알게 된다는 것을 뜻한다.

3. 공중 권세자들이 하나님의 지혜를 알게 되는 것은 그들의 권세가 박탈당하게 되었음을 알리는 것이다.

이방인들이 복음을 받아들여 그리스도께로 돌아오면 이제까지 이방을 지배하던 공중 권세자들이 그 통치영역을 상실하는 것을 말한다. 복음을 전하는 것은 바로 공중 권세자들이 그 통치영역을 박탈당하는 것이므로 하나님의 오묘한 지혜이다.

4. 공중 권세자들에게 하나님의 지혜를 알게 하는 것은 복음전파로 대대적인 이방인들의 개종이 이루어짐으로 통치영역 상실을 깨닫게 하는 것이 된다.

주 예수의 복음전파로 이방인들이 대대적으로 주께로 돌아오면, 그들을 지배하고 있던 공중 권세자들이 통치대상을 상실하여 무장해제되는 것을 뜻한다.

엡 3:11 곧 영원부터 우리 주 그리스도 예수 안에서 예정하신 뜻대로 하신 것이라

3:11 κατὰ πρόθεσιν τῶν αἰώνων ἣν ἐποίησεν ἐν τῷ Χριστῷ Ἰησοῦ τῷ κυρίῳ ἡμῶν,

엡 3:11 그리스도 예수 우리 주 안에서 그가 작정하신 영원한 계획을 따라서

1. 하나님의 구원계획은 영원부터 그리스도 예수 안에서 이루어졌다.

하나님은 주 예수 그리스도로 세상을 구원하심으로 그 안에서 이방을 구원하시려는 작정을 하셨다. 따라서 하나님의 선택은 구주이신 그리스도 안에서만 이루어졌다. 세상을 구원하실 구주를 통하

여 구원받을 자들도 정하셨다.

2. 이방을 구원하기로 하신 계획은 시간 전에, 창조 전에, 영원에서 작정하셨음을 밝힌다.

하나님의 구원계획은 타락이나 창조 때에 하신 것이 아니고, 창조 전에 하셨음을 보여준다. 그리스도 예수로 세상을 구원할 뿐만 아니라 그로 말미암아 세상을 구원할 계획도 창조 전에 세우셨다. 구원계획만이 아니라 구원받을 자들도 다 그리스도로 선택하셨다.

따라서 여기서는 창세 전에 그리스도 안에서 우리를 택정하셨다는 것을 설명하고 있다 (엡 1:4).

엡 3:12 우리가 그 안에서 그를 믿음으로 말미암아 담대함과 하나님께 당당히 나아감을 얻느니라

3:12 ἐν ᾧ ἔχομεν τὴν παρρησίαν καὶ προσαγωγὴν ἐν πεποιθήσει διὰ τῆς πίστεως αὐτοῦ.

엡 3:12 그 안에서 우리가 그를 믿음으로 말미암아 확신 가운데서 담대함과 당당히 나아감을 얻었습니다.

1. 이방인들까지도 주 예수를 믿음으로 하나님 앞에 담대함과 하나님 앞에 나아감을 얻었다.

유대인들만이 성전제사에 동참하고 성전 안에 들어갈 수 있었다. 이방인들은 유대교로 개종하여도 이방인의 뜰에서만 제사해야 했다.

그런데 이방인들이 주 예수를 믿음으로 대제사장만 일 년에 한 번 들어갈 수 있었던 지성소에 담대히 들어갈 수 있게 되었다. 대제사장이 일 년에 한 번 들어간 지성소는 돌과 나무로 지어진 성전의 한 부분이었다.

그렇지만 이방인들이 주 예수를 믿음으로 들어갈 수 있는 곳은 바로 지성소 자체인 하나님의 보좌 앞, 하나님의 얼굴 앞이다. 그것도 간신히 어렵게 들어가는 것이 아니고 담대히 들어간다. 담대히 들어가고 당당히 들어간다. 이것은 말로 형언할 수 없는 특권이요 영광이다. 그 보좌 앞에는 천사장도 쉽게 들어갈 수 없었는데 이제 이방인들이 하나님의 얼굴 앞에 단지 예수를 믿는 믿음으로 담대히 들어간다.

2. 이방인들이 하나님의 얼굴 앞에 담대히 나아갈 수 있는 것은 전적으로 주 예수를 믿는 믿음 때문이다.

이방 죄인들 곧 흉악한 범죄자들, 용서받을 수 없는 우상숭배자들, 온갖 음행과 살해를 일삼던 이방 죄인들이 하나님의 보좌 앞에 아무런 거리낌 없이 담대히 나아간다. 유대인들도 나아갈 수 없었던 지성소 중의 지성소로 이방인들이 나아간다. 지성소는 상상도 할 수 없었던 이방인들이 하나님의 보좌 자체로 나아간다. 어찌 이런 일이 이방인들에게 가능했겠는가?

아무런 공로를 획득함도 없이, 그 험한 죄악들을 씻어낼 정결예식을 행함도 없이 하나님 앞으로 나아간다. 단지 주 예수를 믿는 믿음과 그의 이름의 권세로만 아버지 앞에 나아간다.

3. 두려움으로 나아가는 것이 아니라 확신과 담대함으로 나아간다.

하나님의 엄위의 보좌 앞에 나아갈 때에 두려움과 떨림으로 나아가지 않는다. 평안과 신뢰로 나아간다. 이방인들에게 무슨 자격이나 권리가 있어서가 아니라 주 예수를 믿는 것 하나만으로 나아간다. 가서 아버지께 아뢸 때에 거절당하는 것이 아니라 기꺼이 허락하실 것을 확신함으로 나아간다.

4. 하나님 앞에 나아갈 때는 언제나 주 예수를 믿는 믿음으로 나아가고, 주의 피를 의지해서 나아가야 한다.

하나님 앞에 나아갈 때는 언제나 주 예수를 믿는 믿음으로 나아가야 한다. 하나님이 우리를 가납하실 만한 것이 우리에게는 아무것도 없다. 단지 주 예수를 믿는 믿음 때문에 우리를 받으시기 때문이다. 그러므로 하나님 앞에 나아갈 때 언제나 주 예수를 믿는다는 믿음고백을 해야 한다.

우리는 주 예수의 피로 깨끗하게 씻어졌으므로 주 예수를 믿고 하나님 아버지를 알게 되었다. 그러므로 우리는 보좌 앞에 나아갈 때마다 주 예수의 피를 의지해서 나아가고, 그 피로 씻음 받아서 나아가야 한다.

엡 3:13 그러므로 너희에게 구하노니 너희를 위한 나의 여러 환난에 대하여 낙심치 말라 이는 너희의 영광이니라

3:13 διὸ αἰτοῦμαι μὴ ἐγκακεῖν ἐν ταῖς θλίψεσίν μου ὑπὲρ ὑμῶν, ἥτις ἐστὶν δόξα ὑμῶν.

엡 3:13 그러므로 여러분에게 구하오니 여러분을 위한 나의 환난들에 낙심하지 마시오. 이것이 여러분의 영광입니다.

1. 이렇게 영광스런 복음의 도를 전하였지만, 또 지금 편지를 쓰고 있는 바울은 로마 옥에 갇혀 고생하고 있다. 그러므로 이방 그리스도인들이 낙심하고 실망할 수 있다.

주 예수만 믿으면 이방인들도 유대인들과 동등한 자격으로 하나님의 보좌 앞에 담대히 나아갈 수 있다. 이런 경륜의 신비를 바울처럼 아는 사람이 없었다.

그런 바울이 지금 옥중에 갇혀 있으며 고생하고 있다. 이 복음의 도를 듣고 믿은 이방인들이 바울의 상황을 듣고 낙심하고 실망할 수 있다. 그런 영광의 복음의 전파자가 옥중에 갇혀서 고생하고 어려움을 당하고 있다니 이해가 가지 않는다고 할 것이다. 그러므로 낙심하지 말도록 권고하고 있다.

2. 이렇게 고생하고 있는 것이 실은 이방인들을 위해서 이루어지고 있는 일이므로 이방 그리스도인들에게 영광이 된다는 것을

상기시키고 있다.

바울이 지금 이방인들을 위해서 복음 전하다가 옥에 갇혀 있다. 그러나 그것이 이방인들의 구원을 위해서 그렇게 되었으니 이것이 그들의 영광이 될 것은 당연하다. 바울의 전도로 이방인들이 구원 얻어 하나님의 보좌 앞에 담대히 나아갈 수 있게 되었으니 얼마나 자랑이고 큰 영광인가?

에베소서

Προς Εφεσιους

더 큰 은혜 주시기를 바울이 기도함: 3:14–19

1. 하나님이 성령으로 속사람을 강건하게 하시기를 기도한다.

2. 믿음으로 말미암아 그리스도께서 그들 안에 풍성히 거하시기를 기도한다.

3. 그리스도의 풍성한 사랑을 알아 하나님의 충만으로 채워지기를 기도한다.

4. 그리스도의 사랑은 지식을 능가한다.

엡 3:14 이러하므로 내가 하늘과 땅에 있는 각 족속에게

3:14 Τούτου χάριν κάμπτω τὰ γόνατά μου πρὸς τὸν πατέρα,

엡 3:14 이러므로 내가 아버지 앞에 무릎 꿇고 비는 것은,

1. 하나님 앞에 담대히 나아감에 덧붙여서 믿음이 더욱 강건해지고, 그리스도인으로서 사랑으로 굳게 하도록 은혜를 베푸시기를 하나님께 간구하겠다고 바울이 말하고 있다.

2. 아버지 앞에 무릎을 꿇고 빈다고 하였으니 바울이 간절히 아버지께 기도하고 있음을 알리고 있다.

바울은 이 경우에 주 예수께 기도한 것이 아니고, 아버지께 기도하고 있다. 바울은 자기의 개인적인 일을 위해서는 주 예수께 기도하였다 (고후 12:7-9). 그러나 지금 이방 교회들을 위해서 아버지께 기도하고 있다. 이로써 하나님 아버지가 구주이심을 강조하고 있다.

엡 3:15 이름을 주신 아버지 앞에 무릎을 꿇고 비노니

3:15 ἐξ οὗ πᾶσα πατριὰ ἐν οὐρανοῖς καὶ ἐπὶ γῆς ὀνομάζεται,

엡 3:15 그에게서 하늘과 땅 위에 있는 각 족속에게 이름이 주어졌습니다.

1. 아버지가 모든 족속들에게 이름을 주셨다는 것은 아버지가 온 세상의 통치자이시고 창조주이심을 말한다.

이름을 주는 것은 통치행위이다. 아담이 처음 창조 받은 상태에서 사물들에게 이름들을 주었다. 아담이 사물들에게 이름을 주어 그들을 어거하고 다스렸다. 이처럼 사물들에게 이름을 주는 것은 그 본성을 한정하고 존재방식을 정하는 법이다. 특히 처음 이름을 지어줄 때는 확실히 그러하였다.

그런데 여기는 아버지로부터 모든 족속들에게 이름이 주어졌다. 땅 위에 사는 족속들만이 아니라, 하늘에 있는 천사들과 공중 권세 세력들에게 이름이 주어졌다. 하늘 족속들에게 이름을 주었다고 하는 것은 천사와 영의 세력들이 창조주 하나님께 종속함을 뜻한다. 반역했던 천사들도 끝내는 창조주께 굴종할 수밖에 없음을 말한다. 창조주는 하늘에 있는 족속들에게 이름들을 주심으로 그들의 거소와 활동기간을 정하셨다.

이렇게 하늘과 땅에 있는 모든 족속들에게 이름이 지어졌다는 것은 창조주 자신이 섭리주임이 밝혀진 것이다. 이로써 아버지 하나님이 창조주이심을 여기서 바울이 밝히고 있다.

엡 3:16 그 영광의 풍성을 따라 그의 성령으로 말미암아 너희 속사람을 능력으로 강건하게 하옵시며

3:16 ἵνα δῷ ὑμῖν κατὰ τὸ πλοῦτος τῆς δόξης αὐτοῦ δυνάμει κραταιωθῆναι διὰ τοῦ πνεύματος αὐτοῦ εἰς τὸν ἔσω ἄνθρωπον,

엡 3:16 그의 풍성한 영광을 따라 그의 성령으로 말미암아 능력으로 여러분의 속사람을 강건하게 하시옵고

1. 속사람은 그리스도를 믿음으로 변화된 존재방식, 곧 영을 말한다.

사람은 예수 믿으면 변화되어 새사람이 된다. 바울은 여기서 이 새사람을 속사람으로 표시하였다. 그리스도인으로 변화된 새로운 삶의 방식이 바로 속사람이고 영이다. 굳게 자라고 성장해야 할 부분은 바로 이 영 혹은 새사람이다. 이 영이 굳건해짐으로 육을 이기고 새사람으로 바로 설 수 있다.

2. 변화된 새사람만이 하나님의 영광에 이르므로 그의 풍성한 영광을 따라 속사람을 강건하게 하시기를 구하였다.

우리는 구원 얻어 영생에 이르고, 하나님의 영광에 이른다. 이 영광으로 하나님이 우리를 작정하시고 구원하셨다. 그러므로 그 영광의 풍성을 따라 속사람이 강건해지도록 역사하시기를 구하였다.

3. 속사람이 강건해지는 것은 믿음이 굳건해져서 여러 풍조에 흔들림이 없게 되는 것을 말한다.

믿음이 굳건해지지 못하면 새로운 풍조가 일어날 때 흔들린다. 그리고 처음 믿음의 법에서 벗어나서 새로운 방향으로 넘어가는 것을 좋아하고 그렇게 한다. 이런 일이 없도록 바란 것이 속사람이 강건해지는 것이다.

에베소서를 받는 이방 그리스도인들은 예수를 믿은 지 얼마 되지 않았으므로 믿음으로 굳게 서고, 영으로 살아 육의 욕망을 따라 사는 데로 돌아가지 않도록 바울이 기도하고 있다.

4. 능력으로 강건해지는 것은 성령의 역사로 강건해짐을 말한다.

믿음은 사람의 자연적 능력으로 생긴 것이 아니다. 사람이 믿기로 작정함으로 믿게 되는 것이 아니고, 성령의 역사로만 믿음이 발생한다.

믿음은 성령의 역사로 발생하였다. 믿음이 자라고 굳게 되는 것도 복음의 내용에 성령이 역사하심으로 된다. 성령의 역사가 아니면 믿음을 받아들일 수도 없고, 믿을 수도 없다. 더구나 믿음을 계속하여 유지하는 것도 불가능하다. 그러므로 성령의 역사에 늘 의지해야 한다.

성령의 능력을 입는 길은 기도로 이루어진다. 따라서 믿음의 생활을 유지하는 것은 기도하여 성령의 능력을 힘입음으로 된다. 기도하면 믿음이 역사하고, 믿음이 자랄 뿐 아니라 믿음을 유지하게 된다. 기도가 중단되면 믿음이 말라 없어지는 것으로 느낀다.

그리스도인들은 성령으로 인도받는 자들이다 (롬 8:14). 성령의 인도를 따라 살기 위해서 그리스도인들은 기도하는 것을 쉬면 안 된다.

5. 이렇게 속사람이 강건하여지는 것은 하나님께서 강건하게 함을 주셔야 한다. 그것이 '능력으로 여러분의 속사람을 강건하게 하시옵고'의 뜻이다.

믿음은 하나님이 주신다. 믿음이 유지되고 자라나는 것도 하나님이 하신다. 그러므로 속사람을 강건하게 하는 일을 하나님이 하시도록 바울이 간구하고 있다. 하나님이 주셔야 큰 믿음과 굳건한 믿음이 있다. 믿음이 약해도 구원에 이르지만, 믿음이 약하면 큰일을 못한다. 큰일은 큰 믿음의 역사로 이루어진다. 그러므로 하나님께서 속사람 곧 이방성도들의 믿음을 강건하게 하시기를 바울이 구하고 있다.

그러므로 강건한 믿음이 되어 큰 믿음의 역사를 할 수 있도록 큰 믿음을 구해야 할 것이다.

엡 3:17 믿음으로 말미암아 그리스도께서 너희 마음에 계시게 하옵시고 너희가 사랑 가운데서 뿌리가 박히고 터가 굳어져서

3:17 κατοικῆσαι τὸν Χριστὸν διὰ τῆς πίστεως ἐν ταῖς καρδίαις ὑμῶν ἐν ἀγάπῃ· ἐρριζωμένοι καὶ τεθεμελιωμένοι,

엡 3:17 믿음으로 말미암아 그리스도께서 여러분의 마음에 거하시게 하옵고 사랑으로 뿌리가 박히고 터가 굳어져서

1. 속사람이 굳건하게 되는 길은 그리스도께서 심장에 사셔야 한다. 그리스도는 믿음으로만 사람에게 거주하신다. 그러므로 믿음으로 그리스도께서 이방인들의 심장에 거주하시게 되기를 구하고 있다.

그리스도께서 사람의 심장에 사시는 것은 오직 믿음고백으로만 된다. 믿음고백으로 그리스도를 영접하고 믿기 때문이다. 믿음고백

으로 죄인들이 그리스도와 처음으로 관계를 설정하였다. 그러나 그리스도를 믿은 후에도 그리스도를 계속해서 모시는 길은 믿음고백으로 된다. 믿음고백은 "주 예수님, 내가 주를 믿습니다"라고 고백하는 것을 말한다.

믿음고백을 반복해야 하는 이유는, 그리스도께서 내 안에 사심이 인격적 교제의 방식으로 이루어지기 때문이다. 그리스도를 믿음은 물을 담아놓는 방식이 아니다. 그러므로 "주 예수님, 내가 주를 믿습니다"라는 믿음고백을 늘 해야 한다.

2. 믿음고백을 늘 해야 그리스도께서 우리 안에 사시게 된다.

처음 믿음고백 후부터 계속해서 믿음고백을 해야 그리스도께서 우리 안에 확실히 거주하신다. 그러므로 매일 시간이 날 때마다 "주 예수님, 내가 주를 믿습니다"라고 고백해야 한다. 이 믿음고백으로 그리스도께서 우리 안에 사시게 된다. 또 믿음이 굳게 되는 것도 "주 예수님, 내가 주를 믿습니다"라고 믿음고백을 함으로 된다.

그리스도인들은 매일 쉼 없이 "주 예수님, 내가 주를 믿습니다"라고 믿음고백을 반복해야 한다.

3. 믿음이 완전히 정착하는 것은 사랑의 수고를 통해서이다.

사랑은 믿음의 결과이다. 믿음이 일함으로 사랑이 일어난다. 사랑으로 믿음을 나타내면, 믿음이 더욱 굳어져서 뿌리가 확실하게 박히게 된다. 믿음을 활용하는 것이 사랑의 수고를 하는 것이다. 그러므로 믿는 자들은 사랑의 수고와 역사를 해야 한다. 사랑의 수고를 하면 믿음이 역사함으로 뿌리가 확실하게 박힌다.

4. 터가 굳게 세워지는 것은 더 이상 믿음이 요동하지 않게 되는 것을 말한다.

믿음의 터가 굳게 세워지는 것은 더 이상 믿음이 요동하지 않고, 의심하지 않으며, 변함없는 확신의 상태가 되는 것이다. 믿음의 집이 굳건한 터전 위에 세워졌기 때문이다. 믿음이 굳은 터가 되었다. 그러므로 세상 풍조나 핍박이나 환난에서 요동하고 의심하게 되는 일이 없어지는 것을 말한다.

믿음의 터가 굳게 세워진 것은, 믿음으로 사는 것을 말한다. 믿음이 삶의 방식이 되면 믿음을 부정하는 모든 상황에서도 믿음이 흔들리지 않게 된다. 이제 믿음의 삶이 확실하게 이루어진 것이다.

믿음의 터가 확실하게 세워진 것은, 바로 사랑으로 역사하는 삶을 말한다. 믿음이 자라났고 뿌리가 박혔으므로 당연히 그 뿌리가 역사하여 열매들을 맺게 한다. 사랑의 수고를 하면 믿음이 확실하게 설정되고 자란 것이므로 터전이 굳게 세워진 것을 말한다.

엡 3:18 능히 모든 성도와 함께 지식에 넘치는 그리스도의 사랑을 알아

3:18 ἵνα ἐξισχύσητε καταλαβέσθαι σὺν πᾶσιν τοῖς ἁγίοις τί τὸ πλάτος καὶ μῆκος καὶ ὕψος καὶ βάθος,

엡 3:18 능히 모든 성도들과 함께 그리스도의 사랑의 넓이와 길이와 높이와 깊음을 깨달아 알게 되고

1. 믿음이 뿌리가 박히고 터가 확실해지면 그리스도의 사랑의 큼이 어떠한지를 알게 된다.

처음 믿을 때는 단지 죄 용서를 받아 구원되었다는 것을 아는 수준이다. 그러다가 믿음이 자라 확실한 자리를 잡으면, 곧 믿음의 역사를 하게 되면, 그리스도의 구원역사가 얼마나 크고 놀라운지를 깨닫게 된다. 그리스도께서 죽어 피 흘리심으로 우리를 구원하실 뿐 아니라 우리의 모든 것도 책임지고 계심도 알게 된다. 우리의 삶도 책임지시는 주님이 되실 뿐 아니라, 믿음이 자라 큰 사랑의 역사를 하게 하는 것도 알게 된다.

그리스도의 사랑이 얼마나 큰지를 알면 우리가 알게 되는 것은, 우리는 아버지의 영광으로 살도록 작정된 자들이라는 것이다. 또 세상의 모든 것을 다 상속할 상속자들로 세워진 것도 알게 된다. 구원 얻으면 우리는 하나님 아버지의 상속자들이 되었음을 알게 된다.

엡 3:19 그 넓이와 길이와 높이와 깊이가 어떠함을 깨달아 하나님의 모든 충만하신 것으로 너희에게 충만하게 하시기를 구하노라

3:19 τε γνῶναί τὴν ὑπερβάλλουσαν τῆς γνώσεως ἀγάπην τοῦ Χριστοῦ, ἵνα πληρωθῆτε εἰς πᾶν τὸ πλήρωμα τοῦ θεοῦ.

엡 3:19 지식을 뛰어넘는 그리스도의 사랑을 알아 여러분이 하나님의 충만으로 충만하게 되기를 원합니다.

1. 그리스도의 사랑은 지식으로 깨달을 수 없는 높이와 깊이와 넓이와 길이를 가짐을 말한다.

그리스도의 사랑은 지식으로 곧 지성으로는 헤아릴 수 없는 탁월한 경지를 갖는다. 아무리 헤아려도 다 헤아릴 수 없는 경지가 바로 그리스도의 사랑이다. 사람 머리로는 도저히 헤아리고 측정할 수 없는 방식으로 구원사역을 하여 우리를 구원하셨다. 그러므로 그리스도의 사랑은 지식의 범위를 넘어가고, 지성의 계산능력을 뛰어넘는다.

2. 그리스도의 사랑을 앎으로 하나님의 충만에 이른다고 한 것은 그리스도의 사랑을 통하여 하나님의 완전함 곧 거룩에 충만히 이르게 됨을 말한다.

본래 하나님의 충만은 하나님의 신성을 말한다. 그러나 하나님의 신성으로 충만해짐을 말할 때 사람이 하나님이 되는 것으로 이해하면 안 된다. 성경과 개혁신학에 의하면, 그리스도의 구원으로 피조물이 하나님과 같이 되는 일은 발생하지 않는다. 그런 것은 하나님의 구원세계에 불가하다.

하나님의 성품의 기본은 하나님의 거룩이다. 하나님의 거룩은 하나님의 모든 신성의 완전표현이다. 신성의 완전표현의 결정체가 바로 거룩이다. 그러므로 여기 하나님의 충만은 하나님의 거룩이라고 표시해야 한다.

그러나 그리스도의 사랑을 알면 거룩에 이르게 된다. 그리스도께서 우리를 구원하심은 우리로 거룩하게 되도록 하신 것이다. 우리가 거룩해지는 것이 그리스도의 구원사역의 목표이다. 우리를 거룩하게 하기 위해서 그리스도께서 피 흘려 죽으셨다. 이 사랑을 알면 하나님의 거룩에 이르도록 수고하지 않을 수 없다. 사람의 거룩은 죄의 욕망을 버리는 것이다.

에베소서에 하나님의 은혜가 강조되어 있다. 구원받은 자들이 이르러 갈 목표점은 거룩이다.

칼빈은 하나님의 충만을 완전성으로 표시하였다. 하나님의 완전성도 합당하지만 거룩이 더 적합하다. 하나님의 신성이 거룩으로 표현되기 때문이다. 따라서 하나님의 충만을 거룩으로 표시해야 정당하다.

우리가 그리스도의 사랑으로 구원받았으니 그다음은 죄를 버리고 하나님의 거룩으로 나아가도록 노력하고 애써야 할 것은 당연하다. 거룩으로 나아감은 죄의 욕망을 흩어버리는 것이다.

에베소서

Προς Εφεσιους

하나님을 찬양함: 3:20-21

1. 큰 능력으로 역사하사 우리가 구하는 것보다 더 주시는 하나님을 찬양한다.

2. 교회와 그리스도 안에서 하나님께 영광을 돌린다.

엡 3:20 우리 가운데서 역사하시는 능력대로 우리의 온갖 구하는 것이나 생각하는 것에 더 넘치도록 능히 하실 이에게

3:20 δὲ Τῷ δυναμένῳ ποιῆσαι ὑπερεκπερισσοῦ ὑπὲρ πάντα ὧν αἰτούμεθα ἢ νοοῦμεν κατὰ τὴν δύναμιν τὴν ἐνεργουμένην ἐν ἡμῖν,

엡 3:20 우리 안에서 역사하시는 능력을 따라 우리가 구하는 것이나 생각하는 모든 것보다 더욱 넘치게 행하실 이에게

1. **하나님은 은혜와 사랑이 넘치시기 때문에 우리가 구하거나 생각할 수 있는 것 이상으로 우리에게 큰 은혜를 베푸신다.**

하나님의 은혜와 사랑이 너무 크므로 우리가 간구하거나 생각했던 것 이상으로 우리에게 은혜를 베푸신다.

하나님은 주 예수 그리스도로 십자가에 죽어 피 흘리게 하심으로 우리를 구원하셨다. 그러므로 주 예수를 믿는 자들에 대한 하나님의 사랑이 넘치게 흘러온다. 따라서 우리가 생각하거나 간구하는 것 이상의 역사를 하신다.

2. 그렇게 우리의 원함 이상으로 하실 이는 바로 하나님 아버지이시다.

하나님이 우리 구원 얻은 자들의 아버지가 되셨으니 아버지의 심장으로 우리들에게 넘치는 사랑과 은혜를 베푸신다. 반역하여 하나님과 원수 되었던 자들에게 아버지 되시기를 기뻐하셨다. 그러므로 아버지로서 넘치는 사랑을 베푸시기 때문에 우리의 원함과 생각을 넘어가는 은사들을 주신다.

육신적 아버지도 자기의 자식들에게 그들이 기대한 것 이상으로 주려고 한다. 그러면 하나님은 어떠하시겠는가? 하나님은 그런 것과 비교할 수 없게 자기의 자녀들에게 은혜를 베푸신다.

엡 3:21 교회 안에서와 그리스도 예수 안에서 영광이 대대로 영원 무궁하기를 원하노라 아멘

3:21 αὐτῷ ἡ δόξα ἐν τῇ ἐκκλησίᾳ καὶ ἐν Χριστῷ Ἰησοῦ εἰς πάσας τὰς γενεὰς τοῦ αἰῶνος τῶν αἰώνων· ἀμήν.

엡 3:21 그에게 교회 안에서와 그리스도 예수 안에서 모든 세대까지와 영원에서 영원까지 영광이 있을지어다. 아멘

1. 이렇게 구원하실 뿐 아니라 복을 넘치게 베푸신 아버지 하나님께 영광을 돌려드린다.

바울은 이렇게 큰 사랑으로 구원하시고 넘치는 복을 베푸시는 하나님께 영광이 대대로 영원까지 있기를 기원하였다. 하나님 아버지가 구주이시므로 넘치는 영광과 찬송을 받으셔야 함이 당연하다.

2. '교회 안에서'라고 함으로 교회에서 영광을 돌려드리는 찬송이 만대와 영원에까지 이를 것임을 밝히고 있다.

구주 하나님 찬송은 교회에서 이루어진다. 그러므로 하나님을 찬양하는 영광송이 교회에서 그치면 안 될 것을 말한다. 현세에서 뿐 아니라 영원무궁하도록 하나님 찬송이 구원받은 백성들에게서 계속될 것이다.

3. '그리스도 예수 안에서'라고 한 것은 구원받은 백성들이 그리스도 때문에 하나님 아버지를 찬송하는 것이 중단되지 않을 것임을 밝힌 것이다.

그리스도 자신이 영원히 찬송 받으실 하나님이시다. 그러나 구원 얻은 백성들은 그리스도 때문에 하나님을 영원히 찬송하고 영광을 돌리게 됨을 말한다.

그리스도의 구원사역이 아니면 아무도 구원에 이르지 못한다. 그러므로 그리스도 때문에, 그리스도로 말미암아 그 구원을 계획하시고 이룩하신 하나님 아버지를 찬송해야 한다. 현 역사의 모든 진행 과정에서만이 아니라 영원에서도 하나님을 찬송함이 중단되지 않을 것이다.

에베소서

Προς Εφεσιους

제 4 장

에베소서

Προς Εφεσιους

부르심에 합당하게 살 것을 권함: 4:1–3

1. 부르심에 합당하게 겸손과 온유와 사랑으로 살 것을 권한다.
2. 평안하게 살아 교회의 하나 됨을 잘 지킬 것을 권한다.

엡 4:1 그러므로 주 안에서 갇힌 내가 너희를 권하노니 너희가 부르심을 입은 부름에 합당하게 행하여

4:1 οὖν Παρακαλῶ ὑμᾶς ἐγὼ ὁ δέσμιος ἐν κυρίῳ ἀξίως περιπατῆσαι τῆς κλήσεως ἧς ἐκλήθητε,

엡 4:1 그러므로 주 안에서 갇힌 자인 내가 여러분을 권하노니 여러분이 부름 받은 그 부르심에 합당하게 행하시오.

1. 그리스도인은 하나님의 거룩한 백성으로 부름 받았다. 그러므로 그 부르심에 합당하게 행해야 한다.

그리스도인들은 그냥 교회로 부름 받은 것이 아니라 하나님의 거

룩한 백성이 되도록 부름 받았다. 그러므로 거룩한 부름에 합당하도록 행해야 한다. 그런데 그리스도인으로서 합당하게 살지 않고 옛 사람의 방식으로 살면 부르신 이를 욕되게 한다.

2. 부르심에 합당하게 사는 것은 과거의 죄악된 풍습과 생활습관으로 사는 것이 아니고, 죄악을 떠나 거룩하게 사는 것을 말한다.

우리는 그리스도인이 되어서도 옛날에 살던 생활의 법으로 살기를 좋아하고, 옛 방식으로 사는 것을 당연하게 여길 때가 많다. 그것은 옛사람으로 사는 것이다. 믿지 않는 사람들이 그것을 보고 의아해하고 이해하기 어렵다고 판단한다. 저렇게 살려면 무엇 때문에 예수 믿느냐고 마음으로 욕하고 비난한다.

그리스도인들은 죄악을 떠나 거룩한 생활을 해야 한다. 그것이 부름에 합당하게 행하는 것이다. 과거의 생활방식을 벗어나서 거룩하고 의로우며 선한 생활을 해야 한다.

거룩한 삶을 살기 위해서 과거에 살았던 생활풍습과 생활방식, 또 육의 욕망을 죄악된 것으로 알고 욕망을 억제해야 한다. 육의 욕망을 억제하여 행동으로 나타나지 않게 해야 한다. 육의 욕망을 충족하지 못하였다는 생각에 매여 욕망이 좋다고 그냥 따라가면, 옛사람으로 돌아간 것이어서 부르신 이를 저버리는 행위이다.

엡 4:2 모든 겸손과 온유로 하고 오래 참음으로 사랑 가운데서 서로 용납하고

4:2 μετὰ πάσης ταπεινοφροσύνης καὶ πραΰτητος, μετὰ μακροθυμίας, ἀνεχόμενοι ἀλλήλων ἐν ἀγάπῃ,

엡 4:2 모든 겸손과 부드러움과 참음으로 사랑 안에서 서로 용납하시오.

1. 우리가 그리스도인이 된 후에는 그리스도인들을 대할 때나 불신자들을 대할 때 언제나 겸손으로 대해야 한다.

하나님의 특별한 부르심으로 부름 받아 그리스도인이 되었다고 자기를 과대평가하기 쉽다. 그리하여 다른 그리스도인들이나 불신자들에 대해 조금은 거만해 보이게 행동하기 쉽다. 그러나 그리스도인들은 부름 받을 수 없는 자들이 하나님의 거룩한 부르심을 받은 것을 기억하면 겸손하게 된다.

종교인들에게 제일 용납하기 어려운 것은 바로 거만하고, 교만하게 행동하는 것이다. 그리스도인들은 언제나 공손하게 행해야 한다.

또 같은 그리스도인들에 대해서도 자기의 특별한 체험이나 은사로 인해 자기를 과대평가하여 오만하고 거만하게 행동하기 쉽다. 그러나 그리스도인들은 언제나 겸손으로 행동해야 한다. 태도도 그러하고, 행동거지도 겸손해야 한다. 아우구스티누스가 그렇게 강조했듯이 그리스도인의 덕은 바로 겸손이다.

2. 거만하고 오만하게 행동하면 거부감과 혐오감을 일으켜서 멀리하게 된다.

그리스도인들이 오만하고 거만하게 행동하면, 사람들이 혐오감을 느껴 멀리하고 가까이하려고 하지 않는다. 거만하게 행동하는 것은 자기가 잘났다는 것을 나타내는 것이다. 그것은 곧 다른 사람들의 인격을 무시하는 태도이다. 그러므로 사람들이 자기의 인격의 손상을 인해서 그런 사람들을 피하고 멀리하게 된다.

3. 그리스도인이 사람을 대할 때 나타내야 할 덕목은 부드러움이다.

거칠게 행동함은 교양인과 문화인의 방식이 아니다. 하물며 그리스도인들은 언제나 사람을 대할 때에 부드러움으로 대해야 한다.

부드러움으로 행동하는 것은 예절 바름을 포함한다. 무례하게 행하지 않고 예절 바르게 행동하는 것이 그리스도인에게 합당하다.

4. 예절 바르게 행동하는 것은 바로 상대방의 인격을 존중하는 자세를 표하는 것이다.

예절을 갖추어서 다른 사람들을 대하는 것은 그의 인격을 존중한다는 것을 표현하는 것이다. 그의 인격을 존중하고 그에 합당한 대접을 하는 것을 말한다.

5. 참는다는 것은 다른 사람의 부족과 결점을 용납해 주는 것을 말한다.

사람은 누구나 다 결점과 부족함이 있다. 그런 것을 참아내는 것이 용납하는 것이다. 결점과 부족함에도 불구하고 그를 용납하여 함께 그리스도인으로서 삶을 영위하는 것을 말한다. 우리는 다른 사람의 결점과 부족이 나와 다르기 때문에 용납할 수 없다고 생각하는 경우가 많다. 그러나 내 결점과 부족도 다른 사람 눈에는 감당하기 어려운 것일 수도 있다. 그러므로 우리는 다른 형제들의 결점과 모자란 것을 서로 용납하고 참아야 한다.

6. 참음은 그런 결점과 부족을 빨리 고치지 않는다고 화를 내고 관계를 단절하지 않는 것이다. 오히려 계속 같이 생활하는 여유를 말한다.

사람의 부족과 결점은 쉽게 고쳐지지 않는다. 사람은 자기의 성품들은 모두 좋다고 판단하는 편견이 있기 때문에, 자기의 결점도 나쁘지 않다고 생각한다. 그리하여 고치는 것이 쉽지 않다.

그래도 그리스도인이기 때문에 서로 참고 함께 살아야 한다. 평화를 가지며 불평과 불만을 나타내기보다 서로 조화하며 사는 지혜를 가져야 한다.

교회생활에 있어서 진리의 문제가 아니면 사소한 잘못들은 참아내는 지혜가 필요하다.

7. 사랑으로 행하면 다른 사람의 결점을 참아낼 수 있다.

나도 부족하고 결점이 많았다. 그런데도 그리스도의 구속으로 구원에 이르렀다. 그러면 다른 사람의 결점과 부족도 그리스도의 사랑의 심장으로 용납하고 참아낼 수 있다.

엡 4:3 평안의 매는 줄로 성령의 하나 되게 하신 것을 힘써 지키라

4:3 σπουδάζοντες τηρεῖν τὴν ἑνότητα τοῦ πνεύματος ἐν τῷ συνδέσμῳ τῆς εἰρήνης·

엡 4:3 평화의 사슬로 성령의 하나 되게 하는 것을 지키도록 힘쓰시오.

1. 교회는 동호인회가 아니다. 모든 사람들, 인종과 종족과 지방과 국가와 성별에 상관없이 모든 사람들로 구성되어 있다. 성령께서 이런 사람들을 하나로 묶어 한 교회가 되게 하신다.

성령이 모든 종류의 사람들을 묶어 그리스도에게 연합하게 하여 한 교회가 되게 하신다. 성령이 여러 계층의 사람들을 그리스도에게 결합하셨다. 그리하여 그리스도의 한 교회로 통일하셨다.

신약시대 바울이 세운 교회들에는 모든 종족들이 모여들었다. 유대인들만이 아니라 이방인들이 종족별로 많았다. 그러므로 문화와 언어와 풍습과 법의식이 전부 달랐다. 이런 자들을 성령이 그리스도에게 연합하게 하여 한 교회로 만드셨다.

이런 종족들의 구성 때문에 초대교회는 참으로 복잡한 교회였다. 이렇게 여러 종족들로 그리스도의 교회가 이루어졌으니 평화가

쉽지 않았음을 알 수 있다.

2. 이렇게 이루어진 통일을 종족과 민족들의 차이에도 불구하고 서로를 용납하여 잘 지키는 것이 그리스도인의 책임이다.

우리가 모여들어서 한 교회를 이룬 것이 아니라, 성령이 우리를 그리스도에게 연합시켜 한 교회가 되게 하셨다. 그러나 구성원들이 각각 출신배경이 다르기 때문에 서로 참기 어려운 일이 많다. 같은 민족이어도 개인들이 서로 차이를 많이 드러내는데 하물며 종족들이 다르면 얼마나 문제가 많겠는가?

그런데도 한 교회이므로 싸우지 않고 잘 조화하며 사는 것은 그리스도인의 책임이다. 많은 종족들이 모였어도 평화의 끈으로 혹은 사슬로 굳게 결합하여 서로 나누면 안 된다.

우리나라에서는 한 동네에서도 조금의 차이와 의견 충돌로 교회가 나뉘어 나란히 또 하나의 교회를 세우는 경우도 많았다. 그러나 신약의 초대교회에서는 문제들이 있었어도 교회가 분열했다는 기록은 신약성경에 없다.

신학적으로 혹은 신앙고백적으로 크게 차이를 내지 않는다면, 서로 평화를 지키며 나누지 않고 잘살아야 한다. 조그마한 차이로 교회가 분열하여 서로 싸우고 나뉘어 다른 교회를 세우면 전도의 문이 막힌다.

또 그것은 그리스도를 믿는 믿음과 그에 대한 충성으로 유지되는 것이 아니다. 서로에 대한 이해가 부족하고 그에 대해서 반성하는 것이 없어서 생긴 일이다.

교회는 하나이다: 4:4–6

1. 성령도 하나이고 부르심도 하나이므로 교회도 하나이다.

2. 주도 하나이고 믿음도 하나이고 세례도 하나이므로 교회도 하나이다.

3. 하나님이 하나이시고 만유 안에 계신다.

엡 4:4 몸이 하나이요 성령이 하나이니 이와 같이 너희가 부르심의 한 소망 안에서 부르심을 입었느니라

4:4 ἓν σῶμα καὶ ἓν πνεῦμα, καθὼς καὶ ἐκλήθητε ἐν μιᾷ ἐλπίδι τῆς κλήσεως ὑμῶν·

엡 4:4 한 몸이 있고 한 성령이 있는 것은 여러분이 부르심의 한 소망으로 부름 받은 것과 같습니다.

1. 바울은 교회가 한 교회로 남아야 할 이유들을 열거한다.

여러 종류의 사람들이 모여도 한 교회로 남아야 할 이유들을 바울이 열거한다. 그것은 한 교회, 한 성령, 한 주님, 한 소망, 한 믿음, 한 세례, 한 하나님이 계시기 때문이다.

2. 한 교회로 남고 나뉘면 안 되는 첫 번째 이유가 바로 한 교회만 있고 한 성령만 계시기 때문이다.

여러 종족들에게서 나온 사람들로 교회가 이루어졌어도 한 교회이다. 한 교회는 분리와 분열은 불가하다. 각각 출신배경이 달라도 한 교회인 것은 그들이 다 성령의 연결을 통하여 그리스도에게 연합하여 한 몸을 이루었기 때문이다. 즉 동일한 믿음으로 한 몸이 되었기 때문이다.

여기서 한 몸이라고 하는 것은 교회가 사람들만의 모임이 아니고 그리스도와 연합하여 한 몸처럼 결합되었음을 말한다. 한 몸은 하나로 결합되었으니 나뉘면 몸이 되지 못한다. 마찬가지로 교회가 한 교회여서 한 몸이 되었으므로 교회를 나누면 한 교회가 되지 못한다. 따라서 한 교회로 있기 때문에 평화를 이루어야 한다. 평화 대신 분란과 분쟁이 나면 교회가 나뉘어 하나의 교회 됨을 잃게 된다.

교회는 많은 지방에 퍼져 있고, 많은 민족들 가운데 나뉘어 있어도 그리스도 곧 한 머리에 연합되었으니 한 몸이고, 한 교회이므로 나뉠 수 없다.

3. 성령은 여러 역사와 은사를 베푸셔도 한 성령이시다.

그리스도인들은 성령의 역사로 출생하였다. 사람들은 그리스도인들이 된 후에 여러 가지 성령의 역사와 은사를 경험한다. 그러나 한 성령의 사역이다. 그러므로 그리스도인으로 출생하게 하신 성령이 한 근원이므로, 다양한 은사와 체험을 하여도 다 한 성령에서 나온 것이다. 그리스도의 교회는 사람들의 차이에도 불구하고 나뉠 수 없다. 따라서 사람들이 서로 다른 경험을 갖고 각각 개인과 성별과 종족들의 차이에도 불구하고 서로 나뉠 수 없다.

4. 중대한 신학적인 문제 곧 교리적인 문제가 걸렸을 때에는 교회분열이 불가피할 수 있다.

그리스도교의 근본문제가 걸려 신앙이 완전히 바뀔 때는 같이 교회생활을 할 수 없으므로 교회가 분리되는 것이 어쩔 수 없다.

엡 4:5 주도 하나이요 믿음도 하나이요 세례도 하나이요

4:5 εἷς κύριος, μία πίστις, ἓν βάπτισμα·

엡 4:5 한 주가 계시고 한 믿음과 하나의 세례가 있고

1. 한 주를 믿는 한 믿음이 있다.

주 예수를 믿는 것이 그리스도교 믿음이다. 그러므로 믿을 대상

은 한 주 예수 그리스도뿐이시다. 한 교회가 되는 것은 한 주를 믿기 때문이다. 모든 사람들이 주 예수를 믿어 구원에 이르고, 구원을 얻은 사람들이 한 교회를 이룬다.

2. 주 예수를 구주로 믿고 구원에 이르므로 한 믿음뿐이다. 그리스도교에는 주 예수를 믿는 믿음만 있으므로 한 믿음만 있다.

3. 주 예수 그리스도를 믿는다고 신앙고백하고 세례를 받으니 교회에 가입하는 예식인 세례는 하나뿐이다.

교회에 가입하는 길은 언제나 세례를 통해서이다. 그 세례는 주 예수의 이름으로 이루어지고, 그 이름을 믿는다는 한 가지 고백만이 있다. 세례를 받지 않고 교회에 가입하는 길은 없다. 그리고 그 세례는 주 예수를 믿는 한 신앙고백으로 이루어진다. 그러므로 세례는 모든 신앙고백자들에게 동일하고, 한 신앙고백밖에 없다. 따라서 세례는 하나일 뿐이다.

4. 세례는 예수 믿을 때 받는 물세례 하나만 있고, 여러 세례가 있는 것이 아니다.

물세례, 불세례, 성령세례 등등이 있는 것이 아니다. 성령세례는 예수 믿을 때 받는 성령이고, 별도의 성령세례가 있는 것이 아니다. 여러 세례가 있는 것으로 생각하게 된 것은 예수 믿을 때 바로 세례를 받지 못하고 6개월의 학습 기간과 또 그 후 6개월의 세례 준비기간 때문에 예수 믿음과 세례 받음이 일치하지 않아서 생긴 오해일 뿐이다. 세례는 예수 믿을 때 받는 물세례 하나뿐이다.

엡 4:6 하나님도 하나이시니 곧 만유의 아버지시라 만유 위에 계시고 만유를 통일하시고 만유 가운데 계시도다

4:6 εἷς θεὸς καὶ πατὴρ πάντων, ὁ ἐπὶ πάντων καὶ διὰ πάντων καὶ ἐν πᾶσιν.

엡 4:6 한 하나님 만유의 아버지가 계시는데 그는 만유 위에 계시고 만유로 말미암고 만유 안에 계십니다.

1. 그리스도교 신앙에는 한 하나님 창조주가 있다.

그리스도교는 한 하나님 아버지를 믿는다. 그가 만유의 아버지이시다. 그에게서 만유가 유래하였으므로 그를 창조주로 고백한다.

2. 한 하나님, 만유의 아버지라고 하고서 '만유 위에, 만유로 말미암아, 만유 안에 계신다'고 고백하는 것은 그 한 하나님이 창조주이심을 고백하는 창조주 공식이다.

한 하나님, 만유의 아버지라고 함으로 그가 만물의 창조주이심을 밝힌다. '만유 위에 계시고, 만유로 말미암아 계시고, 만유 안에 계

신다'고 하는 것은 바울이 로마서와 고린도서에서 말한 '으로부터, 말미암아, 에게로'의 창조주 공식을 약간 변형하여 적용하고 있다.

'만유 위에 계시고'는 창조주의 탁월성과 통치를 표시한다. '만유로 말미암아 계시고'는 그의 창조사역으로 만유가 생겨났음을 지시한다. '안에 계시고'는 창조주 하나님의 편재를 말한다.

에베소서

Προς Εφεσιους

한 주 그리스도는 여러 은사들을 주신다: 4:7–11

1. 각 사람에게 분량대로 은사를 주신다.

2. 선물을 주시는 이가 내려오사 구원을 이루셨다.

3. 하늘 위에 오르사 만물을 통치하신다.

4. 사도, 선지사, 복음진피지, 목사와 교사를 교회를 위하여 세우셨다.

엡 4:7 우리 각 사람에게 그리스도의 선물의 분량대로 은혜를 주셨나니

4:7 δὲ Ἑνὶ ἑκάστῳ ἡμῶν ἐδόθη ἡ χάρις κατὰ τὸ μέτρον τῆς δωρεᾶς τοῦ Χριστοῦ.

엡 4:7 우리 각 사람에게 그리스도의 선물의 분량을 따라 은혜를 주셨습니다.

1. 하나님은 우리에게 은혜를 베푸실 때 그리스도께서 정하신 대로 주신다는 진리를 밝히고 있다.

우리는 구원은혜를 동등하고, 동일하게 받았다. 그러나 우리에게 주시는 다른 은혜와 은사는 그리스도께서 정하신 대로 주신다. 이것이 바로 그리스도의 선물의 분량이라고 말한 이유이다.

2. 모든 그리스도인은 믿을 때 서로 나눌 은사를 다 받아 가지고 있다.

그리스도인들은 믿을 때 예외 없이 은사와 은혜를 받아 가지고 있다. 그리하여 다른 그리스도인과 은혜를 나눠 가짐으로 성도들을 풍성하게 하고, 더욱 강하게 자라게 할 수 있다.

그러므로 다른 사람이 가진 은사를 나는 가지지 못하였다고 낙심하거나 부러워할 필요가 전혀 없다. 두드러지고 현란한 은사들, 즉 방언, 예언, 신유 등만이 귀한 은사가 아니다. 우리 그리스도인들은 다 그리스도의 선물을 그가 정한 대로 받아 가지고 있다. 구원은혜에 덧붙여서 그리스도인들은 그리스도의 선물을 그의 정하신 대로 다 가지고 있고, 누리고 있다.

그러므로 모든 그리스도인들은 자기가 받은 은사에 만족하고 살아야 한다.

엡 4:8 그러므로 이르기를 그가 위로 올라가실 때에 사로잡힌 자를 사로잡고 사람들에게 선물을 주셨다 하였도다

4:8 διὸ λέγει, Ἀναβὰς εἰς ὕψος ᾐχμαλώτευσεν αἰχμαλωσίαν, ἔδωκεν δόματα τοῖς ἀνθρώποις.

엡 4:8 그러므로 이르기를, 그가 위로 오르실 때에 사로잡힌 자들을 사로잡고 사람들에게 선물들을 주셨다 하였습니다.

1. 여기 διὸ λέγει (디오 레게)는 '성경이 말하기를'로 읽고 이해해야 한다. 왜냐하면 이 인용 내용이 시 68:18의 인용이기 때문이다. 그러나 그가 사람들에게서 선물들을 받았다는 진술 대신 '사람들에게 선물들을 주셨다'고 하여 그리스도의 승천 시 성령을 주신 것을 지시하고 있다.

그리스도께서 승천하신 것은 그의 승리이므로 피정복자들에게서 선물을 받아야 합당하다. 그러나 그리스도는 승리자로서 오히려 사람들에게 선물을 주셨다.

2. 주 예수께서 하늘로 오르실 때에 사로잡힌 자들을 사로잡았다는 것은 사탄과 악령들을 무장 해제하신 것을 말한다.

주 예수는 십자가에서 피 흘리심으로 사람들을 사탄의 권세에서 해방하셨다. 부활하사 승천하실 때는 성령을 보내시어 사람들을 자기의 백성 삼으셨으니 그가 사탄과 악령들을 무장 해제하심을 말한다. 승천하실 때 그의 십자가의 권세로 사탄과 악령들을 무장 해제하여 사람들로 그의 복음에 순종하게 하셨다.

사탄과 악령들이 그리스도의 피로 무장 해제되었기 때문에 사람들이 예수 믿어 하나님의 백성이 될 수 있게 되었다.

3. 사람들에게 선물들을 주셨다는 것은 그가 승천하심으로 성령을 보내시어 사람들을 구원하실 뿐 아니라 많은 은사들을 주신 것을 말한다.

성령 파송은 그리스도의 승천으로만 가능하게 되었다. 히 9:24이 가르친 것처럼 승천으로 아버지 앞에서 속죄제사를 완료하셨기 때문이다. 속죄제사가 완료되었으므로 주 예수는 아버지께 성령을 청구하여 사람들에게 보내실 수 있었다. 성령으로 사람들을 변화시켜 새사람들이 되게 하심과 동시에 그들에게 많은 은사들을 주셨다.

엡 4:9 올라가셨다 하였은즉 땅 아래 곳으로 내리셨던 것이 아니면 무엇이냐

4:9 δὲ τὸ Ἀνέβη τί ἐστιν εἰ μὴ ὅτι καὶ κατέβη εἰς τὰ κατώτερα μέρη τῆς γῆς;

엡 4:9 올라가셨다 한 것은 그가 땅 아래 곳으로 내리셨다는 것 아니면 무엇입니까?

1. 그리스도께서 하늘로 승천하셨다는 것은 바로 그가 땅으로 하강하셨다는 것을 전제한다.

그리스도께서 부활하사 승천하여 위로 올라가셨다. 올라가심은 그가 하늘에서 땅으로 내리셨음을 전제한다고 바울이 제시한다. 여기서 바울이 강조하는 것은 그리스도께서 승천하신 것은 사람으로서 승귀되었다는 것이 아니라, 본래 그가 하나님으로서 하늘에서 땅으로 내려오셨기 때문에 하늘로 올라가셨다는 것을 강조한다.

그냥 하늘로 올라가신 것으로 말하면, 그가 사람으로서 하늘에 오르신 것으로 오해할 것이다. 그런 오해를 불식시키기 위해서 높이 하늘로 오르사 보좌에 앉으신 이는 본래 하늘에서 땅으로 내려오신 분임을 강조한다.

2. 아래로 땅의 부분으로 내리셨다는 것은 성육신으로 사람이 되어 땅에 오심과 함께 죽어 땅에 묻힘을 지시한다.

그리스도께서 하나님으로서 하늘 보좌에 계셨는데 땅으로 내리신 것은, 바로 그가 성육신하여 사람들 가운데 오신 것을 말한다. 이에서 더 나아가 그는 죽어 장사지냄으로 땅에 묻히기까지 하였음을 말한다. 성육신하였을 뿐 아니라 땅에 묻히기까지 하였음을 강조한다.

엡 4:10 내리셨던 그가 곧 모든 하늘 위에 오르신 자니 이는 만물을 충만케 하려 하심이니라

4:10 ὁ καταβὰς αὐτός ἐστιν καὶ ὁ ἀναβὰς ὑπεράνω πάντων τῶν οὐρανῶν, ἵνα πληρώσῃ τὰ πάντα.

엡 4:10 내려오신 그가 바로 모든 하늘보다 높이 오르신 자이시니 만물을 충만케 하려고 하심이었습니다.

1. 여기서 바울이 다시 강조하고 있는 것은, 그리스도 예수께서 성육신하여 땅으로 오셨다가 부활하여 승천하셨다는 것이다. 이것은 모든 하늘들보다 높이 오르시어 하늘 보좌로 가심을 말한다.

주 예수는 땅에서 나서 하늘로 오르신 이가 아니다. 그는 땅으로 오셨다가 다시 그의 보좌로 가신 이라고 말하고 있다. 주 그리스도께서 땅으로 오신 것은 죽게 된 모든 자들을 구원하려고 하심이었다. 그 구원사역을 이루신 후 본래 자기의 하늘 보좌로 가셨다. 하나님의 보좌로 가셨으니 모든 하늘들보다 높이 오르신 것을 말한다. 3층천보다 더 높이 가신 것이다. 7층천보다 더 높이 가셨다. 왜냐하면 본래 하나님의 보좌로 가셨기 때문이다.

2. '만물을 충만케 하려고 하심이었다'고 한 것은 승천하심으로 만물을 통치하시게 되었음을 말한다.

그리스도는 구속중보자로서 구원사역을 다 성취하고 하늘로 가셨다. 그것은 바로 성령을 보내어 구원받은 사람들을 다스리시게 되었음을 말한다. 승천하신 그리스도는 구원 얻은 백성들만을 다스리는 것이 아니라, 모든 인류를 다스리고 역사를 주재하신다.

그러므로 여기 '만물을 충만케 하려고 하심'이라고 한 것은 바로 그리스도께서 중보자의 위격에서 만물을 다스리시게 되었음을 말한다. 본래 하나님으로서 만물을 다스리심을 말하는 것이 아니라, 구원중보자로서 만물을 다스리시게 되었음을 말한다.

엡 4:11 그가 혹은 사도로, 혹은 선지자로, 혹은 복음 전하는 자로, 혹은 목사와 교사로 주셨으니

4:11 καὶ αὐτὸς ἔδωκεν μὲν τοὺς ἀποστόλους, δὲ τοὺς προφήτας, δὲ τοὺς εὐαγγελιστάς, δὲ τοὺς ποιμένας καὶ διδασκάλους,

엡 4:11 그가 한편으로는 사도들을 혹은 선지자들을, 다른 편으로는 복음전파자들을 혹은 목사들과 교사들을 주신 것은

1. 그리스도의 다스림이 충만하게 구현되는 곳이 교회이다. 이 교회를 바로 세워야 그의 통치가 완전해진다. 따라서 이 목적을 위해 교회에 사도들을 주셨다.

사도들은 교회 설립사이고, 복음전파자이다. 사도들이 복음을 전파하여 그리스도의 교회를 세웠다. 그들이 교회를 세움으로 그리스도 예수의 통치가 비로소 구현되었다. 주 예수를 믿는 자들이 교회를 이룸으로 그리스도의 법을 따라서 사는 삶이 이루어졌다. 이로써 그리스도의 통치가 지상에 설립되었다. 이 일을 위해 그리스도께

서 사도들을 세우고 보내셨다.

2. 선지자는 하나님의 계시와 구원사건의 해석을 맡은 자들이다.

신약에서 사도들은 두 가지 일, 곧 계시를 받는 것과 그 해석을 하였다. 그러나 그들과 동시에 또 그 후에 말씀의 바른 해석을 위해서 선지자들을 세우셨다. 계시와 구원사역을 바로 해석할 자들을 세우셨다. 바른 해석이 믿음에 얼마나 중요한지 말로 다 표현할 수 없다.

3. 전도자들은 복음전파의 일을 맡은 자들이다. 이들은 사도들의 사역을 돕는 자들로 복음전파를 맡은 자들이다.

복음전파자들은 주의 재림 때까지 계속해서 세워질 것이다. 아무리 배도가 심해도 주의 재림 때까지 복음전파는 중단되지 않는다. 그러므로 주 예수의 복음을 전하고 증거하는 전도자들은 항속적으로 일어날 것이다. 성령이 계속하여 이 전도자들을 세우실 것이다.

4. 교회가 세워지면 말씀으로 가르치고 권면하고 돌보는 목사가 필수적이다.

여기 본문에는 목사를 목자란 단어로 썼다. 목자는 바로 목사이다. 양을 치는 목자가 할 일을 목사가 교회에서 하기 때문이다. 목사의 직임은 예수 그리스도의 인격과 구원사역을 전하고 증거하고 가르치는 것이다. 교회는 말씀으로, 곧 예수 그리스도의 복음으로 세워졌다. 따라서 교회 출생의 근거가 바로 이 복음이다. 교회는 자기 출생의 근본으로 산다. 그러므로 목사가 있어서 늘 복음을 선포하고 가르치고 권면해야 교회가 유지된다.

5. 교사들은 진리를 가르치는 것을 전적으로 힘쓰는 사람들이다. 지금은 신학교에서 가르치는 직무를 하는 자들을 말한다.

이 교사들은 복음의 내용을 가르쳐 믿음을 굳게 하는 일을 하는 자들이다. 이들이 복음의 내용을 어떻게 가르치느냐에 따라 교회가 서고 넘어지는 것이 결정된다.

에베소서

Προς Εφεσιους

성도들을 온전하게 하기 위해 직분자들을 세우셨다: 4:12–16

1. 성도를 온전하게 하여 그리스도의 몸을 세우시기 위함이다.
2. 하나님의 아들을 믿는 것과 아는 것을 바르게 하여 그리스도의 분량에까지 자라도록 하기 위함이다.
3. 세상 가르침 곧 철학과 다른 세속 사상에 흔들리지 않게 하기 위함이다.
4. 사랑 안에서 행하여 머리이신 그리스도에게까지 자라야 한다.
5. 몸이 바르게 자라는 것은 머리에 의해서이다.

엡 4:12 이는 성도를 온전케 하며 봉사의 일을 하게 하며 그리스도의 몸을 세우려 하심이라

4:12 πρὸς τὸν καταρτισμὸν τῶν ἁγίων εἰς ἔργον διακονίας, εἰς οἰκοδομὴν τοῦ σώματος τοῦ Χριστοῦ,

엡 4:12 섬김의 일을 하도록 하고 그리스도의 몸을 세울 수 있도록 성도들을 훈련시키기 위함입니다.

1. 교회에 사도와 목사 등의 일꾼들을 세우신 것은 모든 성도들로 섬기는 일을 하여 교회를 바로 세우기 위해서이다.

교회는 섬김으로만 자라고 온전해진다. 목사가 말씀으로 섬김이 가장 큰 섬김이지만, 모든 성도들이 서로 섬기는 일을 해야 한다. 그래야 교회가 온전해지고 바로 자란다.

이렇게 교회가 바로 자라도록 하기 위해서 사도들, 선지자들, 복음전파자, 목사들과 교사들을 주셨다.

2. 모든 직분자들의 직임은 온 교회가 서로 섬기는 일을 하도록 훈련시키고 준비시키는 일이다.

교회의 모든 직분자들의 책무는 온 교회로 서로를 섬기도록 하기 위해 모든 성도들을 동원하고 격려해야 한다. 그리하여 한 사람도 받은 은사를 그냥 묵혀두는 일이 없도록 서로 도와야 한다.

3. 성도들이 서로 섬기는 일은 각 사람이 받은 은사로 한다.

성령은 모든 성도들에게 은사들을 주셨다. 그 은사는 그리스도의 몸을 세우기 위해서 주어졌다. 그러므로 주신 은사를 활용하지 않으면 책임을 게을리하는 것이다. 그뿐만 아니라 은사를 묻어두는 것이어서 은사를 주신 이에게 불명예를 주는 것이다. 그러므로 목사는 교회에서 서로 섬기는 일에 빠지는 사람이 없도록 해야 한다. 받은 은사를 그냥 묻어두는 일이 없도록 훈련해야 한다. 주신 은사들을 사용하지 않으면 소실된다.

엡 4:13 우리가 다 하나님의 아들을 믿는 것과 아는 일에 하나가 되어 온전한 사람을 이루어 그리스도의 장성한 분량이 충만한 데까지 이르리니

4:13 μέχρι καταντήσωμεν οἱ πάντες εἰς τὴν ἑνότητα τῆς πίστεως καὶ τῆς ἐπιγνώσεως τοῦ υἱοῦ τοῦ θεοῦ, εἰς ἄνδρα τέλειον, εἰς μέτρον ἡλικίας τοῦ πληρώματος τοῦ Χριστοῦ,

엡 4:13 우리 모두가 믿음과 하나님의 아들을 아는 일에 하나가 되고, 온전한 사람을 이루어, 그리스도의 충만한 분량에 이르기 위함입니다.

1. 우리가 서로 섬기고 또 교회를 세우는 일은 우리가 온전한 그리스도인이 될 때까지 계속될 것이다.

그리스도인들은 거룩으로 나아가는 일에 있어서 진보를 크게 해야 한다. 그리스도의 충만한 분량에 이를 때까지 거룩으로의 진보를 계속해야 한다. 그러므로 교회가 존재하는 한 모든 성도들이 서로를 섬기고, 교회를 온전히 세워야 한다. 온전한 사람이 되면 섬김이 더 이상 필요가 없게 된다.

2. 주 예수를 믿고 아는 일이 모든 그리스도인들에게 동등하게 될 때 믿음과 지식이 하나가 된다.

주 예수를 믿고 아는 일이 모든 그리스도인에게 같지 않고, 차등이 많다. 주 예수를 하나님의 아들로 믿고 아는 것은 확실한 그리스도인의 증표이다. 그러나 주 예수를 구주라고 믿어도 하나님의 아들로 아는 일에 미치지 못한 경우가 많다. 또 주 예수를 하나님의 아들이라고 믿고 알아도, 그가 하나님의 성육신이라는 지식과 믿음에는 이르지 못한다. 주 예수 그리스도를 하나님의 아들로, 하나님의 성육신으로 아는 것은 성숙한 그리스도인이 되어야 잘 알 수 있다. 그러므로 주 예수를 믿고 아는 일에 하나가 되는 것은 주 예수를 하나님의 아들로, 하나님의 성육신으로 확실히 믿고 아는 것이다.

3. 성숙한 그리스도인은 주 예수를 바로 믿고 알 뿐만 아니라, 모든 시련과 시험을 이겨내고 믿음에 굳게 선 그리스도인이다.

믿음은 자라난다. 주 예수를 하나님의 성육신으로 바로 아는 데까지 이른 것이 성숙한 그리스도인이다. 하나님이 성육신하여 십자가에서 피 흘려 나를 구원하셨다는 것을 확실하게 아는 사람은 모든 시련과 시험에 흔들리지 않고 굳게 선다. 이 사람이 바로 성숙한 신자이다.

특히 자유주의신학은 바른 교훈을 흔드는 바람이라고 할 수 있다. 이 자유주의신학에 접하면 뿌리가 확실하지 못한 사람들은 쉽게 흔들리고 떠밀려서 처음 믿음을 버리게 된다. 곧 자유주의신학에 영향을 받아 정통신학을 버린 자는 믿음의 기초가 없었던 사람이라고 할 수 있다.

4. 그리스도의 충만한 분량은 그리스도의 거룩을 말한다. 그것은 사람이 도달할 수 있는 최고의 경지이다.

그리스도의 충만한 분량은 하나님으로서의 거룩이 아니라 그의 인성의 거룩을 말한다. 그는 사람으로서도 죄와는 완전히 떠나 있었고, 점과 흠도 없었다. 처음부터 그는 완전한 사람이었고, 하나님의 거룩한 자였다. 공생애 동안 그의 거룩으로의 진보는 성경에 보고되지 않았다.

그리스도의 충만한 분량은 시험과 유혹에도 흔들리지 않고 믿음과 신뢰에 굳게 선 것을 말한다. 사람은 유혹과 시험에 많이 흔들리고 넘어진다. 그러나 그런 시험과 유혹에 흔들리지 않으면 그는 온전한 분량에 도달한 신자이다.

엡 4:14 이는 우리가 이제부터 어린아이가 되지 아니하여 사람의 궤술과 간사한 유혹에 빠져 모든 교훈의 풍조에 밀려 요동치 않게 하려 함이라

4:14 ἵνα μηκέτι ὦμεν νήπιοι, κλυδωνιζόμενοι καὶ περιφερόμενοι παντὶ ἀνέμῳ τῆς διδασκαλίας ἐν τῇ κυβείᾳ τῶν ἀνθρώπων ἐν πανουργίᾳ πρὸς τὴν μεθοδείαν τῆς πλάνης,

엡 4:14 우리는 더 이상 어린아이가 되지 아니하여, 사람들의 속임수와 계략적인 속임에 따라, 온갖 가르침의 바람에 흔들리고 떠밀리지 않게 하려 함입니다.

1. 우리가 성숙한 사람이 되어 믿음의 진리에 굳게 서면 더 이상 어린아이가 아니다. 사람의 가르침에 이리저리 떠밀리거나 흔들리지 않는다.

어린아이 믿음의 단계에서는 쉽게 흔들리고 밀려다니게 된다. 아직 확실한 진리의 지식이 없기 때문이다. 또 분별력이 없기 때문이다. 이럴 때 믿음에 관하여 다른 주장과 가르침을 받으면 거기로 기울어진다. 믿음이 어린아이인 때는 믿은 지 얼마 되지 않은 때이다. 이때는 믿음의 뿌리가 깊이 박힌 상태가 아니다. 그러므로 신약의 증거와 다른 가르침이나 주장을 들으면 거기로 쉽게 넘어간다. 그리하여 처음 믿었을 때의 감격과 기쁨은 없어지고, 믿음이 식어 엷어지다가 불신앙으로 돌아간다.

2. 믿음의 도를 받아 신자가 되었을 때 믿음의 진리를 빨리, 그리고 바르게 가르쳐야 한다. 이 가르침으로 성숙한 그리스도인이 되기 때문이다.

처음 믿는 신자는 어리기 때문에 진리의 지식을 깨닫는 데 느리다. 그래서 오랜 시간이 경과한 후에 믿음의 깊은 도리를 가르쳐야 되는 줄로 생각한다. 믿음의 도리를 처음 믿는 자들에게 바로 가르쳐야 어린아이 단계를 빨리 벗어난다. 그래야 성숙한 그리스도인이 된다. 한국교회는 오래 교회생활을 한 후에 믿음의 확신에 이르는 것이 바르다고 알고 있다. 이것은 매우 그릇되었다. 이런 견해 때문에 믿음의 도리를 상당한 시간이 지난 후에 가르친다. 빨리 바른 도리를 가르쳐 믿음에 굳게 서게 해야 한다. 그래야 온갖 그릇된 가르침에 의해서 흔들리고 떠밀리지 않게 된다.

3. 세상에는 믿음의 도를 무너뜨리기 위해서 온갖 속임수와 오류의 술책이 성하다.

현 시대에는 이성으로 신학하는 것이 바른 학문적 신학방법이라고 인식되고 있다. 그 방식으로 온갖 파괴적인 신학이 많이 일어났다. 이 속임수에 의해 대부분의 그리스도인들이 속임을 받아 믿음을 버리고, 믿음의 길에서 떠났다. 그리하여 그리스도를 믿는 것보다 세상의 다른 종교들과 심지어 무당신앙이 더 나은 것으로 여기며 살고 있다.

이런 속임수와 계략은 그리스도께서 재림하실 때까지 계속될 것이다.

4. 계략적인 사기에는 기발한 속임수들이 많다.

사람을 속이고 오류와 멸망에 이르게 하려는 속임수에는 온갖 계략들이 숨어 있다. 진리와 믿음에 이르게 하는 바른 법은 복음을 신실히 전파하고 권면하는 것이다. 그러나 속임수에는 온갖 계략들이 숨어 있어서 거기서 빠져나오기 어렵다.

엡 4:15 오직 사랑 안에서 참된 것을 하여 범사에 그에게까지 자랄지라

그는 머리니 곧 그리스도라

4:15 δὲ ἀληθεύοντες ἐν ἀγάπῃ αὐξήσωμεν τὰ πάντα, εἰς αὐτὸν ὅς ἐστιν ἡ κεφαλή, Χριστός,

엡 4:15 사랑 안에서 참을 말하여 우리는 모든 면에서 그에게까지 자라야 할지니, 그는 머리이시니, 곧 그리스도이십니다.

1. 우리가 자라가야 할 목표는 바로 예수 그리스도이시다.

우리가 그리스도의 충만에까지는 자랄 수 없지만, 우리가 목표해야 할 지점은 바로 그리스도 예수이시다. 그의 거룩하심만큼 거룩해져야 하고, 그의 완전하심만큼 우리도 완전해지도록 해야 한다. 의와 진실과 믿음과 신뢰에 있어서 우리는 그리스도의 충만한 분량에 이르도록 자라야 한다. 그리스도의 수준에 이를 때 우리는 완전해지고 성숙한 사람이 된다.

2. 그리스도는 머리이시므로 우리가 도달할 목표이다.

우리가 그리스도를 목표하고 자라야 할 것은 바로 그가 우리의 머리, 곧 교회의 머리이시기 때문이다. 그가 교회의 머리로 서 계시므로 교회가 자라나야 할 목표점이 바로 그리스도이심을 밝힌다.

3. 그리스도가 머리이심은 우리의 통치자란 뜻만이 아니라 우리

의 모본이 되심을 말한다.

그리스도께서 머리시라는 것은 그가 통치자란 의미만이 아니다. 그의 머리 되심은 바로 우리의 모본이 되심을 말한다. 즉 우리 모두가 닮고 따라가야 할 모본을 말한다.

4. 우리의 힘으로는 그리스도를 본받을 수 없지만, 성령의 역사에 의해 그와 한 생명으로 살기 때문에 그를 본받을 수 있다.

우리가 그리스도를 본받는다는 것은 불가능한 일이다. 그러나 우리는 그리스도와 동일한 생명으로 살므로 그리스도를 본받아 그에게까지 자랄 수 있다. 성령이 역사하심으로, 그리스도의 생명력이 약동함으로 그리스도에게까지 이르도록 자라날 수 있다.

엡 4:16 그에게서 온몸이 각 마디를 통하여 도움을 입음으로 연락하고 상합하여 각 지체의 분량대로 역사하여 그 몸을 자라게 하며 사랑 안에서 스스로 세우느니라

4:16 ἐξ οὗ πᾶν τὸ σῶμα συναρμολογούμενον καὶ συμβιβαζόμενον διὰ πάσης ἁφῆς τῆς ἐπιχορηγίας κατ᾽ ἐνέργειαν ἐν μέτρῳ ἑνὸς ἑκάστου μέρους τὴν αὔξησιν τοῦ σώματος ποιεῖται εἰς οἰκοδομὴν ἑαυτοῦ ἐν ἀγάπῃ.

엡 4:16 그로부터 온몸이 각 마디를 통하여 서로 결합하고 연합하여 각 지체의 분량대로 역사하여 그 몸이 자라고 사랑 안에서 서로를 세우는 데 이릅니다.

1. 교회의 성장은 그 머리로부터만 가능하다.

교회가 자라는 것은 믿음이 더욱 든든해지고 주 예수를 깊이 알므로 죄악을 버리고 거룩으로 나아가는 것이다. 이렇게 될 수 있는 것은 전적으로 머리이신 그리스도의 생명과 은혜를 받기 때문이다.

2. 머리가 몸의 각 지체를 서로 결합하여 한 몸이 되게 하고, 한 몸으로 활동하게 한다.

교회가 한 몸이 될 수 있는 것은 머리이신 그리스도가 각 지체를 서로 결합하시기 때문이다. 그리고 머리에다가 연합하시기 때문이다. 그리고 머리가 모든 지체들을 그 역할에 따라 활동하게 한다.

3. 머리로부터 모든 생명을 받고 연합하여 한 몸을 이룬다. 또 마디가 서로 받쳐주어야 바로 자라고 활동한다. 마찬가지로 교회의 구성원 각자가 자기의 몫을 하여 교회를 받쳐줄 때 교회가 잘 자란다.

교회는 모든 생명과 은사를 머리이신 그리스도로부터 받는다. 이 생명을 받음으로 한 몸으로 활동할 수 있다. 그러나 지체들이 연결되어 자기 몫을 다할 때 교회가 바로 자란다. 지체가 맡은 직분은 마디 역할이다. 마디가 두 기관 내지 세 기관을 하나로 결합하기 때문이다. 마디 노릇을 하는 지체들이 서로 잘 조화하고, 자기가 받은 은사에 따라 일함으로 교회가 바로 자랄 수 있어서 한 몸으로 완전히 자란다.

4. 몸의 지체는 본래 주어진 직임과 역량에 따라 일한다. 그리스도의 교회의 구성원들도 자기가 받은 은사와 역량에 따라서 일한다. 이 방식으로 교회가 자라가게 된다.

몸의 각 지체는 자기가 세워진 자리에서만 일한다. 주어진 직임만을 수행한다. 다른 직임을 수행할 수가 없다. 다른 직임은 다른 지체가 한다. 마찬가지로 교회의 지체들은 주어진 은사와 역량이 각각 다르다. 그러므로 주어진 은사와 역량에 따라서만 일할 수 있다. 자기가 가지지 않은 은사를 활용하고 발휘할 수가 없다. 남의 은사를 부러워하여 흉내를 내어도 되는 것이 아니다. 자기에게 주어진 은사를 잘 활용하는 길만이 교회가 자라는 길이다.

5. 사랑으로 은사를 활용함으로 서로를 세운다.

사랑으로 은사를 활용하는 것은 바로 자기의 은사를 다른 사람의 유익과 잘됨을 위해서 활용하는 것을 말한다. 사랑으로 서로의 은사를 활용하여 서로를 세운다. 이것이 교회가 몸이 되는 법이고, 교회의 삶의 길이다.

옛사람을 벗고 새사람을 입으라: 4:17-24

1. 이방인의 풍습과 방식을 벗어버리라. 즉 허망과 무지, 마음의 굳어짐과 방탕과 더러운 욕심을 벗어버리라.

2. 옛사람을 벗어버리라.

3. 의와 거룩과 진리로 지음 받은 새사람을 입으라.

엡 4:17 그러므로 내가 이것을 말하며 주 안에서 증거하노니 이제부터는 이방인이 그 마음의 허망한 것으로 행함같이 너희는 행하지 말라

4:17 οὖν Τοῦτο λέγω καὶ μαρτύρομαι ἐν κυρίῳ, μηκέτι ὑμᾶς περιπατεῖν καθὼς καὶ τὰ ἔθνη περιπατεῖ ἐν ματαιότητι τοῦ νοὸς αὐτῶν,

엡 4:17 그러므로 내가 이것을 말하며 주 안에서 증거합니다. 이제부터는 이방인이 그 마음의 허망함으로 행함같이 여러분은 행하지 마시오.

1. 마음의 허망함으로 행함은 하나님 아닌 우상을 하나님으로

섬기고, 색욕을 근본으로 삼아 모든 일을 행함을 말한다.

사도는 여기서 마음의 허망함으로 행함이 무엇인지 구체적인 지시를 하지 않는다. 그러므로 이방인들이 그리스도의 구원과 무관하게 사는 모든 생활방식을 말하는 것으로 이해해야 한다. 이방인들의 생활의 중심은 무종교가 아니라 우상숭배가 생활의 근본이다.

그리고 모든 행함의 중심은 성적 욕망을 성취하려는 것이다. 이 욕망의 충족을 위해서 모든 일을 한다. 심지어 이것을 충족하기 위해서 종교생활도 한다. 그러므로 그들의 마음이 전적으로 허망해진 것이다.

하나님을 섬기고 하나님을 영화롭게 하기 위해서 일해야 할 존재들이 이렇게 우상숭배를 근본으로 삼고, 색욕의 만족을 위해서 일한다. 그러므로 마음의 허망함이라고 한 것이다. 마음이 허망해지지 않았으면 우상숭배와 색욕의 만족을 위해서 일생을 살지는 않을 것이다.

2. 그리스도인들은 그리스도의 구속으로 변화되어 새사람이 되었으니 하나님 섬김을 중심으로 삼아야 한다. 우상으로 기울어지면 안 되고, 색욕 만족을 본분으로 삼으면 안 된다.

그리스도인도 우상숭배적인 풍습에 기울기 쉽고 색욕의 만족을 추구하는 데 깊이 관심을 기울일 수 있다. 특히 소유한 돈의 양이 일정한 수준을 넘으면 색욕 만족을 당연한 것으로 여긴다.

엡 4:18 저희 총명이 어두워지고 저희 가운데 있는 무지함과 저희 마음이 굳어짐으로 말미암아 하나님의 생명에서 떠나 있도다

4:18 ἐσκοτωμένοι ὄντες, τῇ διανοίᾳ ἀπηλλοτριωμένοι τῆς ζωῆς τοῦ θεοῦ, διὰ τὴν ἄγνοιαν τὴν οὖσαν ἐν αὐτοῖς, διὰ τὴν πώρωσιν τῆς καρδίας αὐτῶν,

엡 4:18 그들의 생각이 어두워지고 저희 안에 있는 무지와 그들의 심장의 굳어짐으로 말미암아 하나님의 생명에서 멀어져 있습니다.

1. 이방인들은 생각과 판단이 어두워졌으므로 창조주와 연관 없이 행하는 것을 바르고 합당한 것으로 여긴다.

이방인들은 이해의 방향이 창조주 하나님과는 분리되어 있다. 그러므로 모든 생각과 판단이 이 중심점에서 벗어난다. 창조주 하나님에 대한 생각이 완전히 어두워져 있다. 그러므로 그들은 자기들의 판단과 생각이 옳다고 여기고 행동한다. 어두움으로 덮여 있으므로 자기들의 판단과 생각에 대하여 다른 생각을 할 수가 없다. 그리고 자기들의 생각과 판단만이 정당하고 바르다고 여긴다. 죄가 사람들의 생각과 판단을 어둡게 하였다.

2. 창조주 하나님에 대한 무지가 사람들의 마음에 깊이 박혀 있다.

하나님을 떠난 사람들의 마음은 창조주 하나님과 그의 구원사역

에 대하여 전적으로 무지하다. 이 무지가 그들의 마음에 박혀 있다. 그 무지를 본래적인 자산으로 여긴다. 그러므로 창조주 하나님에 대해서는 알려고도 하지 않는다. 우상을 섬김이 창조주에 대한 반역 행위임을 전혀 생각지 못한다. 우상 섬김을 바른 종교의 방식으로 확신한다. 이렇게 우상 섬기는 것을 바른 종교의 법도로 알고 있으므로 하나님의 생명에서 떠나 있음은 당연하다. 하나님께로 가는 길을 막았으므로 하나님의 생명을 알 수도 없다. 우상 섬김에 탐닉해 있으면 그리스도의 구원으로 돌아가는 것이 불가능하다.

3. 심장이 굳어진다는 것은 하나님과 그의 구원사역에 대하여 마음을 닫아 듣지 않으려고 함이다.

피부가 굳어지는 것은 무엇을 접촉하여도 그것을 감지하지 못하는 것을 말한다. 심장이 굳어진다는 것은 바른 종교에 전적으로 무관심한 것을 말한다. 창조주 하나님께서 큰 구원을 이루셨음을 들어도, 그것을 전혀 들으려고 하지 않고 이해하려고도 하지 않는 것이다.

4. 이런 심장을 가진 사람들과 우상숭배만을 바른 종교로 아는 무지한 사람들은 하나님께로 돌아가 그리스도의 구원을 얻을 수 없다. 하나님의 생명을 얻을 수가 없어서 하나님의 생명에서 멀리 떨어진 것이다.

참 종교에 대해 전적으로 무지한 사람들, 하나님의 구원사역에 대해 완전히 마음을 닫은 사람들은 하나님께로 돌아가 참 생명을 얻을 수 없으므로 하나님의 생명으로 돌아갈 수가 없다.

엡 4:19 저희가 감각 없는 자 되어 자신을 방탕에 방임하여 모든 더러운 것을 욕심으로 행하되

4:19 οἵτινες ἀπηλγηκότες ἑαυτοὺς παρέδωκαν τῇ ἀσελγείᾳ εἰς ἐργασίαν ἀκαθαρσίας πάσης ἐν πλεονεξίᾳ.

엡 4:19 저희가 감각 없는 자들이 되어 자신들을 방탕에 빠지게 하여 모든 더러운 일들을 탐욕으로 행합니다.

1. 감각이 없는 자들이 되었다는 것은 죄짓는 일에 부끄러움을 잊어버려 못할 것이 없게 되었음을 말한다.

하나님의 생명에서 완전히 단절되면 부끄러움 없이 죄짓는다. 양심이 마비되어 죄짓는 것을 부끄러운 것으로 알지 못한다. 오히려 자랑으로 여겨 못할 것이 없게 된 것을 말한다.

2. 부끄러움을 잃은 자들은 방탕한 생활을 가장 바람직한 생활로 여긴다.

통상 방탕은 술과 여자에 빠져 사는 삶을 말한다. 술과 여자에

탐닉하기 때문에 건강이 망쳐진다. 또 병들어서 정상적인 삶을 살기가 어렵다. 술을 즐기면 여자에 빠지기 쉽다. 여자에 빠지면 온갖 성병을 얻고 또 많은 질병을 얻게 된다.

여자에 빠지면 돈이 많이 필요하다. 또 건강문제가 늘 자기를 괴롭히므로 돈을 더 필요로 하게 된다. 자기가 가진 것을 탕진한 후에, 또 다른 사람의 돈도 많이 필요하게 된다.

그러므로 술과 여자에 빠져든 삶은 많은 돈을 필요로 한다. 그러나 이 돈은 정상적인 방식으로 획득할 수가 없다. 자연히 더러운 일들을 하게 된다.

3. 돈을 탐하기 때문에 탐욕이 그 사람을 전부 지배하여 돈을 챙기기 위해 온갖 더러운 일들을 하게 된다.

술과 여자에 빠져든 사람은 돈 없이는 술과 여자를 가까이할 수가 없다. 그러므로 자기가 갖고 있거나 벌 수 있는 양보다 더 많은 양의 돈이 필요하다. 그러나 그런 일을 하는 사람에게 아무나 돈을 주지 않는다. 자기가 벌어야 하는데 정상적인 방식으로는 벌 수 없으므로 온갖 더러운 일들을 해야 한다. 방탕에 빠져들면 패가망신한다.

엡 4:20 오직 너희는 그리스도를 이같이 배우지 아니하였느니라

4:20 δὲ ὑμεῖς οὐχ οὕτως ἐμάθετε τὸν Χριστόν,

엡 4:20 그러나 여러분은 그리스도를 이같이 배우지 않았습니다.

1. 그리스도를 이같이 배우지 않았다는 것은 그리스도를 믿는 자들은 이렇게 살 수가 없음을 말한다.

이방인들이 사는 방식을 그리스도인들은 결코 따라갈 수가 없다. 이방인들의 방탕한 생활을 따라가면 구원을 부인하는 것이요, 옛사람으로 돌아가는 것이다. 방탕한 삶과 그리스도를 믿는 삶은 결코 양립할 수 없다. 변화된 새사람은 옛날의 죄악된 생활의 방식을 반복할 수 없다. 그렇게 되면 불신자보다 더 악한 사람이 되고, 자기를 사신 구주를 완전히 부인하게 된다.

엡 4:21 진리가 예수 안에 있는 것같이 너희가 과연 그에게서 듣고 또한 그 안에서 가르침을 받았을진대

4:21 εἴ γε αὐτὸν ἠκούσατε καὶ ἐν αὐτῷ ἐδιδάχθητε, καθώς ἐστιν ἀλήθεια ἐν τῷ Ἰησοῦ,

엡 4:21 진리가 예수 안에 있는 것같이 여러분이 만일 그를 듣고 그 안에서 가르침을 받았을진대,

1. 바른 삶의 길은 예수 그리스도 안에 있다. 예수 그리스도는 우리가 살아야 할 바른 삶을 가르치셨다.

진리는 여기서 바른 삶의 길을 가리킨다. 예수 그리스도가 살았던 삶을 모든 사람이 따라가야 한다. 하나님을 전심으로 섬기고, 이웃을 내 몸처럼 사랑하고 남을 돕는 삶이 바른 삶의 길이다.

2. '진리가 예수 안에 있다'는 진술은 바로 진리가 주 예수임을 말한다.

예수 그리스도가 하나님과 사람에 대한 진리이다. 그 자신이 바로 진리이다. 그리스도의 구속사역이 사람의 과거와 미래에 대한 모든 진리이다.

3. 지금 에베소와 소아시아에 있는 그리스도인들은 그리스도 예수에 대해서 들었다. 그리스도 자신과 그의 구원사역에 대해서 들었다.

지금 편지를 받아 읽는 소아시아의 그리스도인들은 복음사역자를 통하여 그리스도에 대해 들었다. 그의 인격과 구원사역을 들었다. 그 들음으로 믿음을 얻어 변화된 새사람들이 되었다. 변화된 사람들은 변화된 새 삶을 살아야 한다.

4. '그 안에서 가르침 받았다'고 할 때 그리스도 예수를 믿음으로 바른 삶의 길을 가르침 받은 것을 말한다.

소아시아 사람들은 주 예수 그리스도를 듣고 믿었다. 그를 믿고 그에 대한 것을 배웠다. 그것이 바로 그 안에서 가르침을 받았다는 말씀의 뜻이다.

그리스도 안에서 가르침 받은 것은 그리스도의 인격과 그의 삶과 구원사역이었다. 처음 복음을 들었을 때도 주 예수의 인격과 구원사역을 들었지만 믿은 후에 더 자세히 배우는 것을 말한다.

엡 4:22 너희는 유혹의 욕심을 따라 썩어져 가는 구습을 좇는 옛사람을 벗어 버리고

4:22 ἀποθέσθαι ὑμᾶς κατὰ τὴν προτέραν ἀναστροφὴν τὸν παλαιὸν ἄνθρωπον τὸν φθειρόμενον κατὰ τὰς ἐπιθυμίας τῆς ἀπάτης,

엡 4:22 속임의 욕심을 따라 썩어져 가는 옛 삶의 방식을 따르는 옛사람을 벗어 버려야 합니다.

1. 우리 그리스도인들은 주 예수를 믿어 새사람이 되었어도 아직도 옛사람을 입고 있다.

우리는 주 예수를 믿음으로 새사람이 되었다. 그러나 옛사람을 완전히 벗어버리고 새사람이 된 것이 아니다. 옛사람이 함께 있으면서 새사람이 되었다. 그러므로 그리스도인들에게는 옛사람과 새사람이 늘 충돌하고 싸움을 일으킨다.

2. 옛사람은 주 예수를 믿음으로 중생하기 전에 살던 생활의 방식 혹은 죄짓는 것을 근본으로 삼는 사람의 본성이다.

사람은 거듭나기 전에는 죄짓는 것을 근본으로 삼고 산다. 그러므로 죄악된 본성을 따라 산다. 죄짓는 것을 즐거워한다. 이것이 믿어 새사람이 된 사람들에게 옛사람이다.

주 예수를 믿어 새사람이 된 그리스도인에게 옛사람은 늘 나타나서 자기의 본성을 발휘한다. 새사람이 되었음에도 옛사람이 늘 나타나서 죄짓게 하고 죄짓는 것을 좋아하게 만든다.

3. 속임의 욕심을 따라 썩어져 가는 옛사람은, 죄의 욕망을 따라서 살지 말아야 하는데, 천성을 속이고 하고 싶은 욕망을 드러내는 것을 말한다.

사람은 본래의 천성대로는 어떤 일은 하면 안 된다는 것을 알고 인정하면서도 죄된 풍습대로 하고 싶어 한다. 그러므로 자기의 본성의 바른 판단을 어기고 욕망을 따라 육의 요구를 그대로 실행한다. 거부해야 할 것을 인정하면서도 그렇게 한다. 이것이 바로 속임의 욕심을 따르는 것이다.

죄지으면 불신자도 망하는 길밖에 없다. 죄의 본성을 따라 죄를 지으면 사람이 부패한다. 믿지 않는 자들은 이미 부패했어도 죄짓는 일을 계속하면 더욱 부패하는 것밖에 없다.

4. 옛사람은 언제나 옛 삶의 방식을 따르고 그 방식을 따라 죄짓

기를 좋아한다.

옛 삶의 방식은 죄짓는 기술이다. 옛사람의 욕구가 육체의 욕망을 통하여 음탕한 것, 불결한 것, 속임수, 남을 미워하고 무시하는 것 등을 원하고 그렇게 되기를 바라도록 한다. 그러므로 옛사람은 거듭나기 전의 삶의 방식을 좋아하고, 그 옛 삶의 방식을 따라 행동하는 것을 만족해한다.

5. 그러므로 그리스도인은 옛사람을 벗어 버려야 한다. 즉 옛사람의 방식을 중단해야 한다.

옛사람의 욕구는 본성적 욕구로 나타난다. 그러므로 옛사람을 벗거나 죽이는 일이 참으로 어렵다. 특히 육체적 욕구로 나타나기 때문에 거부하거나 배척하기가 참으로 어렵다.

그리스도인은 죄짓는 것을 중단하도록 정해진 사람이다. 그러므로 옛사람을 벗어 버려야 한다. 즉 옛사람의 방식을 중단해야 한다. 벗어 버리는 것은 옷을 벗는 것처럼 벗는 것을 말한다. 옷을 벗으면 그 벗은 옷은 나와 상관이 없어진다. 그러나 더러워진 옷을 다시 입으면 옛 모습으로 돌아간다. 마찬가지로 옛 삶의 방식을 따르기 좋아하는 옛사람을 벗지 않으면 그전의 삶의 방식으로 다시 살게 된다.

참으로 어려운 일이지만 성령으로 옛사람을 죽이고 벗어 버려야 한다. 즉 옛사람의 방식을 중단해야 한다. 그리스도의 피의 권세를 선언하여 육의 욕망을 죽여야 한다. 곧 '주 예수의 피가 나를 모든 죄에서 깨끗하게 한다'고 선언해야 한다 (요일 1:7). 그러면 육의 욕망을 벗는다.

6. 옛사람을 벗는 일은 옛사람을 죽이는 기도로 된다.

옛사람을 죽이는 일은 옛사람을 죽이는 기도로 이루어진다. 기도 중에서 가장 하기 힘든 기도는 자기의 옛사람을 죽이는 기도이다. 이 기도는 자기의 죄짓는 본성을 벗는 기도이므로 사력을 다해 기도해야 한다. 포기하고 싶지 않은 자기의 본성적 욕구를 포기하기로 작정하고, 이 작정이 이루어지도록 은혜를 구해야 한다.

우리의 기도는 대부분 달라는 기도로 이루어진다. 그런 기도는 하기 쉽다. 왜냐하면 자기의 절박한 요구를 하나님께 부탁하기 때문이다. 그러나 기도 중에 자기의 옛사람을 죽이는 기도는 사투의 기도가 된다.

7. 옛사람을 벗는 일은 은혜의 힘으로 옛사람의 요구를 거부하는 것이다.

옛사람의 욕구가 강하게 일 때 보통 자기의 힘으로 그것을 제압하려고 하는 경우가 많다. 그 경우 옛사람의 역사가 너무 커서 당연히 내가 압도당하여 나는 완전히 패한다. 나는 포기하고 은혜에 위탁할 때 옛사람의 욕망을 이겨낼 수 있다.

8. 옛사람을 벗는 것은 평생 계속될 일이요, 한 번의 영웅적 결단으로 되는 것이 아니다.

옛사람을 벗는 일은 계속해서 진행되는 일이다. 단번의 영웅적인 결단으로 되지 않는다. 뱀은 매년 허물을 벗지만, 그리스도인들은 매일 자기의 허물을 벗고 옛사람을 벗어야 한다.

9. 그리스도인에게 가장 어려운 일은 자기의 옛사람을 벗는 것이다.

옛사람의 욕구가 본성의 요구로 나타나기 때문에 옛사람을 물리치는 것은 참으로 어렵다. 본성의 요구는 언제나 정당하고 바른 것으로 인정되기 때문에, 본성적 요구로 나타나는 것을 거부하는 것처럼 어려운 것이 없다.

루터는 말하기를, 그리스도인은 자기의 옛사람을 장사하기 위해 무덤을 파지만 자기 손으로 장사하지 못한다고 하였다. 개혁신학에서는 성화가 죽음에서 종결된다고 하였다. 따라서 그리스도인은 자기의 옛사람을 죽이기 위해서 평생 힘쓴다.

엡 4:23 오직 심령으로 새롭게 되어

4:23 δὲ ἀνανεοῦσθαι τῷ πνεύματι τοῦ νοὸς ὑμῶν,

엡 4:23 여러분의 마음의 영이 새롭게 되어야 합니다.

1. 생각의 변화가 일어나야 한다고 바울이 주장하고 있다.

심장만 변화되면 안 되고, 생각이 변화되어야 한다. 심장은 변화되고 감정은 변화되었으나 생각이 변화되지 않으면, 세상적으로 생각한다. 생각이 변화되지 않고 이전 살던 세상의 방식으로 사고를 하면 세상적인 삶의 방식으로 돌아가게 된다.

생각이 변화되어 성경적으로 그리스도의 심장으로 사고를 해야 바르게 변화된 사람이다. 생각이 변화되어야 바른 그리스도인이다. 느낌과 영적인 것은 그리스도인이 되었지만, 세상적으로 생각하고 판단하면 아직 완전히 변화된 그리스도인이 되지 못한 것이다.

생각의 변화는 단번에 되기 어렵다. 끊임없이 판단해야 한다. 즉 이것이 그리스도의 심장으로 사고하는 것인지, 또 성경적인 사고인지를 판단해야 한다. 이렇게 함으로 그리스도의 심장으로 사고할 수 있다.

생각의 변화가 일어나지 않으면 가치전도가 일어나지 않는다. 가치전도가 일어나지 않았으므로 세상적인 것을 가장 가치 있고 합당한 것으로 여기게 된다. 그리하여 옛사람의 일에 속한 것을 최상의 가치와 목표로 여겨 그런 것들을 당연한 것으로 여긴다. 곧 최고의 가치로 여긴다.

가치전도는 생각의 변화로 일어난다. 가치전도가 일어나야 생각이 변화되었다고 할 수 있다. 생각에 있어서 가치전도가 일어나야 바른 변화가 일어난 사람이다. 생각의 변화가 일어나지 않으면 믿기 전후 가치질서에 대하여 아무런 변화가 없다. 그러므로 믿지 않을 때 가졌던 가치질서를 따라 세상적인 가치를 최상으로 여겨 그것을 획득하기 위해 전력을 다해 일하고, 그 질서를 따라 획득하려고 노력한다.

생각의 변화에 의해 가치전도가 일어나야 중생이 완료되었다고 말할 수 있다. 이것이 바울이 생각의 변화를 가장 먼저 언급한 이유이다.

엡 4:24 하나님을 따라 의와 진리의 거룩함으로 지으심을 받은 새사람을 입으라

4:24 καὶ ἐνδύσασθαι τὸν καινὸν ἄνθρωπον τὸν κατὰ θεὸν κτισθέντα ἐν δικαιοσύνῃ καὶ ὁσιότητι τῆς ἀληθείας.

엡 4:24 또 하나님을 따라 의와 진리의 거룩함으로 창조함을 받은 새사람을 입으시오.

1. 새사람은 하나님이 창조하신다.

타락한 이후 형성된 인간 본성은 죄를 짓는 것을 근본으로 한다. 하나님을 반역한 이래 사람이 행하는 모든 일은 다 하나님을 반역하여 이루어진 일이다.

이렇게 반역적인 삶에서 하나님을 사랑하고 하나님의 법대로 사는 삶으로 돌아가는 것은 사람이 스스로 할 수 없는 일이다. 하나님이 그 성품을 바꿔 완전히 새롭게 만들어야 하나님의 법대로 사는 것이 가능하다. 그 일은 하나님만이 하실 수 있다. 사람을 창조하신 하나님만이 사람을 새롭게 변화시키실 수 있다. 그리스도의 피의

복음만이 사람을 변화시킨다.

2. 하나님을 따라 지어짐은 예수 그리스도의 형상을 따라 지어짐을 말한다.

우리는 처음에 하나님의 형상으로 창조되었다. 그러나 타락한 이후 하나님의 형상으로 돌아가는 길은 그리스도의 형상을 따라 다시 지어짐으로 된다. 우리가 그리스도의 형상으로 회복됨으로 하나님의 형상이 된다.

3. 의로 새롭게 창조됨은 하나님의 법을 따라 살 수 있도록 만들어짐을 말한다.

사람은 타락한 이후에는 하나님의 법을 어기는 방식으로 모든 삶이 진행된다. 사람이 변화되는 것은, 자기의 결심으로 되는 것이 아니다. 하나님의 법을 지키기로 작정함으로 되는 것도 아니다. 하나님의 법대로 사는 길은 하나님이 사람을 새롭게 지으셔야 가능하다. 그리스도의 피의 복음으로 사람을 새롭게 지으셔야 한다.

사람이 바뀌어야 하나님의 법을 지킬 수 있다. 지금은 죄짓는 것으로만 방향이 설정되어 있기 때문에, 하나님이 사람을 변화시켜 주셔야 하나님의 법을 지키는 사람, 곧 그리스도의 법으로 사는 사람이 된다.

4. 의는 주 예수를 믿음으로 왔으니 의로 새로 지어짐은 바로 믿

음으로 살도록 결정된 것이라고 해야 한다.

믿음은 사람이 스스로 갖는 것이 아니다. 하나님이 주셔야 한다(엡 2:8-9). 사람은 자신의 힘으로 주 예수를 믿는 믿음에 이를 수 없다. 성령이 믿도록 만들어 주셔야 한다. 그러므로 믿도록 만들어진 것은 하나님이 하신 일이다. 그래서 하나님이 새사람을 창조하셨다고 말하고 있다.

5. 거룩함은 죄를 떠나고 정결해짐을 말한다.

사람은 죄에 인박혀 있으므로 죄짓는 것을 좋아한다. 특히 음탕하고 불결한 것을 좋아한다. 이것을 떠나는 길은 새로 지어진 새사람이 되는 데 있다. 그 외에는 어떤 다른 방도가 없다. 죄짓는 것이 본성이 되어 있으므로 죄짓는 것을 버리거나 중단하는 일은 사람이 스스로 할 수 없다. 하나님이 돌이키셔야 한다. 하나님이 그리스도의 피의 복음으로 사람을 새로 지으셔야 한다.

하나님이 사람의 마음을 완전히 바꾸어서 죄짓는 것을 싫어하고 미워하도록 만드셔야 죄짓는 것을 떠날 수 있다. 죄를 떠나 깨끗해지는 것은 그리스도의 피로 씻어져야만 한다.

6. 죄짓는 것을 피하고 깨끗하고 의로운 것을 좋아하고 행하게 되는 길은 주 예수를 믿어 성령으로 변화됨으로만 가능하다.

7. 새사람을 입는 것은 의와 거룩함으로 사는 삶을 지속하는 것

을 말한다.

옷을 입게 된 이후, 사람은 늘 옷을 입고 산다. 옷을 벗고 살 수가 없게 되었다. 혹 경우에 따라 옷을 벗는 일이 있지만, 옷을 벗고는 살지 못한다.

마찬가지로 새사람을 입는 것은 새사람으로 사는 것을 말한다. 새사람을 입으면 새사람으로 살고 새사람을 벗으면 안 된다. 여기서 말하는 새사람을 입었으니 새사람으로 살아야 함을 말한다.

8. 새사람을 입는다는 것은 언제나 예수 믿음에 거하고, 죄짓는 것을 버려 깨끗한 삶을 사는 것을 말한다. 바울은 이런 삶을 살도록 권고한다.

하나님이 지으신 새사람을 입었으면 언제나 새사람의 법으로 살아야 한다. 새사람의 법으로 사는 것은 믿음으로 살고, 거룩의 삶을 사는 것을 말한다.

9. 믿음과 거룩의 삶은 같은 궤도를 따라서 사는 것이다.

거룩은 그리스도의 피로 죄가 씻어져 깨끗한 상태를 말한다. 곧 죄의 욕망을 버리고 사는 것을 말한다. 믿는 사람만이 죄를 피할 수 있고, 죄를 피하려면 주 예수를 믿는다는 믿음고백을 반복해야 한다.

버릴 구습과 새로운 삶의 방식: 4:25–32

1. 거짓을 버리고 참을 말하라.
2. 분을 내어도 죄짓지 말라.
3. 마귀에게 시험거리를 주지 말라.
4. 더러운 말은 버리고 선한 말을 하라.
5. 성령을 근심하게 하는 행동을 하지 말라.
6. 악독, 노함, 분냄, 떠드는 것과 훼방과 악한 생각을 버리라.
7. 인자하게 하고 불쌍히 여기고 서로 용서하기를 잘하라.

엡 4:25 그런즉 거짓을 버리고 각각 그 이웃으로 더불어 참된 것을 밀하라 이는 우리가 서로 지체가 됨이니라

4:25 Διὸ ἀποθέμενοι τὸ ψεῦδος λαλεῖτε ἀλήθειαν ἕκαστος μετὰ τοῦ πλησίον αὐτοῦ, ὅτι ἐσμὲν ἀλλήλων μέλη.

엡 4:25 그러므로 거짓을 버리고 각각 자기의 이웃과 참을 말하시오. 우리가 서로 지체이기 때문입니다.

1. '그러므로'는 '새사람을 입었으면'이다.

2. 새사람을 입은 사람은 거짓을 말하면 안 된다. 거짓을 버려야 한다.

우리는 진리인 하나님의 말씀을 버리고 거짓에 속아 타락하였다. 그러나 이제 주 예수를 믿음으로 새사람이 되었다. 그리하여 진리 자체이신 하나님께로 돌아갔다. 이제 거짓에서 놓여나 진리 자체로 돌아갔으니 거짓을 말하면 안 된다.

그리스도인이라고 하면서 거짓말을 계속하거나, 상황에 따라서 거짓말을 반복하는 자는 그리스도인이 아니다. 그는 변화된 새사람이 아니다. 그러므로 거짓말하는 사람은 그리스도인으로서는 파산 선고 받은 사람이다. 죽느냐 사느냐는 문제가 걸려 있지 않으면, 그리스도인은 거짓말하면 안 된다.

3. 새사람은 참, 곧 진리만을 말해야 한다.

그리스도인의 제1계명은 참을 말하는 것이다. 새사람이 되었다는 첫 번째 표가 바로 참을 말하는 것이다. 그러므로 그리스도인은 언제나 참을 말해야 한다. 그리스도인이라고 하면서 거짓말하면 그는 아직 중생하지 않은 사람이다. 그는 아직 새사람이 되지 못한 것이다.

그리스도인의 근본특징은 거짓을 버리고 참을 말하는 것이다. 참을 버리고 거짓말을 좋아하고, 아무런 가책도 없이 거짓을 말한다면 그는 이미 새사람이기를 그친 것이다. 아니면 아직 새사람이 되지 못하고 교회생활을 하고 있는 것이다.

우리의 이웃과 말하고 행할 때에 거짓을 버리고 언제나 진리, 곧 참 혹은 사실을 말해야 한다.

4. 우리는 주 예수를 믿음으로 교회를 이루어 한 몸이 되었고, 우리 자신은 그 몸의 한 지체이다. 그러면 형제를 향해 진리만을 말해야 하는 것이 당연하다.

우리가 주 예수를 믿음으로 한 몸을 이루고 그 지체가 되었으니 우리는 서로를 향하여 진리를 말해야 한다.

5. 지체들이 서로를 향하여 거짓을 말하면 교회가 무너진다.

서로 거짓을 말하면 서로 속이는 것이므로 한 교회가 될 수 없어서 교회가 무너진다. 그러므로 서로를 향해서나 이방인들을 향해서나 우리는 늘 진리를 말해야 한다.

엡 4:26 분을 내어도 죄를 짓지 말며 해가 지도록 분을 품지 말고

4:26 ὀργίζεσθε καὶ μὴ ἁμαρτάνετε· ὁ ἥλιος μὴ ἐπιδυέτω ἐπὶ παροργισμῷ ὑμῶν,

엡 4:26 화를 내어도 죄를 짓지 마시오. 해가 질 때까지 화를 계속하지 마시오.

1. 화를 내는 일은 남의 인격을 상하게 하는 것이므로 심하면 죄가 될 수 있다.

이유가 있어서 화를 낸다. 그러나 화를 내면 상대방의 인격에 상해를 주고 그의 인격을 무시하는 결과를 낸다. 그러므로 화내는 일을 피해야 한다. 예전에는 혀를 깨물어서라도 화내는 것을 참아야 한다고 가르쳤다.

2. 화를 내되 해가 지도록 내지 말라고 한 것은, 해가 지고 다음 날이 되도록 화를 내면 바로 적개심으로 변하기 때문이다.

화내는 일을 다음 날까지 연장하면 그 화가 적개심으로 바뀐다. 자기 인격에 대한 상해나 손상 때문에 그렇게 된다. 그래서 화내는 것을 계속하면 미워하는 감정을 갖게 되어 있다. 미워하는 것은 그리스도인으로서 할 수 있는 일이 결코 아니다.

3. 화내는 것을 다음 날 이후로 연장하는 것은 또한 건강에도 좋지 않다.

화내는 것이 위장에 영향을 미치고, 심장의 작용에도 영향을 미친다. 위장에 영향을 미치면 소화가 안 되고, 심장에 영향을 주어서

위축된다. 다른 기관들에도 영향을 미쳐서 정상적인 기능을 할 수 없게 한다.

엡 4:27 마귀로 틈을 타지 못하게 하라

4:27 μηδὲ δίδοτε τόπον τῷ διαβόλῳ.

엡 4:27 마귀에게 틈을 주지 마시오.

1. 화를 내되 오래 계속하면 바른 판단력을 잃어 감정적으로 대응하게 된다. 그러면 감정적인 판단으로 죄짓는 데 이르게 된다. 그것이 마귀가 역사할 틈을 주는 것이다.

화를 낸 상태는 술 취한 상태와 유사하다. 그리하여 바른 판단력을 행사하지 못한다. 그러면 분한 김에 복수할 태도를 갖는다. 그러면 복수하는 것이 정당한 것으로 여겨져서 미워하는 마음을 갖는다. 그리고 화난 상태에서 정한 것을 언제든지 실행하려고 하는 자세를 갖는다. 그러면 범죄하는 일은 쉬운 일이 된다. 이것이 바로 마귀에게 틈을 주는 것이다.

엡 4:28 도적질하는 자는 다시 도적질하지 말고 돌이켜 빈궁한 자에게 구제할 것이 있기 위하여 제 손으로 수고하여 선한 일을 하라

4:28 ὁ κλέπτων μηκέτι κλεπτέτω, δὲ μᾶλλον κοπιάτω ἐργαζόμενος ταῖς ἰδίαις χερσὶν τὸ ἀγαθόν, ἵνα ἔχῃ μεταδιδόναι τῷ χρείαν ἔχοντι.

엡 4:28 도적질하는 사람은 더 이상 도적질하지 마시오. 오히려 자기 손으로 수고하여 선한 일을 함으로 어려운 자에게 도움을 주시오.

1. 훔치는 일을 하는 사람은 그런 도적질을 그쳐야 한다.

자기 손으로 남의 물품이나 금전을 훔치는 것만이 도적질이 아니다. 자기 손으로 수고하여 벌지 않은 것을 자기 것으로 삼는 것도 도적질이다. 정당한 소득을 신고하지 않고 누락하여 세금을 내지 않는 것도 도적질이다. 자기가 수고하여 모으지 않은 돈을 자기의 것으로 삼고자 하는 것도 도적질이다. 돈은 수고의 대가이다. 수고의 대가가 아닌 것을 자기의 것으로 삼는 것도 도적질이다.

그리스도인은 새사람이 되었으므로 그전에 하던 방식을 완전히 바꾸어야 한다. 더 이상 수고하지 않은 것을 자기 것으로 삼으려고 하지 말고 열심히 일해야 한다.

2. 돈을 버는 정당한 방식은 자기의 손으로 일하여 돈을 버는 것이다.

그리스도인의 돈버는 방식은 자기 손으로 수고하여 돈을 벌어 자기의 삶을 사는 것이다. 그것이 또 사회정의이다. 자기 생은 자기가 책임지는 것이 사회정의이다. 그렇지 않고 남에게 의존해서 사는 것은 사회문제가 된다. 서로 간에 좋지 않은 감정을 가지게 된다. 또 자기에게 의지해서 사는 사람을 좋게 여기지 않을 뿐만 아니라 사람으로도 인정하지 않는다.

그리스도인은 자기의 손으로 수고하여 자기의 삶을 살아야 한다. 돈은 수고의 대가로 받아야 한다. 다른 방식으로 돈을 얻는 것은 많은 문제를 야기한다. 그러므로 성인이 되면 자기의 삶을 다 책임져야 한다.

3. 그리스도인은 자기 손으로 일하여 돈을 벌어 자기와 아내와 자녀들의 생존을 책임져야 한다.

그리스도인은 다른 사람의 수고에 의존해서 살면 안 된다. 일하는 것이 불가능할 경우를 제외하고는 다 일해야 한다. 장애인도 능력이 되면 다 일해야 한다. 일해서 수고하여 자기의 생존을 책임져야 한다. 이렇게 수고하여 일하여도 자기의 생존을 다 감당할 수 없을 때에 다른 사람이 도와주는 것은 받을 수 있다.

자기의 생존을 다른 사람 손에 맡기는 것은 바로 죄악이다. 자기의 몫을 겨우 감당하는데 거기에다 또 짐을 지우는 것은 참으로 감당하기 어려운 일이다. 그리하여 불평과 불만과 원성이 나오게 된다. 이런 현상이 보편화되면 사회가 화석화하고 사회가 병들어 활력을 잃고 문화의 진보를 이룰 수 없다.

4. 그리스도인은 자기의 삶을 책임지면서 연약한 자들을 도와야 한다.

자기의 삶에만 집착하는 데서 남의 어려움도 돌보는 자리로 나아가야 한다. 그리스도인은 다 남의 어려움을 도울 수 있어야 한다.

엡 4:29 무릇 더러운 말은 너희 입 밖에도 내지 말고 오직 덕을 세우는 데 소용되는 대로 선한 말을 하여 듣는 자들에게 은혜를 끼치게 하라

4:29 πᾶς λόγος σαπρὸς ἐκ τοῦ στόματος ὑμῶν μὴ ἐκπορευέσθω, ἀλλὰ εἴ τις ἀγαθὸς πρὸς οἰκοδομὴν τῆς χρείας, ἵνα δῷ χάριν τοῖς ἀκούουσιν.

엡 4:29 모든 더러운 말은 여러분의 입에서 나오지 않도록 하시오. 선한 사람은 누구든지 경우에 따라 남의 부족을 채워주도록 하여 듣는 자들에게 은혜를 끼치게 하시오.

1. 그리스도인은 거룩한 백성이므로 더러운 말 혹은 본문대로 썩은 말을 하면 안 된다.

그리스도인은 거룩한 백성이므로 더러운 말 혹은 썩은 말을 하는 것은 그리스도인의 품위에 합당하지 않다. 거듭나서 새사람이 되었으면 새 말을 해야 한다. 새 말은 다른 사람의 덕을 세우고 격려가 되는 말이다. 그리스도인은 거룩한 백성이므로 더러운 말 혹은 썩은 말을 하면 옛사람의 본성을 드러내는 것이 된다. 주 예수를 믿기 전에는 더럽고 음탕한 말을 하였고 그런 말을 좋아하였다.

2. 더러운 말은 음탕한 말로 번역할 수 있다. 여기 '더러운'으로 번역된 σαπρός는 '음탕한'이란 뜻도 갖는다. 이 음탕한 말은 사람에게 가장 민감하게 영향을 주어 그것을 좋아하도록 만든다.

그리스도인은 음탕한 말을 하여 다른 사람의 도덕성과 품위를 떨어뜨리도록 하면 안 된다. 우리는 모든 경우에 음탕한 말을 피해야 한다.

3. 유머와 농담도 남의 인격에 손상을 주는 말로 표현하면, 그것은 바로 더러운 말이다.

유머와 농은 어떤 상황에 맞게 표현하여 사람들의 긴장을 풀고 웃게 하려고 하는 말이다. 그러기 때문에 많은 경우 남의 인격에 상해를 주는 것도 좋은 것으로 여겨 그런 말들을 자주 한다. 그런 경우 유머와 농을 하는 의도와는 정반대의 효과를 낼 수 있다. 이런 말들은 다 더러운 말이고, 부패한 말이다. 그러므로 이런 말은 입에서 나오지 않게 해야 한다.

4. 우리는 선한 말을 하여 남의 유익과 덕을 세우도록 해야 한다.

선한 말은 낙심되거나 힘없는 경우에 일으켜 세우는 말을 하는 것이다. 우리는 형편에 맞게 선한 말을 하여 다른 사람을 일으켜 세우도록 해야 한다.

그러므로 우리는 소망적이고 고무적이고 격려가 되는 말을 해야 한다. 그리하여 듣는 사람들로 힘을 얻고 새로 일어나도록 도와야 한다. 절망적인 상황에 있는 사람에게 한마디의 선한 말, 격려의 말은 생명이 되어 그 사람을 일어나게 한다. 병든 사람에게 선한 말, 곧 반드시 나을 것이라고 하는 격려도 선한 말이다. 이런 경우 그 사람이 소망과 용기를 갖고 빨리 일어나게 된다. 말이 생명을 살려낸다.

5. 듣는 사람들에게 은혜를 끼치는 것은 듣는 사람이 힘과 격려와 소망을 갖게 되는 것을 말한다.

말 한마디가 천냥 빚을 갚는다는 우리의 속담이 있다. 한마디의 말이 생명을 좌우할 경우가 많다. 절망적인 중환자에게 살아날 것을 확신 있게 말하면, 그는 절망적인 상황에서도 살아날 수 있다. 의사가 사람을 죽게 하고 살게 하는 것이 아니라, 말이 사람을 살아나게 한다.

또 절망적인 사람에게도 소망의 말을 하면 힘을 얻어 살아날 수 있다. 상습적인 범행자에게도 당신은 믿음으로써 고쳐지고 새사람이 될 수 있다고 하여 격려하면 새사람이 될 수 있다.

우리는 언제나 사람들이 유익을 보고 격려와 위로를 받는 말을 하여 사람들의 감정을 바르게 하고 힘이 나게 해야 한다.

6. 사람의 말이 감정을 유쾌하게 하거나 상하게 하여 사회의 분위기를 결정한다.

우리가 하는 말이 격려와 위로와 소망의 말이면, 그 사람이 세움을 입어 유쾌하게 된다. 그렇지 않고 무시하고 경멸하는 말을 하거나, 인격을 상하는 말을 하면 불쾌하게 되어 마음에 큰 상처를 입는다. 그러면 사회의 분위기가 완전히 바뀐다. 그러므로 우리 그리스도인들은 언제나 남을 세우는 말을 해야 한다.

엡 4:30 하나님의 성령을 근심하게 하지 말라 그 안에서 너희가 구속의 날까지 인치심을 받았느니라

4:30 καὶ μὴ λυπεῖτε τὸ πνεῦμα τὸ ἅγιον τοῦ θεοῦ, ἐν ᾧ ἐσφραγίσθητε εἰς ἡμέραν ἀπολυτρώσεως.

엡 4:30 하나님의 성령을 탄식하게 하지 마시오, 그 안에서 여러분이 구속의 날까지 인쳐졌습니다.

1. 성령을 탄식하게 하는 것은 죄악된 생활을 반복하는 것이다.

그리스도인은 죄에서 구출되어 거룩한 삶을 이어가야 할 책임을 지니게 되었다. 그러나 옛사람의 역사로 옛사람의 삶의 방식을 좋아하고 그것을 즐기게 되어 있다. 그러면 거룩으로 나아가는 것을 망각한다. 그러다가 회개하고 죄를 피하는 일을 하기로 한다. 그러나 이런 과정을 반복하면 죄짓는 것에 대한 심각성을 잃게 된다. 그리하여 죄짓는 것에 심각성을 잃으므로 죄짓는 것을 범연히 여긴다.

그리스도인이 죄짓는 것을 생각하거나 죄를 지으려고 하면 성령은 탄식하신다. 그때 성령이 양심을 불안하게 하고 걱정하게 만드신다. 그러나 육의 욕망이 강하면, 양심의 가책과 번민을 넘어서서 실제로 범죄에 이른다. 그러면 성령은 탄식하신다. 성령이 그리스도인을 떠나신 것이 아니라 탄식하신다. 성령이 탄식하신 증거가 성령의 임재를 느끼기 어렵게 되는 것이다. 대개 이럴 경우 성령이 떠나가신 것으로 생각한다. 그러나 실제로 성령이 떠나신 것이 아니고, 그의 임재를 나타내지 않으신다.

성령의 탄식하심은 그리스도인에게 능력상실로 나타난다. 그리스도인이 그리스도인으로서 아무 힘도 발휘하지 못한다. 범죄했기 때문에 아무런 힘을 발휘하지 못한다. 여기 성령이 능력을 나타내지 않는 것은 바로 성령의 권고와 설득을 부정한 것에 대해 반응하신 것이다.

성령이 탄식하는 것을 회복하는 길은 회개하고 믿음고백하는 것이다. 회개하고 다시는 범죄를 반복하지 않기로 작정하는 것이다. 그러나 그런 회개와 범죄를 하지 않겠다고 작정했다고 곧장 능력이 나타나는 것이 아니다. 상당한 시간과 세월이 소요된다. 처음 능력으로 회복되는 것은 어려운 일이다. 깊은 회개와 함께 깊은 기도를 해야 한다. 자기의 범죄를 다시 반복하지 않기로 작정을 굳게 해야 한다. 육의 욕망이 일어날 때 거기에 빠져들지 않도록 해야 한다. 육의 욕망에 빠지지 않는 법은 '주 예수의 피가 나를 모든 죄에서 깨끗하게 한다'고 선언하는 것이다.

2. 성령이 우리 안에 내주하시는 것이 바로 우리 구원에 대한 보

증이다.

성령이 믿는 자에게 오사 거주하시는 것이 우리 구원에 대한 보증이고 보장이다. 성령이 우리 각자에게 오심으로 구원이 적용되었다. 동시에 성령은 우리에게 구원을 적용하시고 내주하신다. 이 내주가 성령이 우리의 구원을 보장하시고 보증하시는 것이다. 성령으로 인쳐진 것은 바로 성령이 구원의 보증으로 계시기 때문이다.

3. 구속의 날까지 인쳐졌다는 것은 성령이 우리의 부활의 날까지 함께 계심을 말한다.

성령은 우리가 주 예수를 믿는다는 신앙고백과 함께 우리 안에 거주하신다. 그리고 우리가 부활할 때까지 우리 안에 거주하신다. 그간에 우리를 떠나시지 않고 부활 때까지 함께 계신다. 이렇게 성령이 함께 계셔야 우리가 부활에 이른다. 우리가 부활한다는 보장이 바로 성령의 내주이다. 부활의 보장만이 아니라 부활에 이르게 하는 표가 바로 성령의 내주이다.

엡 4:31 너희는 모든 악독과 노함과 분냄과 떠드는 것과 훼방하는 것을 모든 악의와 함께 버리고

4:31 πᾶσα πικρία καὶ θυμὸς καὶ ὀργὴ καὶ κραυγὴ καὶ βλασφημία ἀρθήτω ἀφ' ὑμῶν σὺν πάσῃ κακίᾳ.

엡 4:31 모든 독한 감정과 화와 분노와 고함침과 모독을 모든 악함과 함께 여러분에게서 제하시오.

1. 우리가 사는 과정에서 다른 사람과 다투거나 심하게 몰리거나 손해를 보면 독한 감정을 갖게 되어 있다. 이런 독한 감정을 가지지 말라고 권한다.

우리는 다른 사람으로부터 심하게 몰리거나 인격적인 모독을 받으면 독한 감정을 갖게 된다. 그래도 그런 감정을 갖는 것은 인격적인 흠을 만들고 원만한 대인관계를 가질 수가 없다. 그러므로 그리스도인은 그런 독한 감정을 버려야 할 것이다.

2. 화내는 것은 상대방의 인격을 손상하고 자기의 건강을 해롭게 한다. 그러므로 그리스도인은 화내는 일을 극히 삼가야 한다.

3. 분노는 격심한 화냄이다. 부당한 대접이나 인격을 무시한 것에 대한 인격적인 심한 감정적 발동 혹은 격렬하게 화내는 것이 분노이다.

우리는 삶에서 종종 다른 사람으로부터 인격적인 무시와 홀대를 당한다. 그때 인격적인 손상을 경험하였기 때문에 대단한 감정적인 반동을 한다. 혹은 그런 인격적인 손상에 대한 격렬한 화냄이 분노이다. 이런 감정은 정상적인 판단을 못하게 하고 복수를 결심하게 한다. 분노를 오래 간직하면 건강을 망치고, 바른 대인관계를 할 수가 없다. 그러므로 그리스도인은 비록 인격적인 홀대나 손상을 받았어도 그것에 대해 과도한 화냄을 지속하면 안 된다.

4. 고함침은 비명적인 소리로 떠드는 것이다. 말할 때 소리치면서 말하는 것도 포함한다.

그리스도인은 말하거나 대화할 때 조용하고 유순한 말로 해야 하고, 자기를 드러내기 위해 너무 떠들면 안 된다. 크게 말하는 것은 남의 감정을 상하게 하여 불쾌감을 유발한다.

5. 모독함은 말로 다른 사람의 인격을 욕되게 하는 것이다. 모독에는 신성에 대한 훼방도 포함한다.

통상 모독은 신성모독을 뜻하였다. 그러나 여기서는 말로 다른 사람의 인격을 욕되게 하는 것을 뜻한다. 우리는 다른 사람의 인격을 무시하고 욕되게 하고 싶어 하는 성향을 갖는다. 사람은 인격을 욕되게 하면 심한 감정적인 대응을 한다. 그것은 적개심과 분노를 일으키는 것이다.

인격은 사람에게 가장 귀중한 것이다. 하나님의 형상으로 지어진 것 혹은 하나님의 인격의 빈사로 지어진 것이 사람의 인격이다. 그러므로 인격에 대한 손상과 무시를 받으면 심한 분노를 드러낼 뿐 아니라 적개심을 갖게 된다.

그러므로 그리스도인은 다른 사람의 인격을 훼손하거나 무시하는 말을 하면 안 된다. 그 경우 반드시 보복을 받게 되어 있다. 따라서 그리스도인은 언제나 다른 사람의 인격을 모독하는 말을 하면 안 된다.

서양 사람들은 오래도록 인격적인 모독을 받았다고 하면 둘이서 생사결단을 하는 싸움을 하였다. 칼로 싸울 때는 칼로 싸워 생사를 결단하였다. 총으로 싸울 때는 총으로 싸워 생사를 결정하였다. 그때 둘이 싸워 한 사람이 죽었을 때에도 죽인 사람이 재판에서 판정받는 것을 보지 못하였다. 사람을 죽였는데도 그러하였다. 인격을 생명과 같이 여겼기 때문이었을 것이다.

6. 악함 혹은 악독은 다른 사람이 손해 보도록 하고 다른 사람이 잘못되게 하는 것을 말한다.

우리는 다른 사람이 잘못되기를 바라거나 잘못되는 것을 좋아하는 성향을 갖는다. 이것이 악함이다. 다른 사람이 잘못되기를 바라면 나도 잘못된다. 다른 사람이 잘되는 것을 바라고 좋아하면 나도 잘된다. 성경은 부자를 저주하지 말라고 한다. 부자를 저주하면 부자가 되지 못하기 때문이다. 부자를 욕하면 부자가 되지 못하는 것이 심리의 법이다.

우리는 다른 사람이 잘못되기를 바라고 해를 끼쳐 잘살지 못하게 하는 것을 전적으로 금해야 한다.

사람들과 관계에 있어서 우리는 악한 감정이나 다른 사람이 내게 끼친 손해에 대해 분노를 가지면 안 된다. 다른 사람이 잘못되도록 바라서도 안 된다. 더구나 다른 사람의 인격을 무시하거나 욕하는 마음을 가지면 안 된다. 이런 모든 것들은 다 옛사람의 일이므로 그리스도인들은 이런 것들을 다 버려야 한다.

엡 4:32 서로 인자하게 하며 불쌍히 여기며 서로 용서하기를 하나님이 그리스도 안에서 너희를 용서하심과 같이 하라

4:32 γίνεσθε εἰς ἀλλήλους χρηστοί, εὔσπλαγχνοι, χαριζόμενοι ἑαυτοῖς καθὼς καὶ ὁ θεὸς ἐν Χριστῷ ἐχαρίσατο ὑμῖν.

엡 4:32 서로에게 친절하며 불쌍히 여기며 서로 용서하되 하나님께서 그리스도 안에서 여러분을 용서하심처럼 하시오.

1. 상대방을 편안하게 하며 불편이 없도록 처신하는 것이 친절이다.

더욱이 우리는 그리스도인에 대해 친절해야 한다. 언제나 상대방을 편안하게 하며 불편이 없도록 처신해야 한다. 그리고 상대방의 필요를 충족하도록 도와야 한다.

2. 그리스도인은 다른 사람의 처지를 불쌍히 여기는 마음을 가져야 한다.

어떤 불행한 상황에 있는 사람을 대할 때에 인과응보적인 관점에서 보지 말아야 한다. 지금 당하고 있는 처지를 동정하고, 그 처지

를 벗어나도록 돕는 마음을 가져야 한다.

3. 우리는 서로의 잘못을 용서해야 한다.

그리스도인으로서 내게 그렇게 했다고 해서 반감을 가지면 안 되고 상대방의 잘못을 용서해야 한다. 하나님이 우리를 용서하셨다. 우리는 도저히 용서받을 수 없는 죄악들을 용서받아 하나님의 자녀가 되었고 영원한 생명에 이르게 되었다. 우리가 하나님께 용서받은 것을 늘 기억하고 형제가 잘못한 것을 용서하여 정상적인 관계를 갖도록 해야 한다. 그렇지 않고 저 사람이 내게 대해서 한 것처럼 하겠다고 하면 서로 같이 살 수가 없다. 그리스도인으로서 한 교회에서 살 수가 없다. 그러므로 그리스도인들은 상대방이 내게 잘못한 것이 작은 것임을 인식하고 용서해야 한다.

에베소서

Προς Εφεσιους

제 5 장

에베소서

Προς Εφεσιους

사랑으로 행하라: 5:1-2

1. 아들을 주신 사랑의 하나님을 본받으라.
2. 그리스도께서 사랑하심처럼 서로 사랑하라.

엡 5:1 그러므로 사랑을 입은 자녀같이 너희는 하나님을 본받는 자가 되고

5:1 οὖν γίνεσθε μιμηταὶ τοῦ θεοῦ, ὡς τέκνα ἀγαπητά,

엡 5:1 사랑받은 자녀들로서 하나님을 본받는 자들이 되시오.

1. 하나님의 사랑을 받은 자들이 하나님을 본받으면 하나님이 사랑하신 것처럼 사랑하는 자들이 되는 것밖에 없다.

그리스도인들은 하나님의 사랑으로 구원받고 하나님의 자녀들이 되었다. 하나님의 자녀들이 되었으므로 하나님의 영광에 이르고, 하나님의 생명에 이른다. 하나님이 우리를 사랑하셨기 때문에 그리스

도 예수께서 피 흘리셨다. 그가 피 흘리심으로 우리가 구원되었다. 그러면 구원 얻은 하나님의 자녀들은 하나님을 본받아 하나님의 사랑을 실천해야 한다.

하나님의 사랑 아니면 나 같은 죄인이 어찌 하나님의 아들이 되고, 영생을 약속받을 수 있겠는가? 하나님이 나를 사랑하셨기 때문에 주 예수께서 나를 위하여 피 흘리셨다.

그러면 우리도 하나님을 본받아 하나님이 사랑하신 것처럼 이웃과 다른 사람들을 사랑해야 한다.

2. 하나님의 사랑을 받으면 다른 사람도 사랑하도록 마음이 달라짐으로 남을 사랑할 수 있다.

사랑받고 자란 사람만 잘 사랑할 수 있다. 어린 시절 사랑을 받지 못한 사람들이 범죄자가 되거나 정상적인 삶을 사는 것이 드문 것은 사랑을 받지 못하고 자랐기 때문이다.

그런데 하나님의 사랑을 받아 사람이 변화되면 다른 사람들을 미워하던 데서 사랑하게 된다. 사랑의 마음으로 변화된다. 그러므로 하나님의 사랑을 받은 사람은 하나님의 사랑처럼 다른 사람을 사랑할 수 있게 된다.

대부분의 범죄자들은 사랑받지 못하고 자란 사람들이다. 그러나 그들도 하나님의 사랑을 체험하면 변화되어 새사람이 됨으로 다른 사람을 미워하던 데서 사랑하는 자들이 된다. 사람들에게서 사랑받지 못하였어도 하나님의 사랑을 체험하면 변화된 사람이 된다.

3. 그리스도인이 할 일은 사람을 사랑하여 하나님의 사랑을 증거하는 것이다.

우리 그리스도인이 할 일은 사람을 사랑하여 하나님의 사랑을 드러내고 증거해 주는 것이다. 이 사람 사랑으로 사람들을 그리스도께로 인도할 수 있다.

엡 5:2 그리스도께서 너희를 사랑하신 것같이 너희도 사랑 가운데서 행하라 그는 우리를 위하여 자신을 버리사 향기로운 제물과 생축으로 하나님께 드리셨느니라

5:2 καὶ περιπατεῖτε ἐν ἀγάπῃ, καθὼς καὶ ὁ Χριστὸς ἠγάπησεν ἡμᾶς καὶ παρέδωκεν ἑαυτὸν ὑπὲρ ἡμῶν προσφορὰν καὶ θυσίαν τῷ θεῷ εἰς ὀσμὴν εὐωδίας.

엡 5:2 그리스도께서 여러분을 사랑하신 것같이 사랑 안에서 행하시오. 그는 우리를 위하여 자신을 제물과 희생으로 하나님께 드리시어 아름다운 향기가 되셨습니다.

1. 우리가 하나님을 본받아 사랑하는 자들이 되는 것은 그리스도께서 자기를 버리시어 우리를 사랑하셨기 때문이다.

사람을 사랑하는 것은 어려운 일이다. 나와 피를 나누지 않은 사

람들을 사랑한다는 것은 어려운 일이다. 나와 출신이 다르고 교육 정도와 사상이 다른 사람을 사랑하는 것도 어려운 일이다. 나와 종교가 달라서 완전히 우상숭배를 하는 자들을 사랑한다는 것도 어려운 일이다.

그러나 그리스도의 사랑을 입기 전까지는 우리도 하나님의 사랑을 받을 수 없는 자들이었다. 하나님의 원수였으니 하나님의 사랑을 받을 수 없었다. 그러나 하나님이 우리의 모든 죄악을 용서하시기 위하여 우리를 사랑하셨다. 그리하여 그리스도로 하여금 자기 몸을 제물로, 희생으로 바치게 하셨다.

그리스도의 죽음이 나를 위한 희생제사임을 체험하면 다른 사람을 사랑할 수 있게 된다.

2. 그리스도의 죽음은 하나님께 드린 제사이고 희생제사였다.

그리스도의 죽음은 우리를 죄와 지주에서 구원하시기 위해 하나님 아버지께 드린 제사였다. 바로 속죄제사였다.

사람은 누구라도 자기 몸을 버려 다른 사람의 속죄를 위해 바칠 수 없다. 오직 하나님만이 하실 수 있다. 그리스도가 하나님의 성육신이기 때문에 그리스도만이 자기의 몸을 하나님께 바쳐 속죄제사가 되셨다.

희생은 산 짐승을 잡아 제사하는 것이다. 그리스도께서도 짐승처럼 잡혀 목 베임을 받아 제물이 되셨다. 이렇게 짐승처럼 잡혀서 십자가에 못 박혀 죽었으니 그는 희생제사를 드린 것이다. 이런 것은 사람으로서는 할 수 없는 일이다. 하나님만이 하실 수 있는 희생제사이다.

그리스도의 십자가상의 죽음은 아브라함을 통해서 가르치신 대신 속죄제사의 성취이다. 하나님께서 예수 그리스도의 대속적 죽음으로 세상을 구원하기로 작정하셨으므로 아브라함으로 하여금 이삭을 제사하게 하여 실물교훈하셨다 (창 22:1-18). 이 제사가 예수 그리스도의 대속적 죽음에서 완전히 성취되어 세상 구원이 이루어졌다.

3. 이렇게 그리스도의 희생제사로 우리가 구원되었다. 이런 큰 사랑이 어디에 또 있겠는가? 우리가 할 일도 사랑으로 행하는 것이다.

이렇게 큰 사랑으로 구원 얻었으면 우리도 서로 사랑하고 남을 사랑하는 일만 남았다. 남을 사랑하는 것이 어렵지만 그리스도의 사랑으로 변화되어 그 사랑을 늘 간직하면 사랑할 수 있다.

4. 사랑으로 행하는 것은 사랑으로 사는 것을 말한다.

περιπατειτε (페리파테테)는 현재 명령형이므로 사랑의 방식으로 사는 것을 말한다. 우리가 이처럼 하나님의 사랑을 입었으니 이 사랑에 의해 다른 사람들을 사랑해야 하고, 사랑할 수 있다.

마땅히 버릴 것들: 5:3–7

1. 음행과 더러운 것과 탐욕은 입에 담지 말라.
2. 누추함과 어리석은 말과 희롱의 말을 버리라.
3. 음행하는 자와 더러운 자와 탐심을 가진 자는 구원 얻지 못한다.
4. 헛된 말로 속임 당하지 말라.

엡 5:3 음행과 온갖 더러운 것과 탐욕은 너희 중에서 그 이름이라도 부르지 말라 이는 성도의 마땅한 바니라

5:3 δὲ Πορνεία καὶ ἀκαθαρσία πᾶσα ἢ πλεονεξία μηδὲ ὀνομαζέσθω ἐν ὑμῖν, καθὼς πρέπει ἁγίοις,

엡 5:3 간음과 온갖 더러움과 탐심은 여러분 가운데서 그 이름도 말하지 않도록 하시오. 이것이 성도들에게 합당합니다.

1. 간음은 정당한 관계가 아닌 상태에서 벌어진 남녀관계이다.

그러므로 간음에 관해서는 사람들이 가장 민감하게 반응한다. 말만 들어도 감흥을 느끼고 욕망을 성취하기 바란다. 이런 죄악을 자주 언급하고 사례들을 언급하면 사람들이 일을 저질러도 별문제가 되지 않는 것으로 판단한다. 또 듣는 사람들도 그런 관계를 가지기를 바란다. 자주 들으면 결국 그 죄악에 동참하게 된다.

이런 옛사람의 일은 그리스도인들의 모임에서 우스갯소리의 형태로라도 내면 안 된다.

2. 온갖 더러움은 음탕함과 관련된 더러움을 뜻한다.

사람은 음탕함과 관련된 더러운 것에서 만족을 얻는다. 자기가 직접 이루지 못한 욕구를 음탕함과 관련된 더러움에서 대리만족을 가지려고 하고 갖기를 좋아한다.

그러므로 더러움도 그리스도인들의 모임에서는 말하지 말아야 한다.

3. 탐심 혹은 탐욕은 과도하게 돈과 물질을 원함이다. 탐심이 발동하면 정상적인 사고와 판단을 완전히 배제하여 자기의 욕구만을 이루기 위해 온갖 것을 다한다. 바로 이 때문에 탐심이 우상숭배가 되는 것이다.

사람은 물질 없이 살 수가 없다. 돈이 있어야 물질적인 욕구를 충족할 수 있다. 그러나 정상적인 방법으로 필요한 돈을 벌 수 없을 때 탐심이 발동하면 모든 생각을 돈에만 모은다. 그리하여 돈을 위해서 모든 것을 다한다. 이런 경우 인간적인 염치나 법도를 잊어버린다. 그리고 자기의 욕심을 이루기 위해서만 전력한다.

물질 혹은 돈을 전부로 삼으면 하나님을 잊어버린다. 그것이 바로 탐심이 우상숭배라고 말한 이유이다. 하나님을 잊어버릴 뿐 아니라 하나님을 자기 목적을 위해 이용한다.

기본욕구를 충족하지 못하는 상태에서 탐욕을 말하면 사람들의 마음이 어두워진다. 그러므로 그리스도인의 모임에서는 탐심을 말하지 않는 것이 바르다.

엡 5:4 누추함과 어리석은 말이나 희롱의 말이 마땅치 아니하니 돌이켜 감사하는 말을 하라

5:4 καὶ αἰσχρότης καὶ μωρολογία ἢ εὐτραπελία, ἃ οὐκ ἀνῆκεν, ἀλλὰ μᾶλλον εὐχαριστία.

엡 5:4 부끄러운 말이나 어리석은 말이나 상스런 농담은 합당하지 않으니, 오히려 감사함을 말하시오.

1. 부끄럽게 하는 더러운 말은 그리스도인에게 전혀 합당하지 않다.

그리스도인은 주 예수를 믿어 변화된 새사람이 되었으므로 부끄럽게 하는 더러운 말을 하면 안 된다. 그런 말은 그리스도인의 깨끗

해진 심성에 합당하지 않다. 또 고상한 그리스도인의 인격에도 합당하지 않다. 그런 말은 하는 사람이나 듣는 사람에게 다 합당하지 않다. 그러므로 그리스도인들은 언제나 고상하고 덕을 세우는 말을 해야 한다. 격려하고 위로하는 말을 해야 한다.

2. 어리석은 말은 경우에 전혀 맞지 않는 상식 이하의 말을 가리킨다.

사람들이 가끔은 상식 이하의 어리석은 말을 한다. 그로써 분위기를 망친다. 어리석은 말은 상황에 전혀 합당하지 않은 상식 이하의 말이다.

3. 농담은 긴장을 풀기 위해서 감정이나 인격을 해함이 없이 하는 짧은 이야기이다. 그런데 상스런 농담은 남의 감정을 상하게 하고 인격을 손상시키는 이야기 종류이다.

우리 그리스도인들은 고상한 말을 해야 하고, 덕을 세우고 격려하고 위로하는 말을 해야 하는 사람들이다. 그러므로 상스런 농담은 전혀 합당하지 않다.

남을 웃기기 위해 깊은 농담을 하여 다른 사람의 감정이나 인격이 손상되게 하면 안 된다.

4. 그리스도인은 모든 상황에서 감사하고 덕을 세우는 말을 해야 한다.

우리는 역경에서도 감사의 말을 해야 한다. 좋은 상황에서는 더욱 감사의 말을 해야 한다. 모든 것이 하나님의 섭리 안에 있음을 인식하고 감사의 말을 해야 한다. 모든 것이 합력하여 선을 이룰 줄 알고 감사의 말을 해야 한다.

고난을 당할 때 고난 중에서도 감사를 표하기는 어렵다. 그러나 고난에서도 감사를 해야 할 것은 고난을 통한 하나님의 뜻이 있기 때문이다.

고난을 당할 때에는 인격이 물리적인 방식으로 취급을 받으므로 심한 모욕감을 느낀다. 그래서 왜 이런 고난이 내게 왔는지 쉽게 알 수 없다. 그러나 고난은 그리스도인으로 하여금 쉽게 버리지 못할 죄악된 습관을 버리게 한다. 죄를 버리고 바른 그리스도인의 인격이 되도록 역사한다. 그러므로 고난중에서도 감사해야 한다.

엡 5:5 너희도 이것을 정녕히 알거니와 음행하는 자나 더러운 자나 탐하는 자 곧 우상숭배자는 다 그리스도와 하나님 나라에서 기업을 얻지 못하리니

5:5 γὰρ τοῦτο ἴστε γινώσκοντες ὅτι πᾶς πόρνος ἢ ἀκάθαρτος ἢ πλεονέκτης, ὅ ἐστιν εἰδωλολάτρης, οὐκ ἔχει κληρονομίαν ἐν τῇ βασιλείᾳ τοῦ Χριστοῦ καὶ θεοῦ.

엡 5:5 여러분은 이것을 분명히 아시지요. 음행하는 자나 더러운 자나 탐욕하는 자 곧 우상숭배자는 다 그리스도와 하나님의 나라에서 상속

을 받지 못할 것입니다.

1. 음행하는 자, 더러운 자, 탐욕하는 자들은 상습적인 범행자들이므로 하나님의 나라에 들어가지 못할 것은 정해진 일이다.

음행은 한 번 범하면 반복적으로 범하게 되는 범죄행위이다. 한 번 범한 행동으로 그 행동을 반복하고 상습적으로 범행하게 되어 있다. 육체적 요구를 실제로 이룰 수 없을 때는 과거의 행동들을 마음으로 반복하며 쾌감을 누린다. 과거에 저질렀던 범행을 속으로 쉽게 반복한다.

더러운 자는 실제로 음행을 저지르지는 못해도 마음으로는 그것을 늘 생각하는 사람이다. 범행을 몸으로 실제로 이루기까지 중단하지 못한다.

탐욕하는 자는 욕심을 이루기까지 그 마음의 원함을 중단할 수가 없다. 탐욕은 특히 돈과 물질에 대한 과도한 욕망인데, 수단과 방법을 가리지 않고 더 많이 갖기를 열망한다. 돈과 물질에 대한 탐심이 한 번 자리 잡으면 돈과 물질을 전부로 삼고 산다. 즉 하나님처럼 섬긴다. 그러므로 우상숭배이다.

돈과 물질에 탐욕을 가진 사람은 이 목표를 충족하기 위해 모든 행동을 하므로 사리나 염치는 전혀 고려되지 않는다. 예절이나 법도도 없다. 오직 돈에 대한 욕망을 따라 행동하여 다른 사람의 형편을 전혀 고려하지 않는다. 많은 돈을 가져도 돈이 최고 가치이고 최고신이기 때문에, 어려운 사람의 형편을 살펴볼 마음이나 생각도 미치지 않고 관심도 없다. 돈을 첫째로 하면 하나님이 그 마음에 자리를 가질 수가 없다. 따라서 우상숭배이다.

이런 자들이 하나님의 나라를 상속한다는 것은 불가능하고, 하나님의 나라에서 제외되는 것은 정해진 일이다.

2. '그리스도의 나라'와 '하나님의 나라'는 같은 뜻이다. 다 하늘나라에서 누릴 영생과 구원을 말한다.

그리스도의 나라와 하나님의 나라는 동일하다. 둘 다 그리스도인들이 누릴 영생과 영광과 구원을 말한다. 구원에 이르는 것이 전혀 우리의 공로나 심성의 작용과 무관하지만, 이런 죄악된 삶을 계속하는 것은 하나님의 나라에 들어가는 것을 불가능하게 한다.

엡 5:6 누구든지 헛된 말로 너희를 속이지 못하게 하라 이를 인하여 하나님의 진노가 불순종의 아들들에게 임하나니

5:6 Μηδεὶς ὑμᾶς ἀπατάτω κενοῖς λόγοις, γὰρ διὰ ταῦτα ἔρχεται ἡ ὀργὴ τοῦ θεοῦ ἐπὶ τοὺς υἱοὺς τῆς ἀπειθείας.

엡 5:6 아무도 빈말들로 여러분을 속이지 못하게 하시오. 이런 것들로 말미암아 하나님의 진노가 불순종의 아들들에게 임합니다.

1. 빈말은 실재와 일치하지 않는 말, 진리의 내용이 없는 말, 과도히 과장하는 말, 예리하고 철저한 사고의 모양을 가진 말, 정죄받

을 만한 죄를 부정하거나 가볍게 만드는 말 등이다.

이런 말들로 사람들이 속임을 받는 것은 그런 말들과 실재를 검증할 수 없기 때문이다. 또한 그럴듯한 것으로 보이기 때문에 속게 된다.

2. 죄를 지었지만 정죄될 것이 없다고 할 때, 그것을 쉽게 받아들인다.

사람들은 아무도 정죄받기를 원하지 않는다. 그런 행동에 형벌이 없다고 할 때 쉽게 그것을 받아들이고 안심한다. 그러므로 그런 빈 말에 힘을 얻어 자기의 죄를 정당화하고 안심한다.

3. 이런 빈말에 쉽게 넘어가는 것은 사람들이 그런 마음자세를 갖고 있기 때문이다.

사람들은 그럴듯한 말을 믿으려는 성향을 갖고 있다. 허황된 것을 사실로 받고 믿으려는 성향이 있다.

4. 음행과 탐욕과 깨끗하지 못함과 속임 등으로 하나님의 진노가 임한다.

5. 여기 하나님의 진노가 임한다고 할 때 그것은 마지막 심판이나 영원한 형벌을 말하는 것이 아니라 현세에서 사람들에게 임하

는 심판을 말한다.

6. 불순종의 아들들에게 하나님의 진노가 임한다고 하는 것은 사람들의 범죄 때문에 현세에서 복음을 받지 않는 사람들에게 하나님의 진노와 심판이 임함을 말한다.

불순종의 아들들은 복음의 도를 받지 않는 사람들을 말한다. 복음을 받음이 살 길인데 복음을 받지 않으므로 죄악에서 돌이키지 못하여 범죄만을 생활의 길로 삼는다. 이런 자들에게 하나님의 진노가 현세에도 임한다는 것을 바울은 강조하고 있다.

범죄 하면 반드시 죄의 결과를 받는 법이므로 하나님의 진노를 피하고 면한다고 할 수 없다.

그리스도인들이 실수하고 범죄 하였을 때 회개함으로 그리스도의 피로 용서받아 심판과 형벌을 당하지 않는다.

엡 5:7 그러므로 저희와 함께 참예하는 자 되지 말라

5:7 οὖν μὴ γίνεσθε συμμέτοχοι αὐτῶν·

엡 5:7 그러므로 그들과 함께 동참하는 자들이 되지 마시오.

1. 범죄자들과 함께하여 범죄 하는 일을 하지 말라고 권고하고 있다.

여기 '그들'은 사람들을 뜻하고, 죄를 말하지 않는다. 즉 이런 범죄자들과 섞이고 함께하여 그들이 하는 일을 하면 같은 형벌을 받게 되는 것을 말한다. 그들과 함께하면 범죄 하는 일에 자동으로 참여하게 되고, 그러면 하나님의 진노를 입게 되기 때문이다.

에베소서

Προς Εφεσιους

새사람의 삶의 방식: 5:8-14

1. 빛의 자녀로 행하라.
2. 착함과 의로움과 진실을 행하라.
3. 주를 기쁘시게 할 것을 행하라.
4. 어두운 것은 다 버리라.
5. 어두운 것들을 교정하면 빛이라.

엡 5:8 너희가 전에는 어두움이더니 이제는 주 안에서 빛이라 빛의 자녀들처럼 행하라

5:8 γάρ ἦτε ποτε σκότος, δὲ νῦν φῶς ἐν κυρίῳ· ὡς τέκνα φωτὸς περιπατεῖτε,

엡 5:8 전에는 여러분이 어두움이었으나 이제는 주 안에서 빛입니다. 빛의 자녀들처럼 행하시오.

1. 복음을 믿기 전에는 혹은 그리스도를 믿기 전에는 어두움 자

체였다.

복음을 알기 전에는 옛 본성대로만 살므로 어두움 안에 있는 정도가 아니라 어두움 자체였다. 믿기 전에는 어두움이 사람들의 마음에 있었지만, 또 어두움으로 싸여 살았다. 모든 것을 옛 본성을 따라 행하였다. 죄짓고, 남을 속이고, 음행하고, 탐욕하고, 더러운 것을 좋아하였다. 그러면서도 그런 것들이 죄악이고 하나님의 진노를 입을 줄은 생각도 하지 못하였다. 즉 어두움 그 자체였다.

2. 주 안에서 이제는 빛이라고 하는 것은 주 예수를 믿음으로 빛 안에 사는 것만이 아니라 빛이 되고 세상에 대해 빛이 된 것을 말한다.

주 예수를 믿어 변화된 이후에는 참을 표준으로 삼는다. 숨기는 것이 없고 바로 산다. 그러므로 어두움이 아니라 빛이다. 남에게 드러나게 되면 부끄러운 일을 행할 수 없다. 따라서 행한 것을 다 밝히고 감출 수 없게 된다. 그러므로 빛 안에 있는 정도가 아니라 빛이다.

3. 빛이 되었으면 빛의 자녀들로서 살아야 한다.

여기서 빛의 자녀들이라고 할 때 빛의 정관사 소유격이 없다. 그러므로 빛으로서 살아야 함을 말한다. 빛의 자녀들은 빛임을 말한다. 그러므로 다시 말을 옮기면 '빛으로서 행하시오'라는 말과 같다.

빛이 되었으면 빛으로 살고 빛으로 행해야 한다.

엡 5:9 빛의 열매는 모든 착함과 의로움과 진실함에 있느니라

5:9 γὰρ ὁ καρπὸς τοῦ φωτὸς ἐν πάσῃ ἀγαθωσύνῃ καὶ δικαιοσύνῃ
καὶ ἀληθείᾳ,

엡 5:9 빛의 열매는 모든 선함과 의로움과 진실함에 있습니다.

1. '빛의 열매는 모든 선함과 의로움과 진실함입니다'라고 번역하여도 합당하다.

2. 여기 '빛의 열매'를 '성령의 열매'로 바꾼 사본들이 있다.

전승본 Textus Receptus, D, K, L, Syr.-Peshitta, Chrysostomos 등이 있고, 나머지는 본문대로 빛의 열매이다.

아마도 성령의 열매라고 한 것은 갈 5:22 성령의 열매라고 한 것에 대한 대응이라고 할 것이다.

3. 빛의 열매는 나무와 열매의 관계처럼 새사람이 되어 중심이 바뀌었으니 그 중심에서 흘러나오도록 되어 있다.

나무가 자라 열매를 맺듯이 새사람이 되면, 그 중심이 바뀜으로

새사람으로서의 삶과 행동이 나온다. 새사람으로 만들어졌으면 새사람으로 살아 그 결과를 낼 수밖에 없다. 변화된 중심과 다른 삶이 될 수가 없다. 빛의 열매는 빛이 되었으니 나오는 결과이다.

4. 빛의 열매는 그리스도인으로서 남에게 모본이 되고 본보기가 되도록 행함과 그런 심성을 말한다.

그리스도인은 새사람이 되었으므로 옛사람으로 살 때와 같은 방식으로 살지 않고, 남을 도우며 남의 어려움을 덜어주어 사람다운 삶을 살도록 돕는 자세를 가진다. 그리고 하나님의 뜻에 따라 살고 행동한다. 또 모든 일에 참되고 바르게 행한다. 이전에 그리스도 밖에 있을 때의 삶과 전적으로 다른 삶이어서 다른 사람들의 모본이 된다.

5. 빛의 열매로 선함이라고 할 때 남을 잘되도록 돕고 관대하게 대함을 말한다.

악은 남을 해하는 것이고 잘못되게 하는 것이다. 선함은 남이 잘되도록 돕고 어려움을 면하도록 돕는 것이다. 그리고 사람들에 대하여 관대하게 행하는 것이다.

6. 빛의 열매로 의로움이라고 할 때 의로움은 하나님의 뜻을 따라 살므로 자기의 유익을 위해 바른 것을 굽히지 않는 것이다. 그런 면에 있어서는 공정이라고 할 수 있다. 의로움은 본래가 하나님의

법을 따라 살아 흠 없이 사는 것을 말한다. 의롭다고 하는 것은 죄를 용서받고 죄를 피하여 사는 것을 말한다.

그런데 여기서는 하나님의 법을 따라서 사는 것과 공정하게 행함을 의로움이라고 말한다.

7. 거짓 없이 참되고 정직하게 사는 것이 진실함이다.

진실함을 빛의 열매라고 한 것은 거짓 없이 사는 것을 말한다. 자기 이해와 관련된 경우에도 언제나 참을 말하고 거짓을 말하지 않는 것이 진실함이다. 손해를 보아도 참을 말한다. 진실을 말하고 그대로 살았는데도 손해를 보면 주님이 책임지실 것이다. 진실함으로 살도록 하라고 하신 이가 주님이시기 때문이다. 진실함이 주님의 법이다.

또 진실힘은 사실을 사실대로 말하고 더하거나 덜하지 않는 것을 말한다.

엡 5:10 주께 기쁘시게 할 것이 무엇인가 시험하여 보라

5:10 δοκιμάζοντες τί ἐστιν εὐάρεστον τῷ κυρίῳ·

엡 5:10 주를 기쁘시게 할 것이 무엇인지 분별하도록 하시오.

1. 주를 기쁘시게 할 것이 무엇인지 분별하는 것도 빛의 열매에 속한다.

나를 기쁘게 하고 나를 유익되게 하는 대로 살지 않고 주를 기쁘시게 할 것을 생각하는 것은 옛사람의 법으로 살지 않고, 새사람의 법으로 살기 때문이다.

새로운 결정을 할 때마다 이것이 나를 위한 것인가, 주를 기쁘시게 할 것인가를 생각하고 판단하는 것은 쉬운 일이 아니다. 그러므로 그리스도인으로서 바른 판단력과 분별력을 필요로 한다. 분별하도록 하라는 것은 그리스도의 심장으로 분별하고 판단하라는 뜻이다.

사람은 본성적으로 이기적이므로 많은 경우에 자기의 유익과 영예와 자기과시를 먼저 생각하고 그것을 목표로 한다. 옛사람의 요구와 판단을 따라서 행동한다.

그러므로 주를 기쁘시게 하고 주께서 바라시는 것이 무엇인지를 생각하고 판단해서 그 판단대로 행해야 한다.

엡 5:11 너희는 열매 없는 어두움의 일에 참예하지 말고 도리어 책망하라

5:11 καὶ μὴ συγκοινωνεῖτε τοῖς ἔργοις τοῖς ἀκάρποις τοῦ σκότους, δὲ μᾶλλον καὶ ἐλέγχετε,

엡 5:11 열매 없는 어두움의 일들에 참가하지 말고 오히려 드러내시오.

1. 어두움의 열매 없는 일들은 악한 행위들을 말한다.

악한 행위이기 때문에 선한 결과를 맺지 못한다. 그러므로 열매 없는 어두움의 일이라고 하였다. 어두움의 일들은 좋은 결과를 결코 가져오지 않는다.

2. 이런 어두움의 열매 없는 일들에 동참하지 말아야 한다.

어두움의 일들에 동참하면 마침내 옛사람으로 돌아간다. 따라서 유혹을 받더라도 옛사람의 일에 동참하면 안 된다.

어두움의 일에 동참하는 것들 중에 제일 감동을 받고 마음을 기울게 하는 것은 음행의 일이다. 이런 일들에 동참을 요구받으면 감동받아도 거기로 기울이지 말고 그런 유혹을 폭로해야 한다.

3. 어두움의 일에 동참을 요구받거나 유혹받고 그것을 거절하는 것은 힘든 일이나 그런 것을 폭로해야 한다.

폭로하면 그런 것을 하도록 종용했거나 유혹했던 사람과 사이가 나빠질 것은 뻔한 일이다. 그러나 죄악이 들어가지 않도록 하기 위해서 그런 유혹을 폭로하고 책망해야 한다.

엡 5:12 저희의 은밀히 행하는 것들은 말하기도 부끄러움이라

5:12 γὰρ τὰ κρυφῇ γινόμενα ὑπ' αὐτῶν αἰσχρόν ἐστιν καὶ λέγειν·

엡 5:12 그들에 의해 은밀히 행해진 것들은 말하기도 부끄러운 것입니다.

1. 음행은 공개적으로 이루어진 것이 아니고 은밀히 행해진 것인데, 이런 것은 공적으로 말하기조차 부끄러운 일이다.

죄악을 자랑으로 삼는 사람들 가운데서는 그런 일을 자랑스럽게 말하겠지만 그래도 가족들에게는 잘 말하지 못할 것이다. 그런 일들은 말하기조차 부끄러운 일이다.

남을 속이고 자기의 이익을 확보한 것도 말하기 부끄러운 일이다. 이해 때문에 한 행동은 항상 정당화하려고 하고 자기를 변호하려는 성향을 나타낸다. 그러나 그렇게 하면 안 된다.

엡 5:13 그러나 책망을 받는 모든 것이 빛으로 나타나나니 나타나지는 것마다 빛이니라

5:13 δὲ τὰ πάντα ἐλεγχόμενα ὑπὸ τοῦ φωτὸς φανεροῦται,

엡 5:13 빛에 의해 드러나는 모든 것은 밝히 알려집니다.

1. 은밀하게 행했던 일도 일단 드러나면 다 알려지게 된다.

은밀하게 행했던 일이어도 일단 드러나면 모든 것이 다 밝히 알려지게 되어 있다. 그리하여 만인이 다 알게 된다. 더 이상 숨기거나 변명이 불가능하게 된다. 다 사실대로 알게 되어 그 사건의 본질을 알게 되었기 때문이다. 이미 범죄 하였으니 할 말이 없어졌다는 것을 말한다. 변명이나 해명이 성립하지 않는다. 겸손히 인정하고 죗값을 따라 권징을 받아야 한다.

엡 5:14 그러므로 이르시기를 잠자는 자여 깨어서 죽은 자들 가운데서 일어나라 그리스도께서 네게 비취시리라 하셨느니라

5:14 γὰρ πᾶν τὸ φανερούμενον φῶς ἐστιν. διὸ λέγει· Ἔγειρε, ὁ καθεύδων, καὶ ἀνάστα ἐκ τῶν νεκρῶν, καὶ ἐπιφαύσει σοι ὁ Χριστός.

엡 5:14 나타나는 것은 다 빛입니다. 그러므로 말하기를 잠자는 자여, 깨어나 죽은 자들 가운데서 일어나라, 그리스도께서 네게 비추시리라 하였습니다.

1. 이미 밝히 드러난 것은 이미 드러났으므로 숨길 수 없어서 다 볼 수 있다. 그러므로 빛이라고 하였다.

범죄한 것은 시간이 지나면 다 드러나게 되어 있다. 숨겨질 수가 없다. 드러나면 다른 사람들이 다 알게 된다. 사람들이 보거나 들어서 아는 것은 다 밝혀진 것을 말한다. 드러나서 다 알게 된 것은 숨

겨진 것이 아니므로 빛이라고 하였다.

사람이 행한 일은 시간이 지나면 다 드러난다. 드러나지 않은 것은 하나님의 심판대에서 드러날 것이다. 그때는 모든 것이 다 드러나서 밝혀지게 될 것이다. 늦게라도 모든 것을 사람들이 다 알게 될 것이다.

2. 그리스도는 모든 사람을 구원하기 위해서 피 흘리셨으므로 사람들의 죄와 그 결과를 다 밝히셨다. 그러므로 그리스도께서 사람들에게 빛을 비추시는 것이다.

그리스도께서 세상에 오시기 전에는 죄가 무엇인지 분명히 밝혀지지 않았다. 사람들이 다수로 행하는 것은 정당한 것으로 인정되었다. 그러나 그리스도께서 오사 죄를 속량하기 위하여 피 흘리심으로 죄가 무엇인지를 분명히 밝히셨다. 즉 인간 세상에 빛을 비추셨다. 더 이상 사람들이 다수로 행하는 것이라도 정당한 것, 곧 사람들의 정도로 통할 수 없다. 하나님의 법에 어긋나는 모든 행동과 삶의 방식은 다 죄로 정죄되었다. 그리스도께서 빛을 비추심으로 밝은 세상이 되었다.

3. 그리스도께서 빛을 비추시므로 생긴 또 다른 것은 많은 사람들로 범죄행동을 중단하게 한 것이다.

그리스도께서 오사 피 흘리심으로 많은 사람들을 구원하여 죄된 생활을 중단하게 하셨다. 이것은 더 이상 범죄가 인간 삶의 정도가 아닌 것을 밝힌 것이다. 죄짓는 것을 생활화하지 않는 사람들이 많이 일어나므로 죄가 무엇인지 더욱 분명하게 밝혀졌다.

그리스도께서 피 흘려 사람들을 구원하심이 사람들의 세계에 빛을 비추어 바른 삶을 알려주신 것이다.

4. '잠자는 자'는 죄악을 계속하되 죄악이 죄악임을 깨닫지 못하는 자를 말한다.

잠자는 자는 깨어 일어나야 한다. 죄악의 잠을 자는 사람은 큰 범죄가 아니기 때문에 아무런 지각 없이 죄된 행동을 계속하고 죄된 삶을 계속하는 것을 말한다

깨어 일어나는 것은 그런 삶을 청산하는 것을 말한다. 그런 삶을 청산하지 않으면 죽음밖에는 다른 것이 없다. 영원한 멸망에 이를 뿐이다.

5. 죄악에 계속 침잠하는 것은 죽은 자들이 되는 것이다.

아무리 작은 죄라도 거기에 계속 머물면 죽음 외에 다른 길이 없다. 죄의 종국은 다 죽음이고 영원한 멸망이기 때문이다.

6. 잠자는 자들이 깨어 일어나 죽은 자들 가운데서 벗어날 수 있는 길은, 그리스도께서 오사 죄악 세상을 비추셨기 때문이다.

죄의 잠을 자는 사람은 아무도 자기 스스로 깨어날 수가 없다.

그리스도께서 빛을 비추셨으므로 사람들이 잠자는 자리에서 일어나고, 죽은 자들이 살아나게 되었다.

그리스도의 구속사역이 없이는 아무도 자기의 죄악에서 돌이킬 수가 없다. 죄를 중단하는 것은 더더구나 불가능하다.

7. 죽은 자들 가운데서 나오라고 한 것은 죄 가운데서 잠자는 자들로 죽음에서 돌이키라는 촉구이다.

죽은 자들 가운데서 살아나오라는 것은 죄의 길을 계속하여 죽음으로 종착하지 말고, 죄에서 돌이키라는 말씀이다. 죄와 죽음에서 돌이키는 것은 죄짓는 것을 중단하는 것이다.

8. 그리스도의 빛, 곧 그의 구속으로 사람들이 죄를 떠날 수 있다.

죄를 떠날 수 있는 길은 오직 그리스도의 구속뿐이다. 이 구속을 믿고 받아들임으로 죄를 벗고 의의 길에 살아 영생에 이를 수 있다.

사람은 자기의 자연적 능력으로는 자기의 죄악을 깨달을 수도 없고, 거기서 돌이킬 수도 없다. 자기 힘으로 자기의 죄를 해결할 수가 전혀 없다. 오직 그리스도께서 죄를 밝히고 죄를 해결하신 구속을 받아들임으로만 죄를 떠날 수 있다.

찬송하며 경외하는 삶: 5:15–21

1. 세월을 아끼라.
2. 주의 뜻을 늘 이해하도록 하라.
3. 술 취하지 말고 성령으로 충만하라.
4. 시와 찬미와 신령한 노래로 주를 찬양하라.
5. 언제나 감사하고 그리스도를 경외하라.

엡 5:15 그런즉 너희가 어떻게 행할 것을 자세히 주의하여 지혜 없는 자 같이 말고 오직 지혜 있는 자같이 하여

5:15 οὖν Βλέπετε ἀκριβῶς πῶς περιπατεῖτε, μὴ ὡς ἄσοφοι ἀλλ' ὡς σοφοί,

엡 5:15 어떻게 행할지를 자세히 살펴보아 어리석은 자들과 같이 하지 말고 지혜로운 자같이 행하시오.

1. 지혜롭게 행했느냐 어리석게 행했느냐는 경우에 따라서 결정

된다. 그러므로 새로운 상황에 맞게 바르게 행동하는 것이 어떤 것인지를 자세히 살피는 것이 필요하다.

경우에 따라 선악 시비가 갈릴 수 있다. 그러므로 새로운 상황에 맞게 지혜롭게 행동하기 위해서 자세히 살피는 것이 필요하다. 새로운 상황이 전개되면, 어제의 행동이 오늘의 상황에서는 합당하다고 할 수 없다. 그러므로 자세히 살펴서 어떻게 하는 것이 지혜로운지 올바로 판단해야 한다.

2. 여기서 지혜롭게 행하는 것은 죄를 피하는 것을 뜻한다.

우리는 새로운 상황에서 죄짓도록 분위기가 조성되는 경우를 만난다. 그런 경우 지혜로 죄짓는 것을 피하도록 해야 한다. 죄짓지 않는 것이 지혜로 행하는 것이다.

엡 5:16 세월을 아끼라 때가 악하니라

5:16 ἐξαγοραζόμενοι τὸν καιρόν, ὅτι αἱ ἡμέραι πονηραί εἰσιν.

엡 5:16 시간을 사시오, 날들이 악합니다.

1. 시간을 사는 것은 돈으로 산 것처럼 시간을 소중히 여겨 자기 할 일을 다하는 것이다.

우리는 시간 안에서 태어나서, 시간 안에서 살므로 시간의 가치와 귀함을 모른다. 시간은 한 번 왔다가 지나가면 다시 돌아오지 않는다. 그러므로 주어진 시간에 해야 할 일을 다해야 한다. 지나간 시간은 다시 회복할 수 없다. 그러므로 이 시간을 마지막으로 알고 최선을 다해야 한다.

돈으로 산 것은 귀하게 여긴다. 더구나 물건들이 귀한 옛날에는 돈으로 산 물건들을 매우 귀하게 다루었다. 마찬가지로, 시간도 돈으로 산 것처럼 간주하여 아주 귀하게 여겨서 시간을 잘 활용하도록 최선을 다해야 한다. 시험을 앞둔 학생들이 시험에 임박해서는 시간의 촉박함을 알고 시간을 바로 활용하기 위하여 최선을 다한다. 수험생의 경우처럼 시간을 활용하면 참으로 큰 일을 할 수 있을 것이다.

2. 날들이 악하므로, 곧 세대가 악하므로 해야 할 일을 그 시간에 하지 못하면 다시 회복할 수 없음을 말한다.

여기서는 복음 전파의 시간을 놓치면 할 수 없음을 말한다. 그러므로 열심히 전도하고 성실하게 살아야 한다. 핍박의 때가 되면 복음을 전할 수 없음을 바울은 염두에 두고 있다. 지금 자기가 복음을 전하는 시간은 편안하고 무사하지만, 다음 세대에는 복음을 전할 수 없도록 핍박이 올 것을 마음에 두고 있다. 그러므로 각자가 사는 시대에 최선을 다해서 바로 살고 복음을 전할 것을 권고하고 있다.

엡 5:17 그러므로 어리석은 자가 되지 말고 오직 주의 뜻이 무엇인가 이해하라

5:17 διὰ τοῦτο μὴ γίνεσθε ἄφρονες, ἀλλὰ συνίετε τί τὸ θέλημα τοῦ κυρίου.

엡 5:17 이러므로 어리석은 자들이 되지 말고, 주의 뜻이 무엇인지 깨달으시오.

1. 어리석은 자들이 되지 않는 것은 주의 뜻을 따라 행동하는 것이다.

어리석은 자는 자기의 욕심과 자기의 적은 지식에 따라 판단하고 행동한다. 그러므로 그 상황에 맞지 않게 자기대로 해석하고 행동하는 것이다.

우리는 그 상황과 관련되는 모든 것을 다 알 수가 없다. 그래서 신중하고 또 자세히 살피고 일하여도 잘못할 수가 있다. 이 경우 주의 뜻이 무엇인지를 깨닫고 행동하면 지혜로운 결과를 낼 것이다. 어떤 상황에 대해 주의 뜻이 무엇인지를 깨달으면 이기적으로 판단하고 행동하지 않을 것이다.

엡 5:18 술 취하지 말라 이는 방탕한 것이니 오직 성령의 충만을 받으라

5:18 καὶ μὴ μεθύσκεσθε οἴνῳ, ἐν ᾧ ἐστιν ἀσωτία, ἀλλὰ πληροῦσθε ἐν πνεύματι,

엡 5:18 술 취하지 마시오, 그 안에 방탕함이 있습니다. 오히려 영으로 충만하게 되시오.

1. 술 취하면 이성과 상식을 잃고 본능적으로 행동하기 때문에 자기가 하고 싶은 대로 한다. 술 취한 상태에서는 법도가 없다.

사람은 윤리적인 존재이므로, 육적인 본능으로 행동하는 것이 아니라 이성과 상식으로 행동해야 한다. 그러나 술 취하면 육적 욕망을 제어하는 장치가 마비되어 본능적으로 행동한다. 술 취하는 것은 법도가 없는 행동이어서 방탕이다. 방탕이라고 하는 것은 바로 성적 욕망 충족을 위해서 낯을 가릴 줄 모르고 행동하기 때문이다. 대개 옛날에는 술 취한 상태에서 음행을 저질렀다.

술 취한 상태에서 윤리적인 한계선을 벗어나기 쉽다. 이 경우에는 부끄러운 줄도 모르고 자기의 욕망대로 행동한다. 그러므로 방탕한 것이다.

2. '성령의 충만을 받으라'가 아니고 '영으로 충만하게 되시오'이다.

성령의 충만을 받으라는 것은 사람이 자기의 적극적 노력으로 성령을 충만하게 하는 것을 뜻한다. 그러나 본문은 영으로 충만하게 되라는 것이다. 이미 성령을 받았으니 성령의 충만 상태를 유지하라고 한 것이다.

3. 성령의 충만은 성령의 지배와 인도를 늘 받는 것을 말한다.

성령의 충만을 오순절파와 은사파들은 물로 가득 채우는 방식으로 이해하였다. 그런 것이 아니고, 성령 충만은 성령의 지배와 인도를 늘 받는 것을 말한다. 이미 성령 받았으니 성령의 인도로 살아야 한다.

4. 성령으로 충만하게 되라는 것은 성령의 인도에 순종하여 살라는 말이다.

성령으로 충만해지는 것은 성령의 인도에 순종하여 사는 것을 말한다. 성령은 하나님이시고 인격이시므로 사람에게 오시는 순간부터 그를 지배하고 인도하신다.

그러나 사람은 그리스도인이 되었어도 육의 욕망과 옛사람이 작용하여 성령의 인도와 지배를 따라 살기가 어렵다. 육의 욕망과 옛사람의 법을 따라 살기를 좋아하고 거기로 기울이기 때문이다. 특히 육의 욕망으로 기울인다. 그 욕망 충족을 위해 모든 주의와 시선을 집중한다. 그래서 성령의 인도를 거스른다.

5. 성령으로 충만하게 되는 것은 육의 욕망을 버리고 그리스도의 법을 따라 사는 것이다.

성령의 충만은 성령을 따라 사는 것이다. 육의 욕망을 버리고 성령의 생각을 따라 사는 것이다. 그것은 바로 그리스도의 법을 따라 사는 것이다. 우리는 육의 욕망을 따라 살기를 좋아하고 그것을 이루는 데 집중한다. 그러나 생각을 바꾸어 그리스도의 법으로 사는 것이 성령의 인도를 따라 사는 것이다.

6. 성령을 받은 모든 그리스도인들은 성령으로 살아야 할 의무를 갖고 있기 때문에 영으로 충만하게 되라고 명하고 있다.

성령을 받은 모든 그리스도인들은 성령으로, 곧 성령의 인도로 살아야 할 의무를 지닌다. 또 그런 당위성을 지닌다. 성령으로 인도함 받아 살 때만이 그리스도인은 그리스도인이 된다. 그렇지 않으면 겉으로는 그리스도인이나 속으로는 자연인의 상태로 돌아가 있다.

7. 술 취한 것과 성령으로 충만하게 됨을 대조한 것은, 술 취한 상태에서 술의 힘으로 행동하는 것이, 성령 충만의 상태에 있어서 성령으로 지배되는 것과 유사하기 때문이다.

술 취한 상태에서는 술기운으로 행동하고 자기의 이성으로 행동하지 못한다. 성령으로 인도받는 경우도 자기의 힘으로 행동하고 사는 것이 아니라 성령의 인도로 산다. 그럴 경우 자기의 힘과 판단으로 행동하는 것이 아니다.

엡 5:19 시와 찬미와 신령한 노래들로 서로 화답하며 너희의 마음으로 주께 노래하며 찬송하며

5:19 λαλοῦντες ἑαυτοῖς ψαλμοῖς καὶ ὕμνοις καὶ ᾠδαῖς πνευματικαῖς, ᾄδοντες καὶ ψάλλοντες τῇ καρδίᾳ ὑμῶν τῷ κυρίῳ,

엡 5:19 시와 찬송과 신령한 노래들로 서로 화답하며 심장으로 주께 노래하고 찬송하시오.

1. 그리스도인들의 대화는 시와 찬송과 신령한 노래로 하는 거룩한 언어생활이어야 한다.

저속한 이야기들과 떠드는 소리로 서로 대화하는 것이 아니고, 시와 찬송과 신령한 노래들도 서로 화답하여 그리스도인의 거룩한 생활을 나타내야 한다. 우리가 서로 모일 때도 주를 찬송하고 노래하고 주를 기리는 시편을 노래해야 한다.

바울은 구약교회의 찬양을 회상하고 시편으로 찬송할 것을 권하고 있다. 구약교회에서는 성전예배에 언제나 시편으로 하나님을 찬양하였다.

칼빈도 종교개혁교회가 시편으로 찬송하는 것을 바른 예배로 정하였다. 그리하여 시편에 맞게 작곡하게 하고, 온 교회로 하여금 시편을 찬송하게 하였다. 우리도 시편으로 주를 찬양하고 노래해야 할 것이다.

2. 심장으로 주께 노래하고 찬송하는 것은 진심으로 주를 노래하고 찬송하는 것을 말한다.

진심으로 구원의 주를 찬송하고 기려야 한다. 그것이 그리스도인의 마땅한 삶의 방식이다.

우리의 삶의 방식은 찬송하는 삶이다. 주의 은혜와 구원과 그의 크신 사역을 인하여 찬송하는 일을 중단하면 안 된다.

엡 5:20 범사에 우리 주 예수 그리스도의 이름으로 항상 아버지 하나님께 감사하며

5:20 εὐχαριστοῦντες πάντοτε ὑπὲρ πάντων ἐν ὀνόματι τοῦ κυρίου ἡμῶν Ἰησοῦ Χριστοῦ τῷ θεῷ καὶ πατρί,

엡 5:20 항상 모든 일에 우리 주 예수 그리스도의 이름으로 하나님 아버지께 감사하시오.

1. 우리는 모든 일에 있어서 항상 하나님께 감사해야 한다.

하나님께서 모든 일을 섭리하시는 것을 알면 그에게 감사해야 한다. 좋은 일을 만나거나 나쁜 일을 만나거나 간에 하나님께서 우리의 선함을 위해 역사하심을 알고 감사하는 것이 합당하다. 나쁜 일을 만나 심히 괴롭고 어려워도 마침내는 우리를 잘되게 하려고 하심

인 줄 알고 감사해야 한다.

그리스도인의 삶의 방식은 하나님께 감사하는 것이다. 우리는 은혜로 구원 얻었고 그의 은혜로 살아가므로 언제나 감사가 바른 생활의 법이다.

2. 하나님은 모든 일을 우리 주 예수 그리스도로 이루시므로 그의 이름으로 감사해야 마땅하다.

하나님은 모든 일을 우리 주 예수 그리스도로 이루시므로 그의 이름으로 감사해야 하나님께서 바른 감사를 받으시는 것이다. 우리의 기도가 반드시 주 예수의 이름으로 드려져야 하듯이 (요 14:13-14), 감사도 주 예수의 이름으로 드려야 아버지께서 받으신다. 주 예수의 이름으로 드린 기도와 감사가 하나님 아버지께로 가는 기도이고 감사가 된다.

엡 5:21 그리스도를 경외함으로 피차 복종하라

5:21 ὑποτασσόμενοι ἀλλήλοις ἐν φόβῳ Χριστοῦ.

엡 5:21 그리스도를 두려워함으로 서로 복종하시오.

1. 그리스도도 하나님 아버지처럼 두려워해야 한다.

그리스도는 통상 인성을 입었으므로 하나님 아버지처럼 두려워하기가 쉽지 않다. 그러나 여기서 바울이 '그리스도를 두려워함으로' 라고 표기한 것을 보면 그리스도도 하나님 아버지처럼 두려워하는 것이 당연함을 말한다. 주 예수 그리스도는 인성을 입어 우리와 같아짐으로 아버지보다 낮게 생각하는 경향이 있다. 그러나 그리스도는 인성을 입었어도 하나님이시므로 하나님으로서 합당하게 두려워해야 한다.

2. 그리스도를 두려워함으로 서로 복종하는 것은 그리스도가 하나님 아버지께 순종하여 구원하는 일을 이루신 것을 생각하고 서로에게 순종하는 것을 말한다.

우리는 동료 그리스도인의 권고와 가르침을 따르기 쉽지 않다. 그러나 그리스도께서 인성을 입으시고 십자가에 죽기까지 순종하신 것을 생각하면, 우리도 서로의 권고와 가르침에 순종할 수 있어야 한다.

에베소서

Προς Εφεσιους

바른 부부관계: 5:22-33

1. 아내는 남편에게 모든 일에 순종하라.

구주 예수께 교회가 순종하듯이 아내는 남편에게 순종하라.

2. 남편은 아내를 자기 몸처럼 사랑하라.

그리스도께서 자기 몸을 내어 주신 것처럼 남편은 아내를 사랑하라.

3. 남편은 아내를 잘 보살피라.

그리스도께서 교회를 보살피심같이 아내의 삶을 책임지라.

4. 남편과 아내는 한 몸이므로 사랑과 존경의 법으로 살라.

엡 5:22 아내들이여 자기 남편에게 복종하기를 주께 하듯 하라

5:22 Αἱ γυναῖκες τοῖς ἰδίοις ἀνδράσιν ὡς τῷ κυρίῳ,

엡 5:22 아내들은 자기 남편에게 순종하기를 주께 하듯 하시오.

1. 하나님의 창조질서에 결혼하면 남자는 여자의 머리가 되고

보호자가 된다. 또 하나님은 남자에게 아내와 가정 위에 권위를 주셨다.

결혼은 생물학적 결합만이 아니다. 두 인격의 결합이다. 이때 남자는 여자의 머리가 되고 보호자가 된다. 부부간에 인격이 동등해도 남자가 여자의 머리가 되므로 아내는 남편에게 순종해야 한다.

2. 주님은 교회의 설립자이고 구주이시다. 교회 생명의 원천이 바로 그리스도이시다. 그러므로 교회는 모든 면에 있어서 주께 순종해야 한다.

결혼한 가정에서 남편은 아내의 구주가 아니고 주도 아니다. 그러나 아내의 머리로 세워졌고 아내의 보호자이므로 모든 면에 남편에게 순종하는 것이 바르다. 남자는 결혼하면 아내 위의 권위를 당연한 것으로 느끼고 주장한다. 하나님이 머리로 세우셨기 때문이다. 따라서 아내는 남편에게 순종해야 가정질서가 바로 선다.

3. 가정에서 권위는 남편에게 있다. 즉 남편이 가정을 다스린다.

남편의 다스림에 아내가 순종하면 가정이 바로 된다. 반대로, 여자가 다스리고 남자를 주장하면 창조질서가 무너짐으로 자녀들의 인격이 바로 세워지지 못한다.

4. 남자가 밥과 돈을 벌어 와서 가정을 살리면, 가정에서 권위는

남자에게 속하고 남자가 행사한다.

남자는 결혼하면 열심히 일하여 가정의 모든 생존과 안녕을 책임져야 한다. 가정의 생존을 책임지기 때문에 가정에서 권위는 남자에게 속한다. 그것이 창조의 질서이다. 그리고 남자는 남편으로서 자기의 책임을 다해야 한다.

엡 5:23 이는 남편이 아내의 머리 됨이 그리스도께서 교회의 머리 됨과 같음이니 그가 친히 몸의 구주시니라

5:23 ὅτι ἀνήρ ἐστιν κεφαλὴ τῆς γυναικὸς ὡς καὶ ὁ Χριστὸς κεφαλὴ τῆς ἐκκλησίας, αὐτὸς σωτὴρ τοῦ σώματος.

엡 5:23 그리스도께서 교회의 머리로서 몸의 구주이신 것처럼 남편은 아내의 머리입니다.

1. 그리스도는 피 흘려 교회를 세우셨다. 그러므로 그가 교회의 머리이시다.

교회는 그리스도의 피 흘리심으로 설립되었다. 그는 교회의 모퉁잇돌이 되어 교회의 머리가 되셨다.

그리스도를 머리로 하고 세워진 교회는 그리스도의 생명과 은혜로만 살 수 있다. 그러므로 그리스도는 교회 위에 전적인 권위를 행

사하신다.

2. 그리스도는 피 흘려 사람들을 사서 자기의 몸인 교회로 만드셨으므로 교회의 구주이시다.

그리스도는 피 흘려 자기의 백성을 사서 교회로 삼으셨다. 또 교회를 자기의 몸으로 삼으셨다. 그리고 자신은 몸의 머리가 되셨다. 그리스도가 믿는 사람들을 자기의 피로 샀고 구속하셨으므로 교회가 교회 된 것은 전적으로 그리스도의 구속 때문이다. 따라서 그리스도는 교회를 구원하고 유지하시는 구주이시다.

3. 그리스도는 자기의 피로 백성들을 사서 자기의 교회로 삼으셨으므로 교회에 전적인 권위를 행사하신다.

교회는 그리스도를 떠나서는 성립할 수도, 존속할 수도 없다. 교회가 된 후에도 그리스도의 생명과 은혜로만 살고 유지된다. 그러므로 교회는 전적으로 그리스도에게 종속되어 있다. 교회가 살고 죽는 것은 전적으로 그리스도에게 달렸다. 그리스도에 붙어 있어서 그의 생명으로 살면 교회는 교회로 남고 살아갈 수 있다. 그러므로 그리스도는 교회에 전권을 행사하신다.

4. 남편은 아내에 대해 머리로서 권위를 갖는다.

남편은 아내를 자기의 피로 산 것도 아니고, 그의 생명으로 구한 것도 아니다. 그러나 하나님의 창조질서에 의해 결혼으로 남편은 아내의 머리가 된다. 그러므로 남편은 아내에 대해 권위를 갖는다. 남편은 아내의 머리이므로 아내의 모든 생존과 안녕을 책임진다. 이 책임을 이행하면 남편은 아내의 머리로서 역사한다. 가정에서 남편과 아내의 자리와 권위는 전적으로 하나님의 창조질서에 의존한다.

남편은 아내의 머리이므로 아내는 남편에게 순종해야 한다. 이 질서가 지켜지지 않고 아내가 남편을 주장하면 창조질서가 무너짐으로 가정이 바로 설 수가 없고, 자녀들이 올바로 자라지 못한다. 이런 가정에서는 자녀들의 인격이 바로 형성되지 못한다.

남편은 남편으로서 의무와 책임을 다함으로 아내와 자녀들에게 권위를 행사하고 교육할 수 있다.

엡 5:24 그러나 교회가 그리스도에게 하듯 아내들도 범사에 그 남편에게 복종할지니라

5:24 ἀλλὰ ὡς ἡ ἐκκλησία ὑποτάσσεται τῷ Χριστῷ, οὕτως καὶ αἱ γυναῖκες τοῖς ἀνδράσιν ἐν παντί.

엡 5:24 교회가 그리스도께 복종하듯이, 아내들도 마찬가지로 모든 일에서 남편들에게 복종해야 합니다.

1. 교회는 그리스도의 말씀에 전적으로 순종하지 않으면 살 수 없다.

교회는 그리스도의 생명으로 살게 되어 있으므로 그의 말씀을 따라 살아야 한다. 그리스도의 말씀을 따라 사는 것이 그리스도께 복종하는 것이다. 복음이 교회가 사는 양식이고, 교회가 교회 되는 법이다.

그렇지 않고 세상의 법으로 살려고 하면 교회이기를 그친다. 그러므로 교회는 언제나 그리스도에게 복종함으로 생존할 수 있다.

2. 그러면 남편과 그리스도를 비교할 수는 없지만 머리 되는 면에서는 교회가 그리스도께 복종하듯이, 아내도 남편에게 순종해야 가정이 바로 선다.

남편이 자기 아내의 머리 됨과 그리스도께서 교회의 머리 되심을 동일한 선에서 비교할 수는 없다. 그것은 전적으로 부당하다.

그러나 머리 됨에 있어서는 둘 간에 유비가 성립한다. 따라서 아내도 남편에게 순종해야 한다. 남편의 결정과 인도에 순종해야 한다. 가정에서는 남편 이상의 권위가 없기 때문이다.

3. 아내는 모든 일에서 남편에게 순종해야 한다.

아내는 조언하여도 일단 결정이 나면 남편의 결정에 순종해야 한다. 남편도 바로 판단하고 결정할 수 있으려면 모든 일에 있어서 잘 알고 바로 알아야 한다. 그리고 사리에 맞고 타당한 결정을 해야 한다. 그래야 아내가 바로 그 결정과 명령에 순종할 수 있다.

그러나 아내의 순종의 경우는 좋을 때만이 아니고, 자기 판단에 바르지 못하다고 여길 때에도 순종해야 한다. 아내가 남편에게 순종하고 따르면 남편의 아내 사랑이 계속된다. 이럴 때 가정이 평화롭고 기쁨이 있다.

4. 아내가 남편에게 순종하는 것은 남편을 존경함으로 할 수 있다.

아내는 남편에게 순종해야 한다. 그러려면 남편을 존경해야 한다. 남편을 존경하지 않고서는 남편에게 순종할 수 없다.

남편이 부족한 면이 있어도 남편으로서의 책임을 다하면 아내는 남편을 존경하고 순종해야 한다. 남편을 존경하면 아내는 사랑을 넘치게 받는다. 그 경우 남편은 자기의 책무를 다하기 위해서 진력한다. 남편을 존경하는 것은 남편으로서 인정하는 것이므로 사회에 나가서 자기의 몫을 다할 수 있다.

엡 5:25 남편들아 아내 사랑하기를 그리스도께서 교회를 사랑하시고 위하여 자신을 주심같이 하라

5:25 Οἱ ἄνδρες, ἀγαπᾶτε τὰς γυναῖκας, καθὼς καὶ ὁ Χριστὸς ἠγάπησεν τὴν ἐκκλησίαν καὶ ἑαυτὸν παρέδωκεν ὑπὲρ αὐτῆς,

엡 5:25 남편들이여, 아내 사랑하기를 그리스도께서 교회를 사랑하시고 위하여 자기 자신을 주심과 같이 하시오.

1. 남편들이 아내를 사랑하되 그리스도께서 자신을 주신 것처럼 사랑하는 것은 모든 것을 헌신하여 아내를 사랑하는 것을 말한다.

그리스도는 교회를 사랑하사 자기 자신을 주어 교회를 구원하고 조성하셨다. 자기 목숨을 주셨으니 더 이상의 것을 줄 것이 없다. 즉 모든 것을 헌신하여 우리를 구원하셨다.

남편들도 자기 아내를 사랑하되 헌신적으로 사랑해야 함을 바울이 강조하고 있다. 아내를 위해 자기 자신을 줄 수는 없지만 모든 것을 주는 것처럼 사랑할 것을 지시하고 있다. 남편은 아내의 복지와 안녕과 행복을 위해 모든 수고를 다해야 한다.

그리고 아내가 어려움을 당할 때 자기 목숨이라도 내어놓듯 사랑해야 함을 말한다.

부부간에 사랑은 아내가 사랑하는 것이 아니고 남편이 해야 한다. 남편은 아내를 사랑하고 아내는 사랑을 받는다. 그러므로 남편은 아내를 위해 일생 수고하여 아내의 생존과 안녕과 행복을 위해 일해야 한다. 또 아내가 위험을 만날 때 모든 것을 걸고 아내의 생명을 지키고 보존해야 한다.

2. 그리스도가 교회를 위해서 자기 목숨까지 버리셨으니 그리스도는 교회를 위해 모든 것을 다 바치신 것이다.

그리스도는 교회를 위해 자기 목숨을 내어놓으셨으니 모든 것을 다 주신 것이다. 아무도 자기 목숨을 버려 남을 구원할 수 없는데 그리스도만이 자기 목숨을 버려 교회를 구원하셨다. 이보다 더 큰 사랑은 세상에 없다.

3. 남편이 아내를 사랑해야 할 모본이 바로 이 점이다. 즉 남편도 아내를 사랑할 때 그리스도처럼 모든 것을 다 희생해서 사랑하는 것을 말한다.

엡 5:26 이는 곧 물로 씻어 말씀으로 깨끗하게 하사 거룩하게 하시고

5:26 ἵνα αὐτὴν ἁγιάσῃ καθαρίσας τῷ λουτρῷ τοῦ ὕδατος ἐν ῥήματι,

엡 5:26 이는 교회를 거룩하게 하시고, 물로 씻어 말씀으로 깨끗하게 하시기 위함입니다.

1. 이렇게 자신을 주사 교회를 사랑하신 것은 교회를 거룩하게 하시기 위함이었다.

교회의 설립 목적은 거룩한 백성을 만드는 것이다. 교회가 거룩해져야 하나님이 충만히 그 백성 가운데 거주하실 수 있기 때문이다. 교회의 거룩이 완전해지면 하나님의 임재가 충만해진다. 교회가 완전히 거룩해지면 종말이 되어 하나님의 임재가 충만해진다. 하나님이 친히 그 백성 가운데 오사 거주하시므로 처음 창조경륜을 이루신다. 구속된 백성이 온전한 하나님의 백성이 되기 때문이다.

2. 교회가 거룩해지는 것은 전체로 죄를 버리고 깨끗하게 되는 것이다.

교회의 거룩은 교회가 전체로 죄를 버리고 새사람으로서 온전한 삶을 사는 것을 말한다. 교회가 완전히 거룩해지는 것은 그리스도의 거룩한 경지에 도달함으로 된다. 그리스도는 처음부터 죄가 없었으므로 죄를 지을 일이 없었다. 유혹과 시험을 받아도 죄를 구성하지 않았다. 이렇게 그리스도처럼 죄의 유혹과 시험에도 죄를 범하지 않게 되는 것이 온전하게 되는 것이다.

3. 물로 씻어 말씀으로 깨끗하게 되는 것은 그리스도의 피로 죄가 씻어지고 말씀으로 계속해서 죄를 버리는 것을 말한다.

주 예수를 믿으면 그의 피로 모든 죄가 다 씻어진다. 죄를 씻는 것은 주 예수의 피뿐이다. 그러므로 '물로 씻어'라고 한 것은 통상 세례를 지시하는 것으로 보지만 물 자체로 죄가 깨끗하게 될 수는 없다. 물로 씻는 것은 그리스도의 피로 씻어진 것을 확인하는 것뿐이다.

말씀으로 깨끗하게 되는 것은 죄가 용서된 후에 말씀의 권고를 받아 죄를 버리고 깨끗함으로 늘 나아가도록 하는 것을 말한다.

그러므로 여기 '말씀으로'는 말씀의 선포와 가르침을 말한다. 사람은 죄를 말씀으로 지적받는다. 말씀의 지적으로만 죄를 깨달을 수 있다.

그러나 죄를 지적받아도 죄를 회개할 수 있는 길은 그리스도의 피 흘리심을 선포하고 증거하는 길뿐이다.

4. 깨끗해서 더 이상 죄짓지 않는 백성이 되도록 하기 위해 그리스도께서 자신을 버려 피 흘리셨다.

결국 그리스도께서 피 흘려 죽으신 것은 백성들의 죄를 도말하여 거룩하고 깨끗한 백성으로 만드시기 위함이다. 그러므로 그리스도인들은 늘 거룩한 백성이 되도록 수고하고 힘써야 한다.

엡 5:27 자기 앞에 영광스러운 교회로 세우사 티나 주름잡힌 것이나 이런 것들이 없이 거룩하고 흠이 없게 하려 하심이니라

5:27 ἵνα παραστήσῃ αὐτὸς ἑαυτῷ τὴν ἐκκλησίαν, ἔνδοξον μὴ ἔχουσαν σπίλον ἢ ῥυτίδα ἤ τι τῶν τοιούτων, ἀλλ᾽ ἵνα ᾖ ἁγία καὶ ἄμωμος.

엡 5:27 그가 영광스런 교회를 자신을 위해서 세우시사 점도 없고 주름잡힌 것도 없고 또 그와 같은 것이 전혀 없어서 거룩하고 흠 없게 하시려고 하심입니다.

1. 그리스도는 교회를 자신에게 영광스럽게 세우시려고 하셨다.

그리스도는 교회의 설립자이시고, 주님이시다. 교회 설립자의 목

표는 교회를 거룩한 교회로 세우는 것이다. 교회가 죄를 버리고 하나님의 말씀으로 살므로 거룩하고 흠이 없는 교회가 되기를 바라셨다.

주께서는 사람 앞에서나 하나님 앞에서 흠 잡을 데 없는 교회로 서기를 바라고 역사하신다.

2. 그리스도가 친히 자기 자신에게 거룩한 교회로 세우려고 하신다는 것은 그가 하나님이심을 제시한 것이다.

교회가 거룩하게 되어야 하나님께서 충만히 교회에 거주하신다. 그러면 교회를 하나님 아버지께 거룩하게 세우려고 하신다고 해야 할 것이다. 그러나 여기서는 그리스도 자신이 자신에게 거룩한 교회를 세우려고 하신다고 하였으니 그리스도가 바로 하나님이심을 제시한다.

교회는 그리스도의 몸이지만 그가 교회의 머리이시고 주님이시다. 주님이시라는 것은 그가 바로 교회에 거주하시는 하나님이심을 말한다. 삼위일체의 신비에 의해 그리스도의 교회 거주는 바로 하나님의 거주이고 삼위일체 하나님의 거주이다.

3. 교회가 거룩하다는 것은 죄짓지 않는 것을 말하는데, 거룩의 표준이 죄만 짓지 않는 수준이 아니라 점도 없고 주름잡힌 것도 없이 되는 것, 곧 허물도 없는 정도가 되는 것이다.

점도 주름잡힌 것도 없이 되는 것은 완전한 경지이다. 사람은 누구나 허물과 실수가 있다. 허물과 실수가 없다는 것은 사람으로서는 완전한 경지이다. 성화가 완성된 사람의 경지가 흠도 없고 주름도 없는 경지이다.

주님이 원하시는 경지가 바로 흠도 없는 상태이다. 여기에 이르려면 교회가 얼마나 완전하고 거룩해야 하는지를 말한다.

엡 5:28 이와 같이 남편들도 자기 아내 사랑하기를 제몸같이 할지니 자기 아내를 사랑하는 자는 자기를 사랑하는 것이라

5:28 οὕτως ὀφείλουσιν καὶ οἱ ἄνδρες ἀγαπᾶν τὰς ἑαυτῶν γυναῖκας ὡς τὰ ἑαυτῶν σώματα· ὁ ἀγαπῶν τὴν ἑαυτοῦ γυναῖκα ἑαυτὸν ἀγαπᾷ,

엡 5:28 이와 같이 남편들도 자기 아내를 자기 몸같이 사랑하는 것이 마땅합니다. 자기 아내를 사랑하는 사람은 자신을 사랑하는 것입니다.

1. 사람은 언제나 자기 몸을 사랑하고 보살핀다.

어떤 사람도 자기 몸은 사랑한다. 언제나 어떤 경우에도 자기 몸을 미워하여 학대하거나 괴롭히려고 하지 않는다. 언제나 자기 몸을 보호하고 보살핀다. 혹 자기 몸을 미워할 때가 있다면 병들어 죽게 되는 상태에 이르거나 불치병을 갖고 있을 때이다. 그런 경우에도 기어이 병을 낫게 하고 고치려고 하지, 죽어 버리려고 하지는 않는다. 언제나 자기 몸은 사랑하고 아낀다.

2. 남편이 자기 아내를 사랑하는 법이 자기 몸처럼 사랑하는 것이면, 아내를 결코 미워할 수 없음을 말한다.

아내를 사랑하는 법이 자기 몸처럼 사랑하는 법이면, 자기 아내를 결코 미워할 수 없음을 말한다. 자기 몸은 자기에게서 떼어낼 수도 없다. 자기 몸을 떼어내는 것은 죽는 것을 뜻한다. 그러면 자기 아내도 자기에게서 떼어낼 수 없고, 자기 몸처럼 아끼고 보살펴야 한다. 자기 몸을 미워하는 사람이 없듯이 자기 아내도 미워하면 안 되고, 보살피고 보호해야 한다.

아내를 위해 모든 것을 하는 것이 자기 아내를 자기 몸처럼 사랑하는 것이다. 어떤 경우에도 아내를 미워하거나 다른 여자로 대치하려고 생각하면 안 된다는 것을 말한다.

3. 남편이 자기 아내를 사랑하는 것은 바로 자기 자신을 사랑하는 것이다.

남편은 자기 아내를 자기 몸처럼 사랑해야 한다. 자기 몸을 사랑하는 것이 곧 자기를 사랑하는 것이다. 그러면 이 본문대로 자기 아내를 사랑하는 것이 자기를 사랑하는 것이다. 남편이 아내를 사랑하는 바른 방법은 자기 몸처럼 사랑하는 것이다. 결코 미워할 수 없고, 언제나 보호하고 보살펴야 한다.

엡 5:29 누구든지 언제든지 제 육체를 미워하지 않고 오직 양육하여 보

호하기를 그리스도께서 교회를 보양함과 같이 하나니

5:29 γάρ οὐδεὶς ποτε τὴν ἑαυτοῦ σάρκα ἐμίσησεν, ἀλλὰ ἐκτρέφει καὶ θάλπει αὐτήν, καθὼς καὶ ὁ Χριστὸς τὴν ἐκκλησίαν,

엡 5:29 아무도 결코 자기 몸을 미워하지 않았고 양육하고 돌보기를 그리스도께서 교회를 돌보심같이 합니다.

1. 그리스도는 교회를 구원하시고 설립하신 것으로 그치는 것이 아니라 언제나 양육하고 돌보신다.

교회가 세워진 후에도 늘 말씀으로 기르시고 성령의 인도를 베푸신다. 그리하여 풍성하고 건강한 그리스도인들, 곧 바른 교회로 자라나게 하신다. 교역자들을 세워 늘 말씀을 전하게 하시고, 은사들을 주시어 부족함 없이 풍성히 자라게 하신다.

이렇게 하심은 남편들이 아내를 사랑해야 할 법과 모본을 세우신 것이다.

2. 어떤 사람도 자기 몸을 미워한 적이 없다.

자기 몸이 바로 자기 자신이다. 따라서 사람은 자기 몸을 미워할 수 없다. 그런데 본문에 자기 몸을 미워하지 않았다고 과거 시제를 쓰고 있다. 과거에도 자기 몸을 미워한 사람은 없다. 즉 자기 삶의 지나간 때에도 자기 몸은 미워하지 않았다. 그러면 앞으로도 미워하지 않을 것이다.

3. 자기 몸이 자기 삶의 바탕이고, 자기 몸으로 사는 것이 사람이 사는 것이다.

사람은 몸으로 산다. 몸 없이 사는 사람은 없다. 몸이 없으면 죽은 것이다. 정신도 몸을 떠나서 활동하는 것이 아니다. 그러므로 몸을 벗은 영혼을 바른 사람의 상태로 인정하지 않는다.

사람은 자기의 몸으로 살고, 몸으로 사는 것이 바로 사람이 사는 것이다. 그러면 자기 삶의 근본이고 전부인 몸을 미워할 수가 없다. 아무리 자기 몸이 불편해도 자기 몸을 미워하지는 않는다. 그럴 경우 자기의 신세를 한탄하나 자기 몸을 미워하지는 않는다.

4. 사람이 바로 잘살려면 자기 몸을 잘 먹이고 돌보아야 한다.

사람이 잘살고 오래 살려면 몸이 건강해야 한다. 그러려면 바른 음식을 잘 먹고 잘 돌보아야 한다. 그렇지 않으면 병이 나서 죽거나 잘살기가 어렵고, 자기가 원하는 바를 할 수가 없다.

몸을 잘 돌보는 것은 적당한 운동을 늘 하며, 바르고 합당한 음식을 먹고 좋은 물을 마시는 것을 말한다.

남편이 아내를 사랑하는 것도 아내를 잘 먹도록 하고 잘 돌보는 것이다.

엡 5:30 우리는 그 몸의 지체임이니라

5:30 ὅτι ἐσμὲν μέλη τοῦ σώματος αὐτοῦ.

엡 5:30 우리는 그의 몸의 지체들입니다.

1. 우리는 남편과 아내로서 함께 그리스도의 몸의 지체들이다.

우리는 남자나 여자나 교회에 속하면 교회의 지체들이다. 교회는 반드시 남자와 여자로 구성된다. 남자만 있지도 않고 여자만 있지도 않다. 남자와 여자가 그리스도의 교회의 지체들이다. 남편들이 자기 아내를 바로 사랑하는 것은 그리스도의 교회의 지체들을 사랑하는 것이 된다.

여기서도 바울은 아내 사랑을 바로 해야 할 것을 교회로 확대하여 제시한다.

엡 5:31 이러므로 사람이 부모를 떠나 그 아내와 합하여 그 둘이 한 육체가 될지니

5:31 ἀντὶ τούτου καταλείψει ἄνθρωπος τὸν πατέρα καὶ τὴν μητέρα καὶ προσκολληθήσεται πρὸς τὴν γυναικα αὐτοῦ, καὶ ἔσονται οἱ δύο εἰς σάρκα μίαν.

엡 5:31 이러므로 남자는 자기의 아버지와 어머니를 떠나 그의 아내와 연합하여 둘이 한 몸이 되는 것입니다.

1. '이러므로'는 남편이 아내를 자기 몸처럼 사랑하는 것 때문이라는 것을 말한다.

한 남자가 자기 아버지와 어머니를 떠나야 하는 이유는 자기 아내를 자기 몸처럼 사랑하며 살아야 하기 때문이다. 부모 앞에서 자기 아내를 너무 사랑하는 것은 합당하지 않다. 한 집에 살면서 부모를 공경하고 잘 돌보려고 하면 아내를 자기 몸처럼 사랑하기가 어렵게 된다.

2. 남자가 결혼하여 아내를 자기 몸처럼 사랑하며 살기 위해서는 부모를 떠나야 한다.

남자가 한 여자와 결혼하여 사랑하며 살려면 부모를 떠나야 한다. 부모를 모시면 부모를 양육하고 돌보는 일을 아내 사랑과 겪하기 어렵다. 정상적인 부부의 삶을 위해 부모를 떠나야 한다.

3. 부모를 떠나 남자와 여자가 결혼하여 한 몸을 이룬다.

둘은 부부로서 결합함으로 한 몸을 이룬다. 한 남자는 한 여자와 결혼하여 한 몸을 이루어 사랑하며 살기 위해 부모를 떠나야 한다. 부모를 떠나 독립으로 살면 자기 아내를 자기 몸처럼 사랑하는데 아무런 거리낌이나 제약이 없어진다. 자유롭게 자기 아내를 사랑하되, 자기 몸처럼 사랑하여 돌보고 양육할 수 있게 된다. 아내를 양육하고 돌보는 책임이 남자에게 있다. 왜냐하면 아내의 생존이 전적으로 남자의 책임사항이기 때문이다.

엡 5:32 이 비밀이 크도다 내가 그리스도와 교회에 대하여 말하노라

5:32 τὸ μυστήριον τοῦτο μέγα ἐστίν, δὲ ἐγὼ λέγω εἰς Χριστὸν καὶ εἰς τὴν ἐκκλησίαν.

엡 5:32 이 비밀이 크도다. 그러나 나는 그리스도와 교회에 대하여 말합니다.

1. 서로 생활사가 다른 두 남녀가 결혼하여 한 몸이 되는 것이 큰 비밀이다.

한 남자와 여자가 결혼하면 한 몸이 되는 것이 설명하기 어려운 신비이다. 전혀 남자의 몸의 일부도 아닌 한 여자가 결혼하여 그와 한 몸을 이루는 것은 생물학적으로도 설명하기 어렵다. 또 인격적으로도 설명하기가 쉽지 않다.

또 결혼하기 전까지 남자와 여자는 서로 다르다. 그리고 출생과 성장과정과 생활사가 전혀 다르다. 교육도 다르다. 그런데 그들이 결혼하면 합쳐서 한 몸을 이루니 기이한 일이다. 이 비밀이 크다.

2. 결혼으로 남녀가 한 몸을 이룬 신비보다 더 큰 신비는 바로 그리스도와 교회가 머리와 몸으로 결합하여 하나가 되는 것이다.

남녀가 결합하여 한 몸을 이루듯이 사람들이 그리스도와 결합하여 한 몸을 이루니 기이한 일이다. 세상에 있는 모든 종족들 중에서 사람들이 주 예수를 믿어 한 몸이 되어 한 공동체가 되니 기이한 일이다. 그리스도를 머리로 하여 온갖 사람들이 한 몸을 이룬다. 아무리 보아도 조화할 수 없는 사람들이 그리스도에게 결합하여 한 몸을 이룬다. 세상에서 가장 긴밀한 유기체는 몸이다. 그런데 사람들이 주 예수에게 연합하여 한 몸을 이루니 기이한 일이다.

엡 5:33 그러나 너희도 각각 자기의 아내 사랑하기를 자기같이 하고 아내도 그 남편을 경외하라

5:33 πλὴν καὶ ὑμεῖς οἱ καθ' ἕνα ἕκαστος τὴν ἑαυτοῦ γυναῖκα οὕτως ἀγαπάτω ὡς ἑαυτόν, δὲ ἡ γυνὴ ἵνα φοβῆται τὸν ἄνδρα.

엡 5:33 그렇지만 여러분 각자는 자기 아내를 자신처럼 사랑하시오, 아내도 남편을 존경하시오.

1. 결혼한 남자들은 각각 예외 없이 자기 아내를 자신처럼 사랑해야 한다.

결혼하여 한 아내를 가졌으면 남자는 반드시 자기 아내를 자신처럼 사랑해야 한다. 남자는 결혼하면 아내를 사랑할 의무를 지닌다. 그것도 자기 몸처럼 사랑할 의무를 지닌다. 그러므로 남자는 자기 아내를 자기 몸처럼 언제나 사랑해야 한다. 병들어도 사랑하고, 잘못해도 사랑하고, 잘해도 사랑해야 한다.

여자는 아내로서 남자 곁에 있기만 해도 아내로서의 의무를 다 한다. 그러므로 아내가 자기 옆에 있으면 언제나 어떤 경우에도 사랑해야 한다.

2. 아내가 남편에게 할 일은 자기 남편을 존경하는 것이다.

남자가 남편으로서의 일을 하면 아내는 남편을 늘 존경해야 한다. 생활을 책임지고 일하면 남편 노릇을 하는 것이므로 아내는 남편을 존경해야 한다.

결혼하면 남자는 아내의 머리가 된다. 그래서 언제나 권위의식을 나타내고 본성적인 것으로 여긴다. 여자에게서 존경을 당연한 것으로 기대한다. 그러나 아내가 남편을 존경하지 않으면 인격을 무시당한 것으로 여겨서 분노를 일으킨다. 그래서 아내를 바로 사랑할 수 없게 된다.

따라서 아내는 언제나 남편을 존경해야 한다. 남편이 부족해도 남편으로서 기본책임을 하면 그를 존경해야 한다. 남편을 존경하는 것은 남편으로 인정하는 것이다. 아내가 남편을 존경하면 남편은 자기를 인정받았기 때문에 자기의 몫을 다하게 된다. 아내의 존경을 받는 남편은 사회에 나가서도 자기의 자리에 설 수 있게 되고, 자기의 몫을 한다.

아내가 남편에게 할 의무는 남편을 존경하는 것이다. 처음 의무도 남편 존경이고, 마지막 의무도 남편 존경이다.

에베소서

Προς Εφεσιους

제 6 장

에베소서

Προς Εφεσιους

자녀들의 의무와 부모의 교육방식: 6:1–4

1. 자녀들은 부모에게 순종하라.

2. 부모를 존경하라.

부모를 존경하고 살면 땅에서 장수하고 복을 받는다.

3. 부모는 자녀를 성내게 하지 말고 주의 훈계로 기르라.

엡 6:1 자녀들아 너희 부모를 주 안에서 순종하라 이것이 옳으니라

6:1 Τὰ τέκνα, ὑπακούετε τοῖς γονεῦσιν ὑμῶν ἐν κυρίῳ, γάρ τοῦτο ἐστιν δίκαιον·

엡 6:1 자녀들이여, 여러분의 부모를 주 안에서 순종하시오. 이것이 옳습니다.

1. 부모는 자녀를 출산하였을 뿐 아니라 기르고 가르쳤다. 그러므로 자녀들은 부모에게 모든 면에서 순종하는 것이 마땅하다.

자녀가 부모에게 순종하는 것은 하나님의 법이다. 부모가 인도하는 대로 자녀는 순종하고 따라야 한다. 아버지와 어머니는 자녀들을 출산하였으므로 교육의 책임을 진다. 지식뿐 아니라 생활규범도 가르친다. 그리하여 자녀들로 사람 되게 한다. 그러므로 자녀들은 부모의 인도를 따라 바르게 행동해야 한다.

2. 부모를 순종하되 주 안에서 순종하라고 한 것은 하나님 섬김과 부모의 명이 상충할 때 부모의 명을 순종할 수 없음을 말한다.

모든 일에 자녀는 부모에게 순종해야 한다. 그러나 종교문제에 있어서 하나님을 섬기는 것을 부모가 반대할 때는 하나님 섬김이 부모의 명령에 우선함을 말한다. 모든 명령과 가르침에 자녀들이 순종하여도, 하나님 섬김을 반대하면 하나님 섬김이 부모의 가르침과 명령에 우선해야 한다.

3. 주 안에서 부모를 순종하는 것이 옳다는 것은 모든 면에 부모에게 순종하되 하나님의 법에 맞게 순종하는 것을 말한다.

자녀들이 부모에게 모든 면에서 순종하되 양심의 법에 어긋나는 것까지는 순종할 수 없다. 가령 도적질하거나 거짓 증거 하거나 남을 속이는 것 등을 부모의 명령이라고 하여 하면 안 된다. 그런 것은 하나님의 법에 어긋나기 때문에 그런 경우에는 부모의 명에 순종하지 않아도 정당성이 성립한다.

엡 6:2 네 아버지와 어머니를 공경하라 이것이 약속 있는 첫 계명이니

6:2 τίμα τὸν πατέρα σου καὶ τὴν μητέρα, ἥτις ἐστὶν ἐντολὴ πρώτη ἐν ἐπαγγελίᾳ,

엡 6:2 당신의 아버지와 어머니를 존경하시오, 이것이 약속 있는 첫 계명입니다.

1. 통상 아버지가 가정에서 권위를 가졌으므로 아버지는 존경하나 어머니는 보통으로 여기고 존경하지 못하는 경향이 있었다. 이에 대해 아버지만이 아니라 어머니도 함께 존경해야 함을 말한다.

오래도록 어머니는 하대를 받았다. 아버지는 권위를 가졌으므로 순종하고 복종해야 하지만 어머니의 경우는 그렇지 않아도 정당한 것으로 여겨왔다. 이 본문은 어머니도 아버지와 함께 존경해야 할 것을 말한다. 어머니도 아버지와 함께 자기를 낳은 분이므로 함께 존경해야 합당하다.

2. 아버지와 어머니는 육체적 생명의 기원이므로 존경해야 한다.

아버지와 어머니는 함께 자녀를 생산하였다. 모든 육체의 생명의 근원은 자기의 아버지와 어머니이다. 그러므로 이 면에 있어서 아버지와 어머니를 존경해야 한다. 아버지와 어머니가 아니었으면 우리는 세상에 존재할 수 없다. 그러므로 아버지와 어머니를 존경해야

한다.

3. 아버지와 어머니가 자녀들을 길러 자라게 하였다. 그러므로 아버지와 어머니를 존경해야 한다.

부모는 자녀들을 낳기만 한 것이 아니라 자녀들을 기르는 책임을 전적으로 진다. 자녀 양육과 교육의 책임이 일차적으로 아버지에게 있다. 그러나 실제로 어렸을 적의 양육은 어머니가 주로 한다. 아버지와 어머니가 자기 자녀를 낳아 바른 사람, 건강한 사람이 되도록 수고하고 진력하여 길렀다. 그러므로 아버지와 어머니를 존경해야 한다. 기르는 것이 낳은 것만큼 크지는 않아도 바르게 양육하고 가르치는 것은 사람 되게 하는 첫 번째이므로 아버지와 어머니를 존경해야 한다. 자기를 길러준 아버지와 어머니를 존경하는 것은 사람의 본성적인 일이다.

아버지가 존경받는 만큼 어머니도 존경해야 한다. 어머니도 기르는 큰 책임을 지기 때문에 아버지처럼 존경해야 한다. 어머니도 아버지처럼 존경하면 부모를 바르게 존경하는 것이 된다.

어머니는 친절하고 부드럽기 때문에 가볍게 여기면 안 된다. 따라서 아버지가 존경받는 것처럼 어머니도 존경해야 한다.

4. 아버지와 어머니는 자녀들의 모든 것을 책임진다. 그러므로 존경해야 한다.

아버지와 어머니는 자녀들의 교육과 생존 등 모든 것을 책임진다.

부모들은 자녀들이 건강하게 자라도록 힘을 집중하고 모든 것을 다 한다. 자녀교육이 부모의 모든 책임사항이다. 자녀들의 교육과 성장, 결혼, 잘사는 것 등 모든 것을 부모는 자기의 책임사항으로 삼고 자녀를 위해서 일생 진력한다. 그러므로 부모를 존경하는 것이 자녀됨의 본분에 속한다.

5. '약속 있는 첫 계명'이란 것은 십계명에서 약속을 부가한 첫 계명임을 말한다. 그 약속은 땅에서 오래 살고 잘되는 것이다.

부모를 존경하면 오래 살게 하겠다고 하나님이 약속하셨다. 그러므로 우리가 부모님을 잘 섬기고 존경하면, 오래 살고 잘되는 복을 누릴 것이다. 우리 육체적 생명의 근원이 부모이므로 부모를 잘 섬기고 존경하면, 우리의 생명이 길어지고 잘살게 된다고 약속하셨다. 그러므로 자녀들은 부모를 존경해야 한다.

6. 아버지와 어머니를 존경하라고 한 것은 아버지와 어머니의 실수와 허물에도 존경할 것을 말한다.

아버지와 어머니도 사람이므로 실수와 허물이 있고, 자녀들에게 잘못할 수 있다. 그래도 아버지와 어머니를 존경해야 한다. 사람으로서는 존경받을 수 없다 하더라도 아버지와 어머니로서는 존경해야 한다.

엡 6:3 이는 네가 잘되고 땅에서 장수하리라

6:3 ἵνα εὖ σοι γένηται καὶ ἔσῃ μακροχρόνιος ἐπὶ τῆς γῆς.

엡 6:3 그러면 당신이 잘되고 땅 위에서 오래 살게 될 것이오.

1. 아버지와 어머니를 존경하여 부모에게 합당한 섬김을 하면, 첫째 약속은 잘되는 것이다.

부모를 존경하면 사람으로서 바른 심성과 자세를 가졌으므로 잘되는 것이 하나님의 법이다. 자식으로서의 도리는 부모를 존경하는 것이다. 그것은 어려운 일도 아니고 힘든 일도 아니다. 그러나 자식으로서의 본분을 하여 부모의 은혜를 알고 감사하는 자이므로 잘되는 것은 당연한 일이다. 하나님이 그렇게 약속하셨으니 잘되는 것이 당연하다.

2. 아버지와 어머니가 자기 생명의 근본이고 시발이다. 그러므로 부모를 존경하는 것이 당연하지만 타락 이후에는 부모를 존경하지 않고 무시하는 경향을 갖는다. 자기 생명의 근원을 존경하였으니 그 생명이 연장되는 것은 당연하다.

이에서 나아가 모든 생명의 창조주이신 하나님을 존경하고 섬기면 모든 면에서 잘되고 건강하여 오래 사는 것은 당연한 일이다.

3. 아버지와 어머니를 잘 섬기고 존경하면 부모의 축복을 받으니 잘되고 오래 살게 된다.

부모가 자식들을 낳아서 기른 후에 자식들로부터 존경을 받는 것은 당연한 창조질서이다. 그런데도 부모를 잘 섬기고 존경하면 그 부모가 자녀들을 축복함으로 그들이 잘되고 오래 사는 것은 당연하다. 복을 주시는 이는 하나님이시지만 아버지도 축복할 권한을 갖는다. 그러므로 아버지가 축복하는 자는 잘되고 건강하게 오래 살게 된다.

엡 6:4 또 아비들아 너희 자녀를 노엽게 하지 말고 오직 주의 교양과 훈계로 양육하라

6:4 Καὶ οἱ πατέρες, μὴ παροργίζετε τὰ τέκνα ὑμῶν, ἀλλὰ ἐκτρέφετε αὐτὰ ἐν παιδείᾳ καὶ νουθεσίᾳ κυρίου.

엡 6:4 아버지들이여, 여러분의 자녀들을 성나게 하지 말고 오직 주의 교양과 훈계로 기르시오.

1. 자녀들을 성나게 하는 것은 까닭 없이, 또 부당하게 대하여 화나게 하는 것을 말한다.

자녀들이라고 함부로 대하면 안 된다. 자녀들도 인격이므로 정당

하게 대하고, 존중하는 자세로 대해야 한다. 그렇지 않고 아버지라고 아들에 대하여 이래라저래라 하고 임의로 바꾸어서 말하면 안 된다. 그렇게 하면 자녀들이라도 화를 내고 좋아하지 않게 된다. 일정한 원칙과 법질서로 자녀들을 대해야 한다.

2. 주의 교양과 훈계로 가르치는 것은 아이를 기르는 부드러운 인도와 경고함으로 가르치는 것을 말한다.

자녀들을 기를 때에 부드러운 인도만이 아니라 잘못할 때 경고해야 한다. 그렇게 하면 벌을 받는다, 매를 맞는다고 경고하여 잘못된 길로 들어서려는 것을 사전에 막아야 한다.

자녀들을 기를 때에 아이처럼 부드럽게 인도하고 타일러야 한다. 그러나 또 잘못 가거나 반복해서 잘못을 범하면 경고하여 그렇게 행하지 못하게 해야 한다. 그리하여 잘못된 행함이 버릇이 되거나, 성격으로 형성되지 않도록 해야 한다.

에베소서

Προς Εφεσιους

종들의 행동방식과 주인의 태도: 6:5–9

1. 종들은 성실하게 주인들에게 순종해야 한다.

2. 진심으로 주인들을 섬겨야 한다.

눈가림으로 일하지 말고 최선을 다해서 일해야 한다.

3. 주인들도 종들에게 같은 방식으로 하고, 공갈과 협박을 하지 말라.

엡 6:5 종들아 두려워하고 떨며 성실한 마음으로 육체의 상전에게 순종하기를 그리스도께 하듯 하여

6:5 Οἱ δοῦλοι, ὑπακούετε τοῖς κατὰ σάρκα κυρίοις μετὰ φόβου καὶ τρόμου ἐν ἁπλότητι τῆς καρδίας ὑμῶν ὡς τῷ Χριστῷ,

엡 6:5 종들이여, 두려움과 떨림으로 신실한 심장으로 그리스도께 하듯 육신의 주인들에게 순종하시오.

1. 바울은 그리스도인 종들의 태도와 활동에 대해 말한다.

바울은 노예제도를 반대하였다. 그리스도 안에서 해방되고 자유를 얻었으므로 자유인으로 살 수 있게 되기를 바랐다. 그러나 그럴 수 없는 상황에서는 노예로서 일할 때 어떻게 해야 바른 자세인지를 제시하고 있다.

2. 같은 그리스도인들이 되었다고 하여 종들이 자기 주인들을 가볍게 여기거나 친구처럼 대하지 말고 주인들에게 순종할 것을 강조하고 있다.

로마시대에는 종들은 주인의 소유이고 동산과 같았다. 그러나 종들도 그리스도인들이 됨으로 주인들과 한자리에서 예배하고 성찬에 동참하였다. 그리고 성도로서 대등하게 서로 교제하였다.

이런 교회생활에서의 방식으로 인해 일상생활로 돌아가서 종들이 주인에게 잘 순종하지 않고 주인을 가볍게 여길 수 있었다. 그러므로 주인에게 순종하기를 그리스도께 하듯 하라고 권하고 있다.

이런 경우, 종들이 자기들의 판단으로 일을 하고 주인이 명령하는 대로 하지 않을 수가 있다. 그러나 주인은 주인이므로 종들이 정당하고 합당하게 순종할 것을 권하고 있다. 주 예수를 믿기 전에 주인에게 하듯이, 즉 예를 다하여 주인을 섬기라고 권하고 있다.

3. 두려움과 떨림으로 주인에게 순종하라는 것은 소유주에게 합당한 예를 다하여 섬기라는 것이다.

주인들이 그리스도인이 되었어도 그들은 아직도 종들 위에 생사

여탈권을 갖고 있다. 또 말을 잘 듣지 않을 때 벌을 주고, 신체의 일부를 절단할 수도 있다. 또 노예시장에 다시 내다 팔 수도 있다.

이런 권세를 가진 상전들에게 종들은 두려움과 떨림으로 대해야 합당하다. 믿기 전에 주인을 대하듯이 두려워하고 떨며 섬겨야 할 것을 말한다.

4. 신실한 심장으로 주인에게 순종하라는 것은 두 마음을 품지 말고 단순한 마음으로 자기의 일을 다하라는 것이다.

주인이 그리스도인이어도 언제나 단순하고 소박한 마음으로 섬기고 일해야 함을 말한다. 신실한 심장은 심장의 신실함으로 일하는 것이므로 신실한 마음으로 자기에게 주어진 일을 하라는 것이다.

엡 6:6 눈가림만 하여 사람을 기쁘게 하는 자처럼 하지 말고 그리스도의 종들처럼 마음으로 하나님의 뜻을 행하여

6:6 μὴ κατ' ὀφθαλμοδουλίαν ὡς ἀνθρωπάρεσκοι ἀλλ' ὡς δοῦλοι Χριστοῦ ποιοῦντες τὸ θέλημα τοῦ θεοῦ, ἐκ ψυχῆς

엡 6:6 사람을 기쁘게 하는 자들처럼 눈가림으로 하지 말고 그리스도의 종들처럼 영혼으로부터 하나님의 뜻을 행하시오.

1. 종들이라고 하여 이전에 하던 대로 눈만 속이듯 대충 일하면

안 되는 것을 말한다.

노예들은 그들대로의 일하는 관습이 정해져 있다. 아무리 일해도 자신들에게는 아무런 혜택도 없기 때문에 눈가림 식으로 대강만 일한다. 그러나 이제 그리스도인이 되었으니 크게 수고해도 큰 혜택이 없어도, 눈가림 식으로 일하면 안 된다. 하나님의 일을 하는 것처럼 일해야 한다.

2. 그리스도의 종들이 된 것처럼, 하나님의 뜻을 이루어 드리는 것처럼 일해야 하는 것을 말한다.

종들은 게을리 하고 힘써 일하려고 하지 않는다. 그러나 그리스도인 종들이 수고함으로 유익을 볼 자가 같은 그리스도인이므로 성실하게 진심으로 일해야 한다. 이것이 그리스도인 종들이 일해야 하는 방식이다. 또 남 밑에서 일하는 사람들도 이런 자세로 일해야 한다. 언제나 일할 때는 최선을 다해야 한다.

3. 영혼으로부터 일하는 것은 성실하게 진심으로 일하는 것을 말한다.

4. 우리도 돈을 받고 일하면 이 본문의 명령처럼 신실하게 진심으로 최선을 다해 일해야 한다.

돈을 받고 직장에서 일할 때도 우리는 최선을 다하여 성실하게 일해서 고용주로 하여금 최대한의 이익을 얻도록 해야 한다. 언제라도 자기의 자리에서 최선을 다해서 일해야 한다.

엡 6:7 단 마음으로 섬기기를 주께 하듯 하고 사람들에게 하듯 하지 말라

6:7 μετ' εὐνοίας δουλεύοντες, ὡς τῷ κυρίῳ καὶ οὐκ ἀνθρώποις,

엡 6:7 선한 뜻으로 주를 섬기듯 하고 사람에게 하듯 하지 마시오.

1. 주인들을 섬길 때에 주를 섬기듯이 선한 마음으로 할 것이고, 사람에게 하듯 하면 안 된다는 것을 말한다.

우리가 주 앞에서 주를 섬긴다면 최선을 다하고 진력할 것이다. 그러나 사람 앞에서 일하면 최선을 다하기 어렵다. 더구나 노예들은 아무리 일해도 자기의 경제적 상황에 아무런 도움이 되지 않는다. 그래서 눈을 속이지 않고 열심히 일하고 최선을 다하기 어렵다. 그러나 종들도 그리스도인이 되었으면 선한 뜻으로 진심으로 일해야 한다.

노예를 부리는 주인 앞에서 일할 때, 매일 같은 일을 되풀이하고 힘써 일하면 결국 체력이 다해서 빨리 죽는 것밖에 없다. 그러므로 열심히 일하려고 하지 않는다. 그것이 바로 사람에게 하듯 하는 것이다.

그러나 주를 위해서 일하면 죽는 한이 있더라도 최선을 다할 것

이다. 노예로서 육체적 주인을 위해서 일해도 보시는 이는 주님이시므로 주님께 일하듯 최선을 다하고 전력을 다하여 일해야 한다.

지금 직장에서도 그렇게 일하여 주님을 믿는 자로서의 덕을 드러내야 할 것이다. 직장에서도 급료가 자기에게 합당하지 않다고 하더라도 최선을 다해야 한다.

엡 6:8 이는 각 사람이 무슨 선을 행하든지 종이나 자유하는 자나 주에게 그대로 받을 줄을 앎이니라

6:8 εἰδότες ὅτι ἂν ὃ ἕκαστος, ποιήσῃ ἀγαθόν, τοῦτο κομίσεται παρὰ κυρίου, εἴτε δοῦλος εἴτε ἐλεύθερος.

엡 6:8 각 사람이 종이나 자유자이거나 간에 무슨 선을 행하든지 이것을 주로부터 되돌려 받을 줄을 알고 있지요.

1. 우리가 자기의 자리에서 최신을 다해야 할 것은 우리가 행한 대로 주께서 우리에게 갚으실 것이기 때문이다.

종으로서 일하더라도 우리가 하는 일에 대한 보상은 주로부터 받는다. 자유자도 일하여 잘하였으면 주로부터 보상을 받을 것이다. 그러므로 어려운 상황이더라도 주 앞에서 일하는 것처럼 최선을 다해야 한다. 우리의 행함에 따라 주께서 우리에게 갚으실 것이니 우리는 최악의 상황에서도 최선을 다해야 한다.

엡 6:9 상전들아 너희도 저희에게 이와 같이 하고 공갈을 그치라 이는 저희와 너희의 상전이 하늘에 계시고 그에게는 외모로 사람을 취하는 일이 없는 줄 너희가 앎이니라

6:9 Καὶ οἱ κύριοι, τὰ αὐτὰ ποιεῖτε πρὸς αὐτούς, ἀνιέντες τὴν ἀπειλήν, εἰδότες ὅτι καὶ αὐτῶν καὶ ὑμῶν ὁ κύριός ἐστιν ἐν οὐρανοῖς, καὶ προσωποληµψία οὐκ ἔστιν παρ' αὐτῷ.

엡 6:9 주인들이여, 저들에게 동일하게 대하고 협박을 그치시오, 그들과 여러분의 주가 하늘에 계시고 그에게는 낯을 봐줌이 없는 줄을 아시지요.

1. 주인들도 종들이 하는 대로 그들에게 보상해야 한다고 가르친다.

종들만 성실하고 진실하게 일해야 하는 것이 아니고, 주인들도 노예들에게 합당하게 보상해 주어야 할 것을 제시한다.

종들은 신실하게 최선을 다해 주인의 일을 하고, 주인은 주인이기 때문에 자기가 하고 싶은 대로 종들에게 하면 안 된다. 종들이 주인들에게 할 때와 같은 마음으로 주인들도 종들에게 대접해야 한다. 최선을 다해 일하면 그에 상응하게 삯을 주고 보상을 해야 함을 말한다.

2. 협박을 그치라고 한 것은 일을 잘못하거나 마음에 들지 않으

면 노예시장에 내다 팔거나, 팔다리를 절단하거나, 태장으로 때린다고 협박을 하지 말아야 할 것을 권한다.

노예는 주인의 개인 소유물이어서 자기 하고 싶은 대로 해도 되었다. 심할 때는 죽이기도 하고, 노예시장에 내다 팔거나, 팔다리를 절단하기도 하였다. 종들에게 이렇게 하겠다고 협박하지 말 것을 강조하고 있다.

그렇게 협박하면 공포에 질려서 종들이 바로 일하지 못하고 도망치거나 그렇게 하려고 할 것이기 때문이다. 죽음의 위협과 협박 앞에 잠도 잘 자지 못하고 고민과 번민을 크게 할 것이다. 요컨대 종들이라도 사람으로서 대하라고 권하고 있다.

3. 주인들도 나중에 하늘에 계시는 주님으로부터 심판받을 것이다. 그 주님은 종들의 주님이시고, 또 자유로운 주인들의 주님이시다. 그것을 알면 종들에게 함부로 하지 못할 것이고, 사람으로서 정당하게 대할 것이다.

종들만 주인들에게 심판받고 벌을 받는 것이 아니다. 주인들도 심판받을 것이다. 하늘에 계신 주님은 종들과 주인들의 동일한 주님이시기 때문이다.

4. '낯을 봐줌이 없다'는 것은 하늘에 계신 주님은 공평 정대하셔서 종이나 주인이나 동일하게 대하시고, 차등을 두지 않으시는 것을 알라고 제시한다.

하늘에 계신 주님은 모든 사람들의 주님이시다. 더구나 그리스도인들이 된 종들의 주님이시다. 또 자유한 그리스도인 주인들의 주님이시다. 그 심판의 기준은 모두에게 동일해서 사람의 지위와 형편에 따라 편벽되게 하시는 것이 전혀 없다.

5. 현대판 주인들도 고용주로서 고용인들을 공정하게 대하고, 자기 이익만을 구할 것이 아니다.

사업은 이익 창출을 위해서 하지만, 그렇다고 그 이익 창출을 위해 고용인들을 다 희생하는 방식으로 사업을 하면 안 된다. 그들의 수고와 업적에 따라 합당한 임금과 보상을 해야 한다.

그리스도인이 완전 무장해야 함: 6:10–17

1. 주 안에서 깨어 강건하라.

2. 하나님의 전신갑주를 입고 마귀의 꾀를 대적하라.

3. 하나님의 전신갑주로 정사와 권세자들, 세상 주관자들과 악령들을 대적하라.

4. 복음진리와 의와 복음으로 무장하라.

5. 믿음과 구원의 확신과 성령의 검, 곧 하나님의 말씀으로 무장하라.

엡 6:10 종말로 너희가 주 안에서와 그 힘의 능력으로 강건하여지고

6:10 Τοῦ λοιποῦ ἐνδυναμοῦσθε ἐν κυρίῳ καὶ ἐν τῷ κράτει τῆς ἰσχύος αὐτοῦ.

엡 6:10 마지막으로 여러분이 주 안에서와 그의 힘의 강력으로 강하여지시오.

1. 여러 가지 부탁을 한 후에 믿음에 강하게 되기를 부탁한다.

우리의 삶에서 믿음을 가져도 삶의 길에서 여러 가지 기복을 경험하게 된다. 그리하여 믿음이 약해지고 믿음을 망각할 때도 있다. 그러므로 믿음의 담력을 강하게 해야 한다.

2. 주 안에서 강하게 되는 것은 주를 의지하므로 강하게 되는 것을 말한다.

우리를 구원하신 구주께서 어떤 방식으로 우리를 구원하셨는지를 생각하면 우리의 믿음을 강하게 할 수 있다. 우리를 구원하기 위해 십자가에 죽어 피 흘림으로 구원하셨다는 것을 기억하면 우리는 역경에서도 우리의 믿음을 강하게 할 수 있다.

3. 주의 힘의 강력으로 강하게 되는 것은 바로 구주의 힘을 의지함으로 된다.

주께서 창조주로서 구주가 되셨음을 생각하면 구주를 믿는 믿음을 강하게 할 수 있다. 구주로서는 십자가에 못 박히셨지만 창조주로서는 강하시므로 창조주의 전능을 믿어 역경에서 믿음을 강하게 할 수 있다.

4. 첫 조상 아담이 언약의 말씀을 명심하고 그 말씀을 늘 믿었더라면 사탄의 유혹에 넘어가지 않았을 것이다.

아담이 첫 언약의 말씀이 생명과 사망을 결정하는 말씀임을 굳게 믿고 그 믿음으로 살았으면 불행을 당하지 않았을 것이고, 첫 언약을 배반하고 하나님을 반역함으로 죽음과 저주의 재앙을 후손에게 물려주지 않았을 것이다 (창 3:1-7).

5. 아담은 하나님과 같이 되라는 유혹을 받아 반역을 일으켰다.

아담이 하나님과 같이 될 수 있다는 유혹에 넘어가 하나님과 같이 되려고 하여 하나님 섬김을 거부하는 반역을 저질렀다. 이로써 창조세계의 질서가 바뀌고 죽음과 저주가 인류세계에 들어왔다. 하나님을 반역한 죄를 저질렀으니 영원한 죽음과 저주는 마땅한 형벌이다. 첫 언약은 창조주 하나님만을 섬기기로 한 약정이었다. 이 언약을 범하였으니 반역죄를 범하여 돌이킬 수 없게 되었다.

6. 이 반역죄의 경향이 그리스도인들에게도 나타난다.

그리스도인들이 진심으로 그리스도를 믿고 섬기기보다는 과거에 지은 죄의 욕망을 따라 살기를 원한다. 또 죄의 욕망을 즐기는 것도 다 반역성향이 나타난 것이라고 할 수 있다.

7. 그리스도인들이 죄로 끌리는 것도 반역죄의 경향이 있기 때문이다.

그러므로 바울은 시험에 들지 않도록 경고하고 있다. 반역자의 후손이지만 주 예수를 믿어 창조주 하나님만을 믿고 섬기는 자들이 되었으므로 유혹에 넘어가면 안 될 것을 경고하고 있다. 죄의 습성으로 돌아가지 않는 것이 반역죄의 습성을 반복하지 않는 것이다.

엡 6:11 마귀의 궤계를 능히 대적하기 위하여 하나님의 전신갑주를 입으라

6:11 ἐνδύσασθε τὴν πανοπλίαν τοῦ θεοῦ πρὸς τὸ δύνασθαι ὑμᾶς στῆναι πρὸς τὰς μεθοδείας τοῦ διαβόλου·

엡 6:11 마귀의 계략을 대항할 수 있기 위하여 하나님의 전신갑주를 입으시오.

1. 마귀는 그리스도인들을 믿음에서 떨어지게 할 계략을 갖고 있다.

우리의 싸움은 믿음의 싸움이다. 믿음의 길에서 싸우는 싸움은 마귀의 전략과 마주 대하여 싸우는 싸움이다. 마귀의 전략은 그리스도를 믿는 믿음에서 떨어지게 하는 것이다. 이 일을 위해 많은 계략을 갖고 있다.

2. 마귀의 계략은 시험과 유혹과 의심이 들게 함, 불평과 원망하

게 함과 재리와 이성문제에 빠져들게 하는 것 등이다.

마귀가 갖는 가장 큰 계략은 그리스도인들을 유혹하여 믿음에서 떨어지게 하는 것이다. 죄의 길에 들도록 유혹한다. 유혹에 빠져들 수밖에 없도록 환경을 조성한다. 다른 선택이 불가피하게 만든다.

그리고 시험을 반복한다. 계속적으로 시험이 오면 그 시험을 피하는 것이 아니라 받아들이는 것을 정당한 것으로 판단하게 된다.

믿음의 내용을 의심하게 만든다. 인간이성으로는 도저히 합당하지 않다고 여기게 하여 믿음 자체를 의심하게 만든다.

또 내가 지금 처한 상황에 대한 불평을 하게 만든다. 주를 믿는 네도 왜 이런 상황이 내게 계속되는가 하고 불평하게 한다. 불평이 원망으로 이어지게 한다. 하나님이 나로 이런 상황에 빠지게 하셨다고 하나님을 원망하게 한다.

사람은 먹고 마시고 입는 것으로 살므로 삶에 모든 힘을 기울인다. 삶이 어려울 때 물질직인 이해관계로 유혹하여 믿음보다 삶을 우선시하게 한다. 그리하여 믿음의 길을 떠나거나 바르지 않은 신앙생활을 하도록 유도한다. 재리의 유혹으로 이난이나 건전하지 않은 신앙의 길을 택하도록 할 때 참으로 피하기 어려운 경우가 많다.

그리스도인들도 남녀문제에 대해 유혹을 받으면 거기에 쉽게 빠져든다. 이 일은 유혹이 시작되거나 일이 진행될 때 아무런 저항이나 죄의식이 없게 만든다. 그냥 좋게만 보도록 하여 이 일에 발이 빠져들면 나올 수 없게 한다. 우리의 대적이 그리스도인들로 쉽게 넘어지게 하는 것은 성적 유혹에 빠지게 하는 것이다.

3. 그리스도인이 입어야 할 전신갑주는 바로 하나님의 말씀이다.

전신갑주는 옛날 싸움터에서 적과 싸울 때 화살을 피하고 막기 위해 입었던 온몸을 덮은 옷이다.

그리스도인이 마귀의 전략을 이기는 길은 하나님의 말씀으로 완전하게 무장하는 것이다. 하나님의 말씀을 바로 알고 잘 알아야 마귀의 고도전략을 이길 수 있다. 마귀의 유혹과 책략을 이길 수 있는 길은 하나님의 말씀을 밝히 알고 믿는 길이다. 시험과 유혹이 전개될 때 이것이 무엇 때문에 일어나고 있는지를 아는 법은 하나님의 말씀을 잘 알고 활용하는 것이다.

경우마다 하나님의 말씀을 잘 활용하는 것이 바로 전신갑주를 입는 것이다. 그러면 어디서 어떻게 화살이 날아오더라도 전신갑주 때문에 그 화살을 막을 수 있다.

4. 주 예수도 하나님의 말씀으로만 마귀의 시험을 물리치셨다.

주 예수도 마귀의 시험을 물리치고 이기는 데 하나님의 말씀을 활용하셨다. 창조주는 성육신하여 예수 그리스도가 되심으로 제2 아담이 되셨다. 제2 아담으로서 첫 아담을 시험했던 동일한 유혹자에 의해서 시험받을 것을 대비하셨다. 이 시험에 하나님의 말씀을 전신갑주로 삼아 대비하셨다. 그리하여 주 예수는 모든 시험에서 승리하실 수 있었다.

5. 사탄이 첫 조상들을 시험하고 유혹하였다.

사탄의 계교는 첫 인류를 하나님의 백성 되지 못하게 하여 하나님을 섬기지 않게 하는 것이었다. 이렇게 하는 것은 결국 영원한 멸망에 이르게 하는 것이었는데 첫 조상들은 에고 (자아)에 호소한 것에만 매료되어 하나님의 언약의 말씀을 잊었고 하나님처럼 된다는 데에만 전심하였다. 사탄의 매력적인 유혹을 반성해 보고 창조주, 언약주의 말씀을 굳게 붙들었으면 범죄하여 하나님을 반역하는 일을 하지 않았을 것이다 (창 3:1-21).

사탄의 말을 믿고 그대로 행하므로 아담은 죄인이 되어 고난 받았고 후손들이 멸망에 이르게 되었다.

6. 그리스도인들에게도 시험과 유혹이 늘 온다.

잘 믿고 열심을 다해 믿으려고 하면 사탄은 아담을 유혹했던 시험을 그리스도인들에게도 한다. 오히려 그보다 더 심한 시험과 유혹을 할 수 있다. 하나님처럼 자주자가 될 뿐 아니라 오히려 하나님 위에 설 수 있다고 유혹한다. 그런 유혹은 나를 그리스도에게서 떼어내어 하나님을 섬기지 못하게 하는 것이므로 하나님의 말씀으로 물리쳐야 한다.

그 시험은 바로 범죄에 이르게 하는 것이므로 그 시험에 동의하는 것은 범죄행위이다. 그러므로 '주 예수의 피가 나를 모든 죄에서 깨끗하게 한다'고 선언하여 시험을 물리쳐야 한다. 이 말씀처럼 강력한 힘을 발휘하는 것은 없다. 사탄으로 힘 못쓰게 하는 말씀이다.

7. 우리는 마귀의 전략을 알아서 하나님의 말씀을 바르게 적용

할 수 있는 지혜와 담력도 가져야 한다.

8. 마귀의 전략을 대적하는 길은 복음을 굳게 믿고 복음의 내용을 잘 알아서 복음의 지식으로 무장하는 것이다.

그리스도의 피를 말하고 피의 권세로 사탄의 유혹을 물리칠 수 있다. 그리스도의 피가 죄를 멸하기 때문이다. 또 복음으로 무장하여 힘을 얻도록 기도해야 한다.

엡 6:12 우리의 씨름은 혈과 육에 대한 것이 아니요 정사와 권세와 이 어두움의 세상 주관자들과 하늘에 있는 악의 영들에게 대함이라

6:12 ὅτι ἔστιν ἡμῖν ἡ πάλη οὐκ πρὸς αἷμα καὶ σάρκα, ἀλλὰ πρὸς τὰς ἀρχάς, πρὸς τὰς ἐξουσίας, πρὸς τοὺς κοσμοκράτορας τοῦ σκότους τούτου, πρὸς τὰ πνευματικὰ τῆς πονηρίας ἐν τοῖς ἐπουρανίοις.

엡 6:12 우리의 싸움은 살과 피에 대항하는 것이 아니고 주권자들과 권세자들과 어두움의 통치자들과 하늘에 있는 악의 영들에 대항하는 것입니다.

1. 살과 피에 대항하는 싸움이 아니라고 한 것은 일상적인 삶을 사는 사람들에 대해 싸우는 싸움이 아니라는 것을 말한다.

그냥 불신자들은 대항해서 싸우는 싸움이 아니다. 우리의 싸움은 영적 전쟁이므로 영적 세력들과 그들의 이론에 대항하여 싸우는 것임을 말한다.

2. 주권자와 권세자들은 큰 권세를 잡은 영들을 지칭한다. 그런 의미에 있어서 어두움의 지배자들을 말한다. 즉 마귀 밑에 있는 큰 권세를 가진 악령들을 말한다.

악령들은 세상나라들의 많은 권세를 잡고 주장하였다. 그릇된 풍습과 이론을 내게 하여 세상나라들을 지배한다. 특히 나라를 세울 때 개입하여 법제도와 풍습들을 하나님의 법에 어긋나게 제정되도록 한다. 그리하여 하나님을 섬기는 것을 제도적으로 불가능하게 만든다. 또 위정자들로 악한 마음을 갖게 하여 그 정권을 장악해서 나라들을 지배한다.

이런 세력들의 궁극목적은 주 예수를 믿지 못하게 하는 것이다. 주 예수를 믿지 못하게 하기 위해 권력을 동원하고, 학적 이론들과 풍습들을 만든다. 또 법을 제정할 때도 그리스도를 믿지 못하도록 제정한다.

최근의 예로 공산주의 정권들은 다 주 예수를 믿는 믿음이 불가능하도록 국가의 법을 정하고 제도도 만들어 국가들을 구성하였다. 그들 국가의 목표는 그리스도를 믿는 믿음이 불가능하도록 하는 것이었다. 나라 설립자들이 권력을 남용하고 악용하도록 하는 것도 악령들이 주도하였다.

이슬람국가들도 주 예수를 믿는 믿음이 불가능하도록 법과 제도를 정하여 국가를 세웠다. 지금도 이슬람국가들은 근원적으로 주 예수를 믿는 것이 불가능하도록 국가와 사회제도를 정립하였다. 따라서 국가의 모든 권력이 주 예수를 믿지 못하게 한다.

힌두교국가도 그리스도교에 대해 가장 폐쇄적으로 구성되었다. 도마 사도가 인도에 왔을 때인 52년경에는 브라만들도 사도가 전하는 복음을 들었다. 그러다가 신들을 많이 만들어서 주 예수를 유일한 구주로 믿을 수 없게 만들었다. 주 예수도 힌두교의 많은 신들 중의 하나로 전락시킴으로 그렇게 하였다. 지금 힌두교국가는 민족주의와 합쳐서 그리스도교 신앙이 전혀 불가능하게 한다. 국가권력이 교회에 대해 대대적인 핍박과 박해를 진행하고 있다.

3. 사탄과 악령들에게 대항하고 주 예수 믿는 믿음을 더욱 굳게 하면 시험과 유혹이 더 심해질 수 있으므로 믿음고백과 복음의 내용 선언으로 이것을 이길 수 있다.

시험과 유혹을 이기는 길은 주 예수를 믿는 믿음고백을 늘 계속하고 반복하는 것이다. 그리하여 다른 불신앙적인 요소가 들어올 수 없게 해야 한다. 초대교회 성도들처럼 전적으로 믿는 믿음의 삶을 살도록 힘써야 한다.

엡 6:13 그러므로 하나님의 전신갑주를 취하라 이는 악한 날에 너희가 능히 대적하고 모든 일을 행한 후에 서기 위함이라

6:13 διὰ τοῦτο ἀναλάβετε τὴν πανοπλίαν τοῦ θεοῦ, ἵνα δυνηθῆτε ἀντιστῆναι ἐν τῇ ἡμέρᾳ τῇ πονηρᾷ καὶ ἅπαντα κατεργασάμενοι σ τῆναι.

엡 6:13 이러므로 하나님의 전신갑주를 취하시오, 악한 날에 대항하고 모든 일을 이룬 후에 굳게 서기 위함이오.

1. 우리는 마귀의 계략에 의해 오는 시험을 막아서 없앨 수 없다. 그러므로 하나님의 말씀을 전신갑주로 무장해야 한다.

시험과 유혹이 마귀의 계략에 의해서 우리에게 온다. 그 오는 시험과 유혹을 없앨 수는 없다. 시험과 유혹은 언제나 온다. 시험과 유혹을 없앨 수 없기 때문에 우리도 무장해야 한다. 그 무장은 하나님의 말씀 곧 복음으로 한다. 우리의 싸움은 영적 싸움이요 이론적 논의에 대항해서 이루어지는 것이므로 하나님의 말씀 곧 복음으로 무장하는 길밖에 없다.

주 예수를 믿지 못하게 노력하는 모든 이론들과 제도들에 대해서 대항하고 논박할 이론들을 마련해야 한다.

마귀의 전략과 영적 권세들의 계략을 알므로 예수 그리스도의 복음을 전신갑주로 취해야 한다. 갑주를 입어 전신을 싸듯이 우리도 하나님의 말씀 곧 복음으로 우리 전부를 무장해야 한다. 하나님의 말씀으로만 사탄의 전략, 곧 계략을 막고 물리칠 수 있다.

사탄과 그의 계교를 물리칠 수 있는 유일한 무기는 죄를 멸한 그리스도의 피의 권세뿐이다. 복음을 잘 알고 복음으로 무장하는 것만이 하나님의 전신갑주를 입는 것이다.

2. '악한 날'은 시험과 유혹이 격렬하게 오는 때를 말한다.

시험과 유혹이 격렬하여 피하기가 어려울 때가 바로 악한 날이다. 이런 때에도 시험과 유혹을 이기고 피하는 길은 하나님의 말씀으로 무장하는 것이다.

3. '모든 일을 이룬 후에'는 모든 시험과 유혹을 이겨낸 후를 말한다.

시험과 유혹을 물리치고 믿음에 그대로 서는 것은 모든 것을 이룬 후이다. 시험과 유혹을 심하게 겪고 나면 처음의 상태로 돌아가기 어렵다.

4. '굳게 서는' 것은 시험과 유혹을 이기고 믿음으로 돌아가서 바로 서는 것을 말한다.

시험과 유혹을 맞아 싸울 때는 우리의 믿음이 흔들리고 믿음에 서 있는지 확신할 수 없게 된다. 이런 싸움을 치르고 난 후에 다시 믿음에 굳게 서고 바로 서는 것도 복음의 말씀으로 된다. 또 시험과 유혹을 이기고 물리친 후에는 흔들린 믿음을 굳게 할 필요가 있다. 이때 믿음을 바로 세우고 굳게 서게 하는 것도 하나님의 말씀이다.

엡 6:14 그런즉 서서 진리로 너희 허리띠를 띠고 의의 흉배를 붙이고

6:14 οὖν στῆτε περιζωσάμενοι τὴν ὀσφὺν ὑμῶν ἐν ἀληθείᾳ, καὶ ἐνδυσάμενοι τὸν θώρακα τῆς δικαιοσύνης,

엡 6:14 그러므로 진리로 여러분의 허리를 동이고 의의 가슴막이 판을 붙이고 서시오.

1. 바울은 여기서 믿음의 투쟁에 있어서 군대용어로 설명을 하고 있다.

굳게 서고 허리를 동이고 가슴막이 판을 붙여서 단단히 무장해야 믿음의 생활을 바로 하고 모든 시험과 유혹을 이길 수 있다. 믿음의 선물들로 굳게 무장해야 할 것을 말한다.

2. 군인은 일어서기 전에 허리를 동인다. 그리스도인은 자기의 믿음에 대항해서 오는 시험과 유혹과 싸울 때 진리로 허리를 동여야 한다.

병사가 싸울 때 무장을 하고서 허리를 굳게 동이는 것이다. 허리를 굳게 동여야 싸울 때 단단하게 되어 대항할 수 있다.

그리스도인도 싸움에서 이길 수 있으려면 진리 곧 복음의 도로 허리를 동여야 한다.

3. 여기서 진리로 허리를 동이는 것은 복음의 내용으로 무장하는 것이다.

그리스도인들이 세상과의 싸움에서 믿음을 지키려면 복음의 내용을 잘 알아야 한다. 복음의 내용을 잘 알지 못하면 시험과 공격을 받았을 때 쉽게 흔들린다. 모든 시험과 유혹과 핍박과 공격에서 벗어나 굳게 설 수 있으려면 복음의 내용으로 굳게 무장해야 한다.

4. 가슴막이 판은 심장에 창과 화살이 박히지 못하게 막는 판이다.

그리스도인이 의의 흉배를 붙이는 것은 시험과 유혹에 지는 죄인이 아니라, 구원 얻은 의인이라는 것을 밝히는 것이다.

의의 흉배를 붙이는 것은 죄인이 아니라 의인이어서 확실하게 구원 얻었음을 밖으로 밝히는 것이다.

의는 하나님 앞에 사는 생존권을 말한다. 주 예수를 믿는 자는 주 예수로부터 의, 곧 죄 용서를 선언 받아 이미 구원 얻은 백성이다. 그러므로 의의 흉배를 붙이는 것은 이미 구원 얻었음을 밝히는 것이다.

그리스도인들은 구원의 확신을 갖게 되었다. 주 예수를 믿음으로 구원에 이르렀으므로 구원 얻은 확실한 표를 가슴에 달아야 한다. 가슴막이 판을 붙이는 것은 다른 사람들로 다 보게 하는 것이다. 구원받았다는 사실을 다른 사람들이 다 알도록 해야 한다. 그래야 믿음에서 떨어지지 않고 굳게 설 수 있다.

엡 6:15 평안의 복음의 예비한 것으로 신을 신고

6:15 καὶ ὑποδησάμενοι τοὺς πόδας ἐν ἑτοιμασίᾳ τοῦ εὐαγγελίου τῆς εἰρήνης,

엡 6:15 평화의 복음의 예비한 것으로 신을 신고,

1. **'평화의 복음'이라고 한 것은 복음의 선포로 사람들이 죄를 용서받아 하나님과 화해하여 평화를 이루기 때문이다.**

마음의 평화는 죄 용서를 받아 하나님께로 돌아갈 때뿐이다. 이런 일은 복음의 선포로만 이루어진다. 복음만이 사람들을 하나님께로 인도하여 평화를 가져온다. 그러므로 평화의 복음이라고 하였다.

2. **복음의 예비한 것으로 신을 신어야 한다는 것은 십자가의 복음을 전하기 위해서는 단단히 준비해야 함을 말한다.**

주 예수께서 십자가에 죽어 구원하였다는 복음의 핵심을 전해야 하는데, 바울 당시 십자가 처형은 말하기조차 꺼리는 치욕이었다.

헬라-로마세계에서 십자가에 못 박힌 것만큼 치욕적인 죽음은 없었다. 이런 복음을 로마인들에게 전파하려면 마음자세를 단단히 하고 담대해야 한다. 마음을 단단히 무장하는 것은 성령의 능력으로 무장하는 것을 말한다. 그렇지 않고는 복음을 전할 수 없었다. 바울도 복음을 부끄러워하지 않는다고 하였으니 복음이 부끄러워할 사

항임을 전제하였다. 그러므로 복음을 전할 마음의 자세를 바로 갖고 굳게 무장해야 한다.

3. 복음은 세상을 구원하여 하나님께로 돌리기 위해 창 3:15의 선언 때부터 준비한 하나님의 큰 사역이다.

죄를 멸할 뿐만 아니라 사탄과 그의 계교를 멸하는 길은 그리스도께서 피 흘려 세상을 구원하셨다는 진리를 선포하고 확증하는 것이다.

사탄의 계교를 멸하여 세상을 다시 하나님께로 돌리는 길은 하나님의 지혜가 마련하신 예수 그리스도의 복음뿐이다.

엡 6:16 모든 것 위에 믿음의 방패를 가지고 이로써 능히 악한 자의 모든 화전을 소멸하고

6:16 ἐν πᾶσιν ἀναλαβόντες τὸν θυρεὸν τῆς πίστεως, ἐν ᾧ δυνήσεσθε πάντα τὰ βέλη τοῦ πονηροῦ πεπυρωμένα σβέσαι·

엡 6:16 모든 것 위에 믿음의 방패를 잡으시오. 이로써 악한 자의 불화살들을 다 끌 수 있습니다.

1. '모든 것 위에'는 지금까지 말했던 모든 무장들, 곧 진리로 허리를 동임, 의의 흉배를 붙임, 복음의 예비한 것으로 신을 신음 등

에 덧붙여서 믿음의 방패를 잡으라고 하기 위해서이다.

2. 방패는 적의 화살과 창을 막는 무기이다.

믿음이 방패가 되는 것은 그 믿음이 주 예수와 그의 피 흘리심을 믿는 믿음이기 때문이다. 이로써 시험과 유혹을 막아 제지할 수 있다.

오는 시험과 유혹을 그 자리에서 막아 마음판에 들어오지 못하게 할 수 있는 방패는 바로 믿음이다. 믿음을 방패로 잡는 것은 믿음을 굳게 하여 믿음을 활용하는 것이다. 시험과 유혹을 맞받아치는 것은 믿음을 활용하는 것이다.

믿음을 굳게 하면 외부의 유혹과 시험과 믿음에 대한 공격을 잘 막을 수 있다. 믿음이 약해지면 모든 시험과 유혹과 공격에 쉽게 무너진다.

3. '악한 자의 불화살들'은 사탄의 모든 시험과 유혹과 믿음에 대한 공격을 밀한다. 불화살이라고 하면 그것을 맞으면 바로 불이 붙는 것, 곧 마음이 동요하여 거기로 기울어짐을 말한다.

악한 자, 곧 유혹자는 사탄을 말한다. 사탄의 목표는 믿는 자들을 다 믿음에서 떨어뜨려 불신앙으로 돌아가도록 하는 것이다. 그러므로 끊임없이 시험과 유혹으로 그리스도인들을 유혹하는 것이다. 이런 유혹과 시험을 받으면 마음이 끌리어 유혹을 그대로 이행한다.

4. '악한 자의 불화살들'이라고 한 것은 유혹과 시험이 끊임없이 와서 그리스도인들을 거기로 넘어가도록 역사하기 때문이다.

'불화살'이 아니고 '불화살들'이다. 화살들이 끊임없이 오기 때문이다. 그냥 화살이 아니고 불화살인 것은 그 화살이 닿으면 바로 불이 붙기 때문이다. 악한 자가 발한 유혹과 시험은 그리스도인들에게 오면 바로 불을 붙여 거기로 넘어지게 한다. 여기에 정욕에 관계하는 유혹이 많음을 말한다.

5. 이런 시험과 유혹을 막고 이길 수 있는 길은 믿음을 굳게 하는 것이다. 이것이 바로 믿음의 방패이다.

날아오는 불화살을 몸에 닿기 전에 꺼버릴 수 있는 것은 방패로 막아 몸에 닿지 않게 하는 것이다. 시험과 유혹이 와서 마음 판에 자리 잡기 전에 그런 것들을 막는 것은 믿음으로 문앞에서 물리치는 것이다. 시험과 유혹을 마음에 받아들이면 집을 짓는다. 그러므로 시험과 유혹을 문앞에서 박대하여 마음 판에 자리 잡지 못하게 해야 한다.

6. 불화살을 끄는 것은 바로 시험과 유혹이 마음에 들어와 자리 잡기 전에 막아 물리치는 것을 말한다.

믿음을 활용하는 것만이 시험과 유혹을 이길 수 있는 길이다. 주를 믿고 의지함으로 모든 시험과 유혹을 물리칠 수 있다.

7. 사탄은 하나님의 성육신이신 주 예수를 시험하고 유혹하여 구원사역을 못하게 하고 구원사역을 망치려고 하였다.

잘 믿고 바로 믿으려고 애쓰는 성도들에게는 사탄의 시험과 유혹이 더 강렬해진다. 이런 것들을 이기는 길은 오직 주 예수의 복음의 내용을 잘 인식하고 그 복음의 내용을 활용하여 사탄의 시험과 유혹을 막는 것뿐이다. 사탄의 유혹과 시험을 물리치는 유일한 길은 주 예수의 복음의 내용을 활용하는 것이다. 곧 시험과 유혹이 올 때 나는 주 예수를 믿음으로 구원받아 하나님의 자녀가 되었으니 더 이상 내게 대들지 말라고 선언하여 물리치는 것이다. 시험과 유혹이 올 때 나는 주 예수를 믿어 죄 용서 받고 확실하게 구원 얻었으므로 더 이상 내게 덤비지 말라고 선언하는 것뿐이다.

엡 6:17 구원의 투구와 성령의 검 곧 하나님의 말씀을 가지라

6:17 καὶ δέξασθε, τὴν περικεφαλαίαν τοῦ σωτηρίου καὶ τὴν μάχαιραν τοῦ πνεύματος, ὅ ἐστιν ῥῆμα θεοῦ,

엡 6:17 구원의 투구와 성령의 검 곧 하나님의 말씀을 취하시오.

1. 투구는 싸움터에서 화살과 창을 막기 위해 쓰는 머리무장이다. 구원이 투구가 되는 것은 구원의 확신이 분명한 것을 말한다.

칼빈은 살전 5:8의 구원의 소망의 투구를 구원의 소망으로 본다. 그러나 떼오도레토스 (Theodoretos)는 구원의 투구를 그리스도에 연관시켜 '그리스도의 의'라고 이해하였다.

구원의 투구를 미래에 올 구원의 완성으로 보기보다 구원의 확신으로 이해해야 맞다.

2. 성령의 검은 하나님의 말씀이라고 하였는데 말씀을 λόγος (로고스)가 아니라 ῥῆμα (흐레마)라고 하였으니 말씀하심을 말한다. 즉 성경에서 그리스도께서 말씀하심을 뜻한다.

주 예수도 말씀에 의존해서 시험을 이기셨다. 그러면 그리스도인들도 복음의 말씀에 의존해서 시험과 유혹을 이긴다.

3. 말씀 곧 복음이 성령의 검인 것은 말씀으로 사탄의 공격을 맞받아치기 때문이다.

그리스도인이 사탄의 공격을 맞받아칠 수 있는 것은 말씀 곧 복음으로만 할 수 있다. 말씀은 성령의 역사로 기록되었으므로 말씀을 '성령의 검'이라고 하였다. 복음을 성령의 검이라고 한 것은 사탄의 유혹과 시험을 단번에 막아 꺾을 수 있기 때문이다.

말씀 곧 복음이 성령의 검으로서 시험과 유혹을 맞받아칠 수 있는 것은 성령의 능력으로 된다. 복음을 의지하는 것을 끊임없이 하여 성령의 능력이 역사하면, 구원의 말씀을 적용하여 사탄의 유혹과 시험을 다 막고 물리칠 수 있다. 성령의 능력이 역사하도록 할 때 복음이 성령의 검으로 역사한다. 그러므로 그냥 검이라고 하지 않고 성령의 검이라고 하였다.

사탄의 시험과 유혹을 막고 물리칠 수 있는 것은 오직 복음의 권능으로만 된다.

에베소서

Προς Εφεσιους

기도와 간구를 계속하라: 6:18-20

1. 기도와 간구를 늘 계속하라.

2. 성도들과 바울 자신을 위해서 기도함으로 담대히 복음전파를 계속할 수 있게 하라.

엡 6:18 모든 기도와 간구로 하되 무시로 성령 안에서 기도하고 이를 위하여 깨어 구하기를 항상 힘쓰며 여러 성도를 위하여 구하고

6:18 διὰ πάσης προσευχῆς καὶ δεήσεως, προσευχόμενοι ἐν παντὶ καιρῷ ἐν πνεύματι, καὶ εἰς αὐτὸ ἀγρυπνοῦντες ἐν πάσῃ προσκαρτερήσει καὶ δεήσει περὶ πάντων τῶν ἁγίων,

엡 6:18 모든 기도와 간구로 항상 성령 안에서 기도하고 이것을 위하여 모든 인내와 온 성도를 위한 간구로 깨어 있으시오.

1. 기도생활에 대해서 바울이 제시하고 있다. 기도만 하는 것이 아니라 간구를 할 것을 권한다. 기도는 우리의 모든 사정을 아뢰는

것이다. 또 주의 은혜에 감사하고 찬송하는 일이다. 간구는 우리의 요구사항을 강력하게 구하는 기도이다.

기도는 우리의 사정을 하나님께 아뢰는 것이다. 그리고 주의 은혜를 인해 감사하고 찬송하는 것이 포함되어 있다.

간구는 우리의 소원과 원함을 강하게 하나님께 구하는 것이다. 우리가 어려움을 당할 때 간청하는 기도가 간구이다. 우리가 원하는 것을 주시기를 바라서 간절히 기도하는 것이 간구이다.

2. 기도는 하나님과의 교제이므로 항상 기도해야 하고 쉬면 안 된다.

기도는 쉬지 않고 해야 한다. 그러므로 언제나 기도해야 한다. 하나님께 청구한 것을 받기 위해서만 기도하는 것이 아니다. 기도하는 것은 하나님과 교제하는 것이므로 언제나 기도하여 하나님과 교제를 계속해야 한다. 하나님은 우리의 필요를 채우기 위해서 자기 앞에 나아오는 것을 좋아하시지만, 그것을 넘어서서 교제의 기도를 더 원하신다. 언제나 자기 앞에 나아와서 교제하기를 원하시고 좋아하신다. 하나님과 사귀는 기도가 하나님이 가장 원하시는 일이다.

3. 기도는 하나님과의 교제이므로 기도가 성도의 생명이다.

사람은 하나님과 교제하기 위해 창조되었다. 그 교제는 기도하여 하나님과 모든 것을 의논하는 것이다. 하나님은 우리의 모든 일을 자기와 의논하기를 원하신다. 그리하여 그 사귐에서 지혜와 바른 판단을 내리기를 원하신다.

우리는 하나님과의 교제에서 생명을 공급받는다. 그러므로 성도는 언제나 항시 기도해야 한다. 기도함으로 생명을 받기 때문에 시험과 유혹을 물리칠 힘을 얻는다. 기도하면 성령이 역사하심으로 힘을 얻어 죄를 떠나고 죄된 욕망을 벗어날 수 있다.

4. 기도가 옛사람을 벗어버리는 가장 효과적인 방편이다.

기도로 힘과 성령의 감화를 받아 옛사람을 벗어버릴 수 있다. 기도 없이 그냥 지내면 그리스도인으로 남는 것이 아니라 자연인의 상태로 돌아간다. 자연인의 상태는 육의 욕망이 지배하는 사람의 상태이다. 이 자연인의 상태는 육의 욕망으로 지배되기 때문에 이 욕망을 제어할 길이 없다. 기도만이 육의 욕망을 제어하고 통제하여 그 욕망의 요구를 이루지 못하게 한다. 옛사람의 통제에서 그리스도인들이 힘을 얻고 거룩으로 나아갈 수 있다. 기도만이 육의 욕망을 통제하고 거룩으로 나아가게 한다.

5. 인내와 간구로 깨어 있어야 하는 것은 기도하여 구한 것이 즉시 이루어지지 않기 때문에 낙심하거나 포기하기가 쉽기 때문이다. 그러므로 참아 기다리지만 이루어질 때까지 간구해야 한다.

기도를 하는 즉시 간구가 이루어지는 것이 아니다. 그러므로 기도하고서 인내하는 일이 필요하다. 또 이루어지기까지 간구해야 한다. 간청하여 기도로 아뢰고 부탁한 것이 이루어지도록 해야 하고, 인내하여 기다려야 한다.

6. 기도는 자기와 자기의 요구만을 위해서 하는 것이 아니고 성도들도 바로 자라도록 기도해야 한다. 특히 같은 교회에 속한 성도들을 위해서 기도해야 할 것을 강조하고 있다.

우리는 자기의 요구가 절박하기 때문에 자기의 요구만을 기도하고 간구하기가 쉽다. 따라서 이웃과 성도들을 위해서 기도하지 못한다. 우리는 한 교회이고, 그리스도의 한 몸이므로 다른 성도들도 바로 자라도록 기도해야 한다.

엡 6:19 또 나를 위하여 구할 것은 내게 말씀을 주사 나로 입을 벌려 복음의 비밀을 담대히 알리게 하옵소서 할 것이니

6:19 καὶ ὑπὲρ ἐμοῦ, ἵνα μοι δοθῇ λόγος ἐν ἀνοίξει τοῦ στόματός μου, ἐν παρρησίᾳ γνωρίσαι τὸ μυστήριον τοῦ εὐαγγελίου

엡 6:19 또 나를 위해 기도하여 내게 말씀을 주사 입을 열어 담대히 복음의 비밀을 알리도록 하시오.

1. 이미 복음을 전하고 있는데, 담대히 복음의 비밀을 전하도록 기도해 주기를 청하고 있다.

바울은 복음전도자로 일한 지가 오래되었다. 그런데도 더욱 담대히 복음의 비밀을 전할 수 있게 기도해 주기를 요청하고 있다. 복음전파에는 성령의 역사가 필수사항이므로 기도해 줄 것을 당부하고 있다. 주의 복음을 전하지만 주의 영의 역사로 전해야 복음이 전파되어 효력을 내기 때문에 기도가 전도에 필수적이다.

2. 복음의 내용을 잘 알고 있지만 복음을 전할 말이 상황에 따라 바로 주어져야 바르게 전해질 수 있음을 밝히고 있다.

바울은 복음을 잘 알고 있었기 때문에 복음전파에 말이 모자란 것이 아니다. 세상적인 지혜의 말로 전하려고 하지 않기 때문에 복음을 바로 전할 적절한 말이 필요한 것을 말하고 있다. 복음을 전달해야 할 상황에 따라 적절한 언어를 필요로 한다. 그러므로 말씀을 주사 복음의 비밀을 전달할 수 있게 되기를 기원하였다.

3. 복음의 비밀을 담대히 전한다는 것은 십자가 때문에 부끄러워서 담대히 전할 수 없음을 밝힌 것이다.

복음은 십자가의 처절한 사건이다. 그냥 죽어도 자랑스러운 것이 못되는데 십자가에서 못 박혀 죽은 예수를 세상의 구주로, 그리스도로 전하는 것은 담대함과 용기를 필요로 한다.

4. 십자가의 복음을 바로 전하려면 그 경우에 합당한 말이 필요하다. 그러므로 말씀을 주사 복음의 비밀을 전할 수 있게 기도를

부탁한 것이다.

그냥 십자가만 선포해도 되지만 경우에 따라서, 즉 복음을 받을 대상에 따라 합당한 설명이 필요하다. 왜 세상의 구주가 십자가에서 죽음으로 세상을 구원해야 했는지는 바로 설명해야 한다. 그냥 십자가의 선포로 복음을 전하기가 어려운 것은 십자가형이 최악의 형벌이었기 때문이다. 귀부인들, 귀족들, 사회의 상류층에서는 십자가 처형을 말하기도 주저하였으므로 그냥 십자가를 말하기보다 다른 말을 필요로 할 수도 있다. 혹은 십자가 죽음이 왜 우리의 구원이 되는지를 바로 설명해야 하기 때문이다.

5. 이 복음을 전하는 용기는 성령의 역사로 이루어진다. 그러므로 담대하게 전할 수 있도록 기도를 필요로 한다.

통상 십자가의 복음을 전하기가 쉽지 않다. 또 그냥 전도해도 효과를 보는 것이 아니다. 그냥 사람의 얼굴로는 전도하지 못하고, 전도해도 효과를 보지 못한다.

이 십자가의 복음을 전할 수 있기 위해서는 담대함이 필요하다. 성령의 역사가 있어야 전도할 수 있고 효과를 본다. 더욱이 담대함을 나타낼 수 있으려면 성령의 역사가 있어야 한다. 이 성령의 역사를 위해 기도가 필수적이다. 성령의 역사는 기도로 이루어지기 때문이다.

바울도 날마다 쉬지 않고 복음을 전했어도 인간적으로는 복음을 전하기가 쉽지 않았다. 그러므로 용기가 필요했다. 그 용기는 성령의 역사로 나타난다.

6. 복음의 비밀은 십자가에서 그리스도께서 피 흘리심으로 죄를 속량하신다는 진리이다.

주 예수께서 십자가에서 피 흘리심으로 사람을 구원하셨다. 이것이 복음의 비밀이다. 이 비밀을 담대히 전하는 것이 참으로 어렵다. 그러므로 이 십자가의 죽음과 피 흘림을 하나님이 세상 구원으로 정하셨다고 말해야 한다. 이 사건을 하나님의 작정으로 전파하는 것이 참으로 어려운 일이어서 합당한 말이 필요하다. 그러므로 말씀을 주사 복음의 비밀을 담대히 증거할 수 있기를 기도하였다.

많은 사람이 십자가 처형을 당하였는데, 그중에서 예수 그리스도의 죽음이 하나님의 작정이었다고 설명하는 것은 쉬운 일이 아니다. 처음으로 예수 그리스도의 복음을 듣는 사람들에게는 더욱 어려운 일이다. 그러므로 적합한 말이 필요하다.

엡 6:20 이 일을 위하여 내가 쇠사슬에 매인 사신이 된 것은 나로 이 일에 당연히 할 말을 담대히 하게 하려 하심이니라

6:20 ὑπὲρ οὗ πρεσβεύω ἐν ἁλύσει, ἵνα ἐν αὐτῷ παρρησιάσωμαι ὡς δεῖ με λαλῆσαι.

엡 6:20 이 복음을 위하여 내가 쇠사슬에 매인 대사가 되었으나, 내가

마땅히 말해야 할대로 담대히 복음을 전할 수 있도록 기도해 주시오.

1. 바울은 지금 옥중에서 사슬에 묶인 몸으로 편지를 쓰고 있다. 이 사실을 '쇠사슬에 매인 사신 혹은 대사'라고 말하고 있다.

바울은 에베소서를 쓸 때 옥중에 있었다. 복음을 전하다가 잡혀서 지금 로마 옥에 갇혀 있다.

2. 자기를 대사라고 하는 것은 하나님이 복음을 전하도록 위촉하셨기 때문이다.

바울은 복음을 전하다가 옥에 갇혔으니 그리스도의 사신 혹은 대사이다. 이 복음을 전하도록 바울이 하나님으로부터 위촉받았다. 위촉받은 일을 하다가 옥에 갇혔으니 사슬에 매인 사신 혹은 대사이다.

3. 복음을 전하다가 사슬에 매였어도 더욱 담대히 전파할 수 있도록 기도해 주기를 부탁하고 있다.

지금 옥중에 갇혀 있으니 복음을 전할 수 없음에도 불구하고, 복음을 담대히 전할 수 있도록 기도해 주기를 부탁하고 있다.

두기고를 보냄과 하나님의 은혜를 기원함: 6:21-24

1. 두기고를 에베소 등지로 보내 바울의 사정을 알게 하고 교회를 위로하도록 한다.

2. 평안과 사랑과 은혜를 기원한다.

엡 6:21 나의 사정 곧 내가 무엇을 하는지 너희에게도 알게 하려 하노니 사랑을 받은 형제요 주 안에서 진실한 일꾼인 두기고가 모든 일을 너희에게 알게 하리라

6:21 δὲ Ἵνα εἰδῆτε καὶ ὑμεῖς τὰ κατ᾽ ἐμέ, τί πράσσω, πάντα γνωρίσει ὑμῖν Τυχικὸς ὁ ἀγαπητὸς ἀδελφὸς καὶ πιστὸς διάκονος ἐν κυρίῳ,

엡 6:21 여러분이 내게 관한 모든 것 곧 내가 무엇을 하는지 알도록 모든 것을 사랑하는 형제요 주 안에서 신실한 일꾼인 두기고가 여러분에게 알릴 것입니다.

1. 바울은 에베소와 소아시아에 복음을 전했으니 이 편지를 받는 교회들도 바울의 사정을 알고 싶어 하였다.

바울이 복음 때문에 옥중에 갇혀서 고난을 당하고 있다는 사실은 복음을 받아 주 예수를 믿는 신자들에게는 큰 관심거리였다. 어떻게 살고 어떻게 고통당하는지 알고 싶고, 그 고통에 동참하기를 바라는 마음이 컸을 것이다.

2. 두기고는 행 20:4에 아시아 사람으로 나오는데, 에베소 소요 후에 바울과 동행하여 예루살렘까지 간 사람으로 충실한 바울의 동역자이다.

그리고 이 에베소서를 전달하였을 뿐 아니라 골로새서도 전달한 사람이다 (골 4:7). 또 딤후 4:12에 두기고를 에베소로 보낸 사실을 디모데에게 알린 것을 보면 바울을 신실하게 수종들었음을 알 수 있다. 또 딛 3:12에 디도가 일하는 구브로로 보내어 디도를 대신하여 목회하도록 하였으니 신실한 복음의 일꾼임을 알 수 있다.

3. 에베소 3년 체류 전도기간부터 로마 옥중에까지 바울과 동행하였고, 또 그를 섬겼다. 바울의 사정과 상황을 가장 잘 아는 사람이어서 바울의 옥중생활과 전도활동을 잘 말해줄 사람이다.

바울의 옥중생활을 알게 해줄 사람이 바로 두기고이다. 바울은 두기고를 에베소에 보내 소아시아 교회들에게 자기의 옥중생활과 활동을 알게 하고 있다. 두기고는 이처럼 복음사역자로 바울을 도와서 일을 잘한 사람이고 신실한 일꾼이어서 사실대로 모든 것을 알게 해줄 사람이다.

엡 6:22 우리 사정을 알게 하고 또 너희 마음을 위로하게 하기 위하여 내가 특별히 저를 너희에게 보내었노라

6:22 ὃν ἔπεμψα πρὸς ὑμᾶς εἰς αὐτὸ τοῦτο ἵνα γνῶτε τὰ περὶ ἡμῶν καὶ παρακαλέσῃ τὰς καρδίας ὑμῶν.

엡 6:22 우리의 사정을 여러분들이 알고 또 여러분의 마음을 위로하도록 하기 위해 내가 그를 여러분에게로 보냈습니다.

1. 옥중에 갇혀 고생하는 바울을 염려하는 교회들이 위로를 받도록 두기고를 보내어 사정을 바로 알도록 한 것이다.

두기고는 바울의 동역자이니 바울의 사정을 다 잘 알도록 해줄 수 있다. 그는 형제들의 마음을 위로하여 안심시킬 수 있었다.

2. 두기고가 에베소서를 들고 가서 에베소교회와 다른 소아시아 교회들에게 그것을 읽어주고 위로와 격려를 베풀 것이다.

두기고는 에베소를 기점으로 하여 소아시아의 여러 지역들을 돌

면서 교회들에게 바울의 편지를 읽어주고 바울의 사정을 알게 할 것이다.

엡 6:23 아버지 하나님과 주 예수 그리스도에게로부터 평안과 믿음을 겸한 사랑이 형제들에게 있을지어다

6:23 τοῖς ἀδελφοῖς Εἰρήνη καὶ ἀγάπη μετὰ πίστεως ἀπὸ θεοῦ πατρὸς καὶ κυρίου Ἰησοῦ Χριστοῦ.

엡 6:23 평화와 믿음을 함께한 사랑이 하나님 아버지와 주 예수 그리스도로부터 형제들에게 있을지어다.

1. 바울이 편지를 마치면서 형제들의 마음을 위로하기 위하여 평화와 사랑을 기원한다.

편지의 시작에도 하나님 아버지와 주 예수 그리스도로부터 은혜와 평화를 기원하였다. 이제 편지를 마치면서도 하나님 아버지와 주 예수 그리스도로부터 평화와 사랑이 형제들에게 있기를 기원한다.

여기서 말하는 평화는 바울에 대한 염려 때문에 편치 못한 마음에 위로와 평안을 기원하는 것이다.

2. 여기 사랑은 구원받은 그 사랑을 확인하고 더 강화하기 위해서 기원하고 있다.

사랑의 원천은 하나님 아버지와 주 예수 그리스도이다. 그러므로 하나님 아버지와 주 예수 그리스도로부터 사랑이 형제들에게 있기를 기원한다.

여기 사랑은 구원을 베푸시면서 나타내신 그 사랑을 말한다. 그 사랑은 아버지 하나님과 주 예수 그리스도의 사랑이다. 이 사랑 때문에 아버지는 주 예수 그리스도를 세상에 보내셨고, 주 예수는 성육신하사 사람이 되어 십자가에 죽으셨다. 이 말로 할 수 없는 사랑으로 소아시아의 교회들이 구원을 얻었다. 그러므로 이 사랑을 기원하여 그들의 신앙이 더 굳게 되기를 기원하고 있다.

3. 그런데 이 사랑을 '믿음과 함께한 사랑'이라고 하고 있다. 그것은 믿음으로만 받아 알게 된 사랑을 말한다.

하나님의 사랑과 주 예수의 구원하는 사랑은 믿음으로 이 구원을 받아들이기까지는 알 수 없는 사랑임을 말한다. 주 예수를 믿는 교회만이 알 수 있는 사랑이다. 믿기 전에는 결코 알 수 없는 사랑이 바로 하나님 아버지와 주 예수 그리스도에게서 나온 구원하신 사랑이다.

4. 이 사랑 때문에 하나님 아버지가 구주이시고, 주 예수가 구원을 이루신 구주이시다.

엡 6:24 우리 주 예수 그리스도를 변함 없이 사랑하는 모든 자에게 은

혜가 있을지어다

6:24 ἡ χάρις μετὰ πάντων τῶν ἀγαπώντων τὸν κύριον ἡμῶν Ἰησοῦν Χριστὸν ἐν ἀφθαρσίᾳ.

엡 6:24 은혜가 우리 주 예수 그리스도를 변함없이 사랑하는 모든 자들에게 있을지어다.

1. 주 예수를 사랑하되 썩지 않는 사랑, 곧 변함없는 사랑으로 사랑하는 자들은 언제나, 어떤 경우에나 주 예수를 한결같이 사랑하는 자들을 말한다.

이렇게 변함없는 사랑으로 사랑하는 자들은 세상적인 이해와 상관없이 처음 사랑으로 사랑하는 자들을 말한다. 이해상관에도 불구하고 진리를 바꾸지 않고 한결같이 주 예수를 사랑하는 자들을 말한다.

2. 은혜는 하나님 아버지와 주 예수 그리스도에게서만 온다. 주의 사랑을 아는 자들이 이 은혜를 늘 입기를 기원하고 있다.

은혜는 처음 믿을 때 받지만, 또한 늘 주의 은혜를 입어야 한다. 그래야 그리스도인들이 살 수 있다. 그러므로 이 은혜를 입기를 기원한다.

서철원 박사 성경 주석 시리즈

에베소서

1판 1쇄 인쇄 _ 2021년 4월 20일
1판 1쇄 발행 _ 2021년 4월 30일

지은이 _ 서철원
펴낸이 _ 이형규
펴낸곳 _ 쿰란출판사

주소 _ 서울특별시 종로구 이화장길 6
편집부 _ 745-1007, 745-1301~2, 747-1212, 743-1300
영업부 _ 747-1004, FAX 745-8490
본사평생전화번호 _ 0502-756-1004
홈페이지 _ http://www.qumran.co.kr
E-mail _ qrbooks@daum.net / qrbooks@gmail.com
한글인터넷주소 _ 쿰란, 쿰란출판사
페이스북 _ www.facebook.com/qumranpeople
인스타그램 _ www.instagram.com/qrbooks
등록 _ 제1-670호(1988.2.27)
책임교열 _ 김영미 · 박은아

 ISBN 979-11-6143-509-1 93230
979-11-6143-479-7 (세트)

책값은 뒤표지에 있습니다.